GOLDMANN

Buch

Ein Ungeborenes spricht zu allen Müttern und Vätern dieser Erde. Um diese einmalige und ungewöhnliche Erfahrung einer werdenden Mutter, geschehen im Frühjahr 1984 in Österreich, dreht sich dieses Buch. Das Herzstück stellen die täglichen – während der Meditation direkt erfolgten – Aufzeichnungen der inneren Kommunikation zwischen der sensitiven Mirabelle Coudris und ihrem ungeborenen Kind dar. Erstmals gibt hier ein Embryo Auskunft über seine Erlebnisse und Möglichkeiten im Mutterleib. Den umfangreichen Botschaften Manujis (sanskrit, Menschlein) wurde von seinen Eltern, um ein volleres Verständnis zu ermöglichen, ein chronologischer Kommentar beigefügt. Alles in allem ist es ein bemerkenswertes literarisches Dokument der vorgeburtlichen Psychologie wie auch der Geistströmung des Neuen Zeitalters. Ein Erlebnis für jeden, der Offenheit für geistige Phänomene mitbringt.

Autoren

Embryo-Baby MANUEL DAVID alias MANUJI (sprich Manudschi) erblickte am 8.4.1984 um 2.17 Uhr in Wels/OÖ das (Kreißzimmer-Neon-)Licht der Welt. In seiner Funktion als Botschafter der Allerkleinsten übermittelte er zwischen der 25. und 31. Geburtswoche auf geistigem Wege – über die innere Stimme der Mutter – seine Erfahrungen während der Schwangerschaft.

Mutter MIRABELLE COUDRIS, langjähriges Studium und Praxis der Makrobiotik. Mediales Bewußtseinstraining und Ausbildung in Ganzheitlichem Heilen am französischen ›Studien- und Forschungszentrum des Wassermannzeitalters‹.

Vater RENÉ COUDRIS, Mitinitiator der österreichischen Alternativbewegung, langjährige Leitung des Wilhelm-Reich-Archivs. Ausgedehnte astrologische und parapsychologische Studien sowie zahlreiche New-Age-Aktivitäten.

Manuel David Coudris

Mirabelle und René Coudris

Ich kann sprechen

Originalausgabe

GOLDMANN VERLAG

Der Goldmann Verlag
ist ein Unternehmen der Verlagsgruppe Bertelsmann

Made in Germany · 7/88 · 4. Auflage

Umschlaggestaltung: Design Team, München
Umschlagfoto: Silvestris Fotoservice/S. J. Allen
Satz: IBV Satz- und Datentechnik GmbH, Berlin
Druck: Presse-Druck Augsburg
Verlagsnummer: 6890
Lektorat: Elga Sondermann/MG
Herstellung: Gisela Ernst/Voi
ISBN 3-442-06890-8

Inhalt

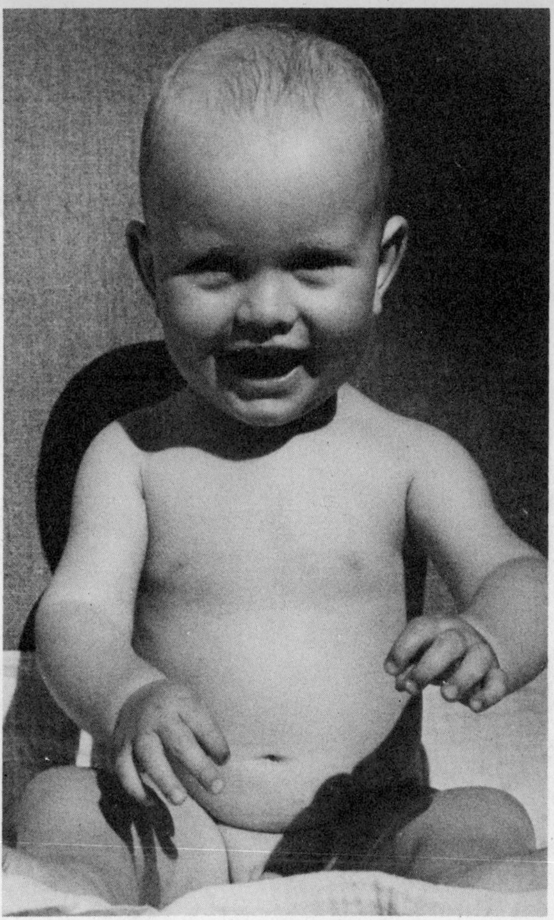

In Liebe
allen Kindern des Neuen Zeitalters
gewidmet.
Sie sind die Hoffnung unserer
Gesellschaft.

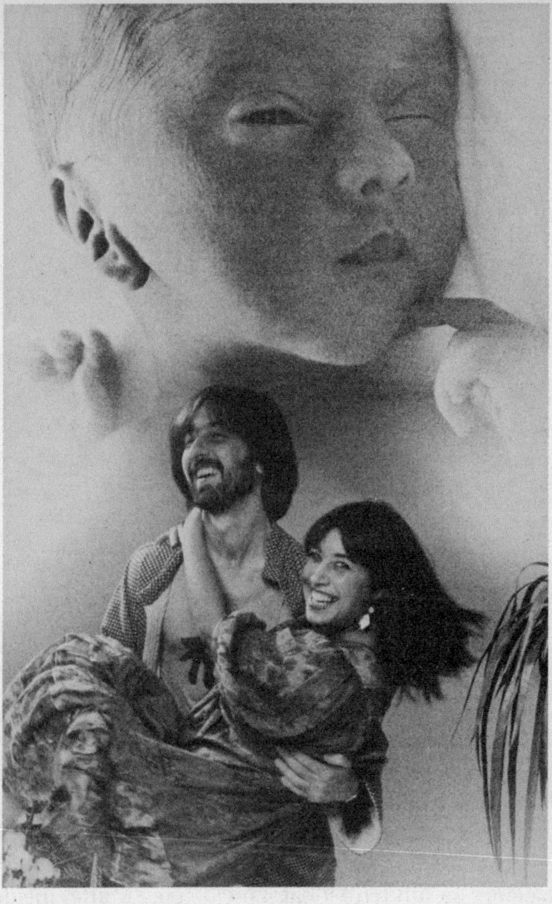

Lieber Leser!

Lieber Leser! Liebe Mütter und Väter! Liebe Eltern der Zukunft!

In diesem Buch erzählen wir drei – ein werdendes Baby und seine Eltern – unsere eigene, gemeinsam erlebte Geschichte. Es ist im wahrsten Sinne des Wortes eine Geschichte, die das Leben schrieb.

Sie begann am 25. Februar 1984. Am Abend dieses Tages sprach unser Embryo-Baby erstmals zu uns. Während der Meditation seiner im fünften Monat schwangeren Mutter meldete es sich – über die sogenannte innere Stimme – selbst zu Wort. Wir waren darüber nicht so sehr überrascht als verwundert, da es ja unser sehnlichster Wunsch war, mit dem ›werdenden Leben‹ direkten Kontakt zu finden. Als dieser Wunsch jedoch plötzlich so hautnahe Wirklichkeit wurde, konnten wir unser Glück kaum fassen. Es traf uns mitten ins Herz.

Schon bald darauf wurde unsere Verwunderung von grenzenlosem Staunen abgelöst. Uns begeisterten die tiefgründigen Inhalte der Botschaften, welche Manuel David alias Manuji (sprich Manudschi) an uns und nun über dieses Buch an alle Mütter und Väter richtete. Dieses sich verkörpern wollende Wesen erklärte nämlich unter anderem, daß es absichtlich zu uns kommt. Es sei gewillt, den Erdenmenschen zu helfen, daß sie die Welt, das Leben und die Liebe besser verstehen lernen. Uns mit dieser Tatsache und deren Konsequenzen vertraut zu machen bedurfte einigen Mutes, vor allem, als Manuji – im Laufe seiner vielschichtigen Erlebnisse im Mutterleib – immer mehr Einzelheiten aus seiner embryonalen Erfahrungswelt bekanntgab. Unser Baby überschritt damit den derzeitigen wissenschaftlichen Erkenntnisrahmen der pränatalen Psychologie bei weitem. Noch darüber hinaus bekamen wir sogar erhellende Antworten, die den medialen Mitteilungsvorgang selbst betrafen.

Die originalgetreuen, unmittelbar während der Durchgabe erfolgten Aufzeichnungen dieser 44 Tage andauernden, sensitiven Kommunikation finden Sie auf den folgenden Seiten. Ganze neunundzwanzig meist sehr umfangreiche Ansprachen übermittelte unser Sohn in diesen aufregenden Wochen. Sie sind eingebettet in unsere elterliche Schilderung der teils schon weit zurückliegenden Meilensteine, welche zu diesem Phänomen führten. Einige dramatische Situationen, mit denen wir in der letzten Phase der Schwangerschaft konfrontiert waren und denen sich speziell Manuji in den ersten Wochen seines Erdenlebens ausgesetzt sah, werden Ihnen auch nicht vorenthalten. In einem der letzten Kapitel lesen Sie eine überraschende allerletzte Botschaft, die wir knapp ein Jahr nach der Geburt – gerade noch vor Drucklegung – erhielten. Sie bildet den vorläufigen Abschluß unseres gemeinsamen geistigen Abenteuers.

Insbesondere entsprechen wir mit diesem Buch dem (indirekt ausgesprochenen) Wunsch Manujis, seine ›Monologe aus dem Mutterleib‹ publik zu machen. Für uns Eltern war das eine schwierige Aufgabenstellung. Durch die gemeinsamen Erlebnisse fühlten wir uns aber gedrängt und auch berufen, dennoch den Schritt in die Öffentlichkeit zu wagen. Jedenfalls ist es uns eine große Freude, damit einen konstruktiven Beitrag zu einer kindgemäßeren und menschlicheren Gesellschaft leisten zu dürfen. Um der Kinder der Zukunft willen waren wir deshalb auch bereit, einen Teil unseres Intimlebens preiszugeben.

Zugetragen hat sich die von uns hier kommentierte, phantastische, aber völlig reale Begebenheit in Österreich. Sie könnte auch Ihnen und an jedem anderen Ort der Erde passiert sein oder noch passieren! Wir hoffen sehr, daß sich zukünftig – angeregt durch unseren Bericht – viele Frauen und Männer auf der ganzen Welt für dieselbe wunderbare Erfahrung, wie wir sie hatten, bereit fühlen. Der erste Schritt dazu ist einfach: die Kommunikation mit dem Ungeborenen ernst zu nehmen, genauso ernst, wie wenn ihr Kind schon geboren wäre. Jede Mutter sollte wissen, daß es möglich ist, schon vor der Geburt mit dem Embryo im Bauch auf ihre eigene, einzigartige Weise zu sprechen. Auch werdende Väter hätten so die Chance, ein ungeahnt frühes und liebevolles Verhältnis zu ihren Kindern zu bekommen. Die Aufgabe des Mannes wäre dabei vornehmlich, die Mutter – und auch das Kind – diesbezüglich zu ermuntern und zu unterstützen. Er könnte so am Erlebnis der Menschwerdung viel direkter teilnehmen. Ein Erfolg würde das Leben aller Beteiligten so tiefgreifend positiv verändern, daß sie aus solch einem sonnigen Ereignis bis an ihr irdisches Lebensende Kraft schöpfen könnten.

Ganz aus heiterem Himmel kam der Kontakt zwischen uns Eltern und Manuji natürlich nicht zustande. Er ist das Ergebnis unserer langjährigen, persönlichen Auseinandersetzung mit der Evolution des Bewußtseins und dessen unendlichen Möglichkeiten. Verschiedenste von uns praktizierte, meditative Übungen dienten, wie es scheint, schon der Vorbereitung zu diesem wunderbaren Geschehen. Offensichtlich sollte durch die ungewöhnliche Tat unseres Babys die vielzitierte Wendezeit nun auch für die Allerkleinsten auf unserem Erdball grundlegend eingeleitet werden.

Wir leben ja bereits, wie allseits zu bemerken ist, in einer Zeit großer geistiger Umbrüche, in einer turbulenten, um nicht zu sagen chaotischen Periode gesellschaftlicher Wandlung. Viele Babys kamen und kommen jetzt bewußt in diese Zeit – nach Angaben der Vereinten Nationen sind es jährlich über 100 Millionen. Diese Kinder der Zeitenwende werden bald aktiv an der Transformation unseres Lebens teilnehmen.

Auch wir Autoren fühlen uns dem Neuen Zeitalter, dem sogenannten »New Age«, verbunden. Das ist die täglich und weltweit anwachsende, neugeistige Strömung, welche den Beginn des ›Wassermannzeitalters‹ manifestiert. Astrologen begründeten diese Bezeichnung mit dem Eintreten unseres Sonnensystems in einen höherschwingenden Weltenraum, der dem Sternbild Aquarius/Wassermann zugeordnet ist. In dieser nun aufsteigenden kosmischen Epoche soll unter anderem das ›Paranormale‹, wie schon in früheren Zeitzyklen auch, zunehmend wieder als etwas gänzlich ›Normales‹ erlebt werden. Vielleicht können Sie, lieber Leser, unsere Arbeit als ein Mosaiksteinchen in dieser Richtung betrachten.

Hier noch eine Empfehlung an die ganz Neugierigen: Eine Möglichkeit, das Buch zu lesen, wäre es, gleich bei den Babytexten auf Seite 75 zu beginnen und sie nachher – nunmehr vorne anfangend – zusammen mit den etwas kleiner gedruckten Elterntexten nochmals zu lesen. (Wir haben den Baby-Botschaften genügend für das unmittelbare Verständnis notwendige Anmerkungen zur Seite gestellt.) Diese Lesart, meinen wir, ermöglicht ein tieferes Eintauchen in die Welt Manujis.

Zum besseren Verständnis der embryonalen Kundgaben sei auch erwähnt, daß die verschiedenen körperlichen, psychischen und seelisch-geistigen Betrachtungsebenen des Babys sich oft subtil überlappen oder nahtlos ineinander übergehen. Wohlgemerkt, obwohl Manuel David von unterschiedlichen dualen Erfahrungsebenen und dann wieder aus ganzheitlicher Sicht übermittelt, spricht immer der vollbewußte, wache Geist des kleinen Wesens!

Voranstellen wollen wir zu guter Letzt auch noch – mit den Worten Manujis – unsere an den Leser gerichtete Bitte:

›Eine Botschaft muß man fühlen. Hinter Worten muß man fühlen und wissen – dann gibt es Verständnis.‹

In diesem Sinne freuen wir uns über Ihre Offenheit und Anteilnahme. Wer uns gerne schreiben möchte, findet am Ende des Buches eine Kontaktadresse.

Am Attersee, im März 1985 René, Mira & Manuel

Anmerkungen zur zweiten Auflage

Ein halbes Jahr ist seit Beginn der Drucklegung vergangen, und nach dem erstmaligen Erscheinen ist Manuel Davids Botschaft bereits vergriffen. In dieser kurzen Zeit hat eine faszinierende Weiterentwicklung der ›Dinge‹ stattgefunden, die wir unsere Leser unbedingt wissen lassen möchten.

Einmal ist unser aufgestiegenes Wissen über eigene, frühere Verkörperungen auf Erden inzwischen noch klarer; diesen neu erkannten Hintergrund haben wir in die begleitenden Elterntexte einfließen lassen. Zum anderen hat sich durch unsere inzwischen weiter gesteigerte Unterscheidungskraft in Sachen ›medialer Kontakte‹ eine so intensive Begegnung mit einem sehr hohen, unverkörperten Bewußtsein ergeben, daß eine weitere Dokumentation unsererseits im Entstehen begriffen ist, die vielfach mit Manuels vorgeburtlichen und jüngsten Aktivitäten zusammenhängt. Doch davon ein andermal.

Am Attersee, im Jänner 1986 René, Mira & Manuel

Meilensteine der Vorgeschichte

. . aufgezeichnet von René und Mira.

Naturgemäß ist es etwas schwierig, ja fast unmöglich, im nachhinein festzustellen, wann, wie und wo die Dinge begannen, ihren Lauf zu nehmen. Manche Vorbedingungen liegen ja schon sehr weit zurück. Darum im folgenden nur einige Ausschnitte aus unserer Vergangenheit und einige der jüngeren Meilensteine der Vorgeschichte im Zeitraffer. Wir hoffen, dadurch unsere ungewöhnlichen Erfahrungen etwas leichter verständlich machen zu können.

Drehen wir die Uhr zurück ins zweite Halbjahr 1979: Wir Eltern kannten uns damals noch nicht. Ich, René, der Vater Manuels und momentane Erzähler, befand mich zu jener Zeit auf einer ausgedehnten Reise durch Ceylon/Sri Lanka. Monatelang war ich mit meiner damaligen Freundin unterwegs, um mich an Kultur und Landschaft der ›Glücklichen Insel‹ zu erfreuen. Ein wenig Aussteigerromantik war dabei auch mit im Spiel. Ich wollte dort seßhaft werden und der österreichischen Bürokratenmentalität endgültig den Rücken kehren, nachdem ich mit juristischen Tricks (weil ich es wagte, Dinge beim Namen zu nennen) von der Hochschule verbannt worden war. Doch es kam wieder, wie schon so oft in meinem Leben, anders, als ich dachte. Geblieben sind von dieser abenteuerlichen Wanderschaft letztlich nur zwei dicke Reisetagebücher und eine Menge bunter Erfahrungen, die ich nicht missen möchte.

Die wichtigste Begebenheit war zweifelsohne das ›zufällige‹ Zusammentreffen mit einem eingeborenen ›Magier‹, bei dem ich ein sechswöchiges Praktikum absolvierte. Er lehrte mich unter anderem eine buddhistische Meditationsform »Ana-panasati«, durch die es mir gelang, mit dem Geist bewußt aus dem Körper auszutreten, die Aura von Pflanzen zu sehen und einiges andere mehr. Besonders faszinierend war auch die Qualität seiner hellseherischen Fähigkeiten, mit denen er mich beinahe täglich verblüffte. An seinen gravierenden Aussagen über meine Zukunft zweifelte ich allerdings. Nicht alles, jedoch vieles ist inzwischen dennoch, wie vorhergesagt, auch eingetroffen.

Eines Tages behauptete er spontan, es würde sich für mich bald eine fünfte, diesmal andauernde Partnerschaft finden. Das schockierte mich damals gewaltig, war ich doch (nach drei länger währenden, jedoch letztlich gescheiterten Beziehungen) gerade mit meiner vierten Partnerin unterwegs. Zu diesem Zeitpunkt war ich mit aller Energie und meinem ganzen Einfühlungsvermögen darauf bedacht, die momentane Beziehung zu voller Blüte zu führen. Folglich glaubte ich ihm kein Wort. Der exakten Aussagen über meine Vergangenheit wegen quälten mich allerdings die verschiedensten Bedenken...

Kurz und gut, er ging in sich und berichtete mir von einer äußerst hübschen jungen Frau mit langen schwarzen Haaren so ausführlich, daß ich mehrere Tagebuchseiten brauchte, um alles festzuhalten. Sogar die Stelle eines Geburtsmals am Körper meiner zukünftigen Frau gab er exakt an. Den Termin des Kennenlernens legte er mit ›in zwei bis zweieinhalb Jahren‹ fest. Nachdem Rajah, der Magier, Yogi, Guru oder wie immer wir ihn nennen wollen, zunehmend persönliches Interesse an meiner Reisebegleiterin zeigte, konnte ich seine Prophezeiungen nur noch als Ablenkungsmanöver betrachten.

Wie auch immer, er behielt jedenfalls recht. Nach der Rückkehr von unserer halbjährigen Reise gingen wir alle auseinander: Meine Freundin trennte sich gegen meinen Willen von mir, und ich mich erbost von Rajah. Auch die beiden haben seither keinen Kontakt mehr miteinander.

In jenen Tagen verstand ich die Welt nicht mehr. Ich suchte verzweifelt nach Möglichkeiten, mir selbst alles Geschehene verständlich machen zu können, um so wieder ins Lot zu finden. Ein eher ›intellektuelles‹ Instrumentarium entdeckte ich alsbald in Form der Wissenschaft von den Sternen, in der Astrologie. Während dieser Asienreise begegnete ich ja auch einem Hindu-Astrologen, der fähig war, aus meinen Geburtsdaten konkrete körperliche Verletzungen zu erkennen und vieles andere mehr. Auf der Basis meiner Knieverletzung rückrechnend, korrigierte er sogar meine angegebene Geburtszeit um zwei Minuten. Auch seine astrologische Erkenntnis, daß meine Mutter elf Geschwister habe, gab mir Rätsel auf. Er las dies aus *meinem* Horoskop, nicht aus dem meiner Mutter.

Nach meiner Heimkehr aus dem Osten verkroch ich mich für zwei Jahre einsam und allein in meiner ›Bude‹ und beschäftigte mich mit Astrologie. Dies tat ich parallel aus dem Blickwinkel verschiedener Kulturkreise. Rund vier Laufmeter Spezialliteratur ackerte ich durch. Die Energie dazu fand ich durch meine große Motivation, damit endlich Klarheit über das Erlebte zu erlangen. Schlußendlich konnten mir die kosmischen ›Zeitqualitäten‹ ganz passabel Aufschluß geben. Ich hatte mit der Sternenlogik meine Vergangenheit aufgearbeitet.

Zunehmend plagte mich jedoch die Sehnsucht nach der angeblichen Frau meines Lebens. So bemühte ich mich nun mit planetarer Hilfe, den genauen Termin des zeitlich grob vorausgesagten Zusammentreffens mit der Frau meiner Träume zu eruieren. Drei verschiedene Daten berechnete ich, enger konnte ich den Zeitpunkt jedoch nicht eingrenzen. Kurioserweise traf ich zu jeder meiner vorausberechneten Ereigniszeiten wirklich eine Frau, mit der eine Beziehung hätte möglich werden können. Die ersten beiden Damen waren es nicht, das wußte ich alsbald durch die fehlenden Merkmale.

Vor dem dritten Termin verließ mich der Mut und die Hoffnung. Innerlich hatte ich es aufgegeben, nach der erfüllenden Beziehung zu suchen. Ich hatte daraufhin sogar den letztmöglichen Kontakttermin vergessen.

Als ich einige Monate später wieder geschäftig wurde, um meine brüchige Existenzbasis vor dem völligen Niedergang zu retten (ich habe astrologisch gesehen eine etwas schwierige Disposition in dieser Hinsicht), hatte ich im Naturkostladen meiner Brüder in Wien zu tun.

Im Laden saß bei einer Schale Tee die Freundin des jüngeren Bruders, zusammen mit einer jungen, sehr unvorteilhaft gekleideten Frau mit kurzgeschnittenen Haaren. Das Gespräch der beiden drehte sich – kurz vor meinem Eintreten – rund um die Astrologie. Die Freundin der Freundin war auf der Suche nach einem Astrologen, um tiefer in ihre Lebenssituation eindringen zu können. »Der da gerade kommt, der ist ganz gut. Den kann ich dir wirklich empfehlen«, waren die Worte, die fielen, als ich über die Schwelle trat. Intensiv wurde ich bedrängt, doch das Horoskop zu erstellen. Ich wand mich mit allen mir zur Verfügung stehenden Argumenten; doch die junge Dame ließ nicht locker. Auf meine letzte Abwehrmaßnahme, daß ich ohne Vorauszahlung nicht einmal ein schlechtes Gewissen bekäme, wenn ich ihre Geburtsdaten verschlampen würde, drehte sie auf dem Ladentisch ihre Börse um. Sie stellte mir spontan ihr damaliges, karges Gesamtvermögen zur Verfügung. Somit war ich entwaffnet und gefangen.

Die kurzgeschorene und aufgeweckte Dame half mir schließlich beim Zusammenfalten eines Stapels von mir verfaßter Artikel, u. a. auch über den Makrobiotik-Weltkongreß 1981 in Innsbruck. Diese Texte im Laden abzuliefern war ja der eigentliche Grund meines Erscheinens gewesen. Sie erzählte, daß auch sie auf dem Kongreß gewesen sei und sich insbesondere zu den französischen Referenten – über die ich ebenfalls einen Artikel verfaßte – hingezogen gefühlt habe.

Nach zwanzig Minuten stillen, gemeinsamen Papierfaltens meinte sie plötzlich aus heiterem Himmel: »Ich möchte dir immer helfen.« Ich sah sie nur noch mit großen, ungläubigen Augen an und konnte minutenlang keinen klaren Gedanken fassen…

Nachdem es mir schwerfiel, ihre letzte Barschaft für eine Horoskopberechnung und Deutung zu kassieren, schlug ich ihr ebenso unerwartet vor, diese für einen gemeinsamen Kinogang zu verwenden. Unsere Wahl fiel auf ›Excalibur‹, die neueste Verfilmung der Artussage. Genaugenommen wußte ich nicht ganz, was ich tat, und ließ mich nur von Impulsen treiben.

Gleich zu Beginn des Filmes kam mir dann die mysteriöse Vorausschau von Rajah in den Sinn. Die anschmiegsame Lady hatte zwar ganz dunkle Haare, aber lang waren sie wahrlich nicht. »Die hab' ich vor 14 Tagen in einem Anfall von Selbstbestrafung abgeschnitten«, war ihr beiläufiger Kommentar. Auf das Merkmal der langen Zähne habe ich nicht geachtet, im Kino war es zu dunkel.

So alle zehn Minuten stellte ich ihr eine weitere Frage betreffend der vielen in meinem Tagebuch notierten Merkmale, von denen ich noch eine Reihe auswendig wußte. Ihr wurde ganz seltsam zumute. Mir eigentlich auch. Sie lehnte dann alsbald sanft ihren Kopf an meine Schulter. Beide konnten wir uns nicht mehr auf den überaus mystischen Film konzentrieren. Auf meine Frage, ob sie etwa irgendwo am Körper ein Geburtsmal habe, entglitt ihr ein Schrei. Fast das ganze Kinopublikum blickte zu uns zurück. Sie bat mich inständig, ihr keine weiteren Fragen zu stellen.

Eine Frau, die nichts von Ernährung versteht oder verstehen will, kam für mich damals als Partnerin nicht mehr in Frage, nachdem ich mich selbst – spät, aber doch – zur Erkenntnis der Zusammenhänge zwischen einem gesunden Geist und einem gesunden Körper durchgerungen hatte. Ungefragt eröffnete mir die durch meine Fragen etwas verwirrte ›Wassermannfrau‹, daß sie seit ihrem siebzehnten Lebensjahr auf diesem Gebiet intensive Studien betreibe, eine lang andauernde, katastrophale Partnerschaft hinter sich habe und von Zweierbeziehungen eigentlich nichts mehr hören möge. Momentan leite sie einen Privatkindergarten.

Ich gewann zunehmend Interesse an der damals 25jährigen, insbesondere an ihrem astrologischen Geburtsbild, und schlug deshalb vor, einen Bruder von mir aufzusuchen, um mir dort telefonisch die notwendigen planetaren Positionen durchgeben zu lassen. Auf dem Weg dorthin versuchte sie – einen Kopf kleiner als ich – mir ein zartes Küßchen zu verehren, welches ich mit dem Hinweis auf ein Fieberbläschen auf die Wange abgleiten ließ. Sie fühlte sich etwas komisch dabei. Und ich konnte die Planetengrade kaum mehr erwarten.

Mein eigenes Geburtsbild habe ich seit Anbeginn meiner astrologischen Studien minutengenau im Kopf. Am Telefon konnte ich deshalb während der Durchgabe ihrer Planetenstandorte mein steigendes Erstaunen nicht mehr verbergen. Unsere Horoskopbilder – Schütze/Aszendent Jungfrau und Wassermann/Aszendent Fische – liegen auf den Grad genau seitenverkehrt ineinander! Und eine Menge weitere Faktoren zeigen die starke Anziehungskraft zueinander an.

Meine Frau wirft mir noch heute vor, erst während jenes Telefonats immer freundlicher geworden zu sein. Unser wohlwollendes Partnerschaftskosmogramm ließ jedenfalls meinen letzten Sicherheitsabstand zusammenbrechen.

Tags darauf verließ Mira ihre schon Monate zuvor gekündigte Stellung im Kindergarten und fuhr die 200 km gemeinsam mit mir nach Linz zurück, in meine kleine Bude. Seit diesen für uns unvergeßlichen Tagen leben wir zusammen und sind – im tiefsten Inneren – ein Herz und eine Seele. Zwei Jahre später, an meinem 33. Geburtstag, haben wir dann offiziell geheiratet. Wir taten es gewissermaßen nur noch aus formellen Gründen, hauptsächlich wegen der ansonsten staatlichen Vormundschaft unseres Kindes.

Neben meinem Bemühen, den Zeitpunkt unseres Kennenlernens astrologisch zu ermitteln, versuchte ich mich auch in einer zweiten, etwas ungewöhnlicheren Methode, um die Frau meiner Träume zu finden. Durch eine österreichische Boulevardzeitung fand ich den Anstoß dazu. Ich las eine kleine Notiz über einen britischen Professor, dem es gelungen war, des Nachts bewußt zu träumen. In seinen Träumen treffe er allabendlich seine wahre Geliebte, wurde da behauptet. Der Mann habe eine Traummaschine konstruiert und sei nun dabei, sie zu patentieren. Seine physische Frau zumindest dürfte seine traumhaften Liebesabenteuer ernstgenommen haben, denn sie ließ sich daraufhin vom Erfinder scheiden.

Irgend etwas trieb mich dazu, bei der Redaktion der berichtenden Zeitung anzufragen, woher sie denn diese Information hätte. Prompt bekam ich den ausführlichen englischen Originalartikel der Sunday Times, wo man die Sache abgeschrieben hatte. In diesem Interview war auch von einer Dissertation über ›mentale Traumtechniken‹ die Rede. Da der verliebte Professor und seine Universität namentlich erwähnt waren, ließ ich mir über die örtliche Studienbibliothek seine Doktorarbeit zukommen. Ich studierte sie genauestens und zog mich allnächtlich zu eigenen Helltraumversuchen zurück. Mein unbezähmbarer Wille, endlich zu wissen, ob die Voraussage meines Kurzzeitgurus ein übler Scherz sei oder doch etwas mehr, trieb mich unaufhörlich an. Deshalb begann ich neben meinen rationalen astrologischen Betrachtungen auch noch die andere Gehirnhälfte in den Dienst der Sache zu stellen.

So unglaublich es klingt, nach vielen Versuchen, während einer dreiwöchigen Klausur, konnte mich im Traum – für eine oder zwei Sekunden – das mich anlächelnde Bildnis einer dunkelhaarigen Schönheit beglücken, die ziemlich den Beschreibungen Rajahs entsprach. Ein unbeirrbares inneres Wissen, daß ›sie‹ es sei und daß es sie wirklich gebe, flammte damals in mir auf...

die horoskopfordernde Dame im Naturkostladen hatte allerdings ganz kurze Haare...?! – Erst knapp ein Jahr nach unserem Zusammentreffen fand sich eine Lösung dieses Problems: Es ergab sich genau die optische Situation, welche ich fast zwei Jahre zuvor im Traum wahrgenommen hatte!

Nun, ich weiß, es klingt alles etwas sehr dick aufgetragen. Doch warum sollte ich untertreiben, kann ich doch die Freunde vorweisen, denen ich damals meinen Traumerfolg glückstrahlend erzählte. Die beiden Zeitungsartikel und die kopierte Dissertation besitze ich nach wie vor...

Es kommt sogar noch dicker: Ich beschäftige mich natürlich weiterhin mit dem bewußten Träumen. Das größte Handikap bei meinen Traumversuchen bestand, neben der Schwierigkeit im Schlaf Wachbewußtheit zu erlangen, darin, die geeignete Unterlage zu finden. Ein ›Wolkenbett‹, bei welchem der Körper des Träumers nicht durch Druckpunkte der Matratze gestört wird, fehlte mir im ›Traumlabor‹. Da ich am Markt das geeignete ›Himmelbett‹ nicht finden konnte, bastelte ich mit viel Mühe einfach selbst die für das Traumleben ideale Schlafstatt. Nachdem mein Freundeskreis von der Liegestatt begeistert war und eine regelrechte Nachfrage aufkam, entschloß ich mich, mit der so entdeckten Marktlücke die private Finanzkrise zu meistern. Mehr als zwei Jahre lang produzierte ich mit meiner sich inzwischen eingefundenen Traumfrau in Handarbeit diese flauschigen Baumwollmatten. Anschließend haben wir das ständig weiter verbesserte Produkt an die Firma eines Freundes in Lizenz vergeben...

Nachdem ich auch das grafische Handwerk etwas beherrsche, habe ich gleich den ersten Werbeprospekt für das junge Unternehmen gestaltet. In Ermangelung von Fotomodellen stellte ich mich gemeinsam mit meiner Frau sogar für die Werbeaufnahmen zur Verfügung. Dies geschah im Oktober 1983. Beide ahnten wir zu jenem Zeitpunkt noch nicht, daß wir ein Baby erwarteten. Einige Wochen später aber fanden wir Gewißheit, daß unser noch unbemerktes Baby auf den Werbefotos schon mit uns war (siehe Fotomontage Seite 9).

Die Matratzenproduktion haben wir abgegeben, weil wir uns gemeinsam auch noch für andere Dinge engagieren wollten. Unabhängig voneinander waren wir beide seit längerem am ›spirituellen Leben‹ interessiert und versuchten laufend kompetente Leute zu treffen. Mir war es nach meinen Asienbesuchen wichtig, auch in Europa Menschen zu treffen, die in dieser Richtung wortwörtlich wegweisend sind. So traf ich auf dem eingangs erwähnten Makrobiotik-Kongreß u. a. die beiden Leiter eines französischen Wassermannzentrums.

Wegen meiner langjährigen Studien der wissenschaftlichen Arbeiten Wilhelm Reichs (des bedeutendsten Schülers Sigmund Freuds) wurde ich herzlich in ihr Zentrum in der Nähe von Angers eingeladen. Dort lernte ich weitere sensitive Freunde kennen. Ich war von den Erfahrungsmöglichkeiten in diesem New-Age-Center begeistert und gebar deshalb die Idee, die Initiatoren dieses spirituellen Zentrums zu von mir organisierten Seminaren nach Österreich einzuladen. Nach einer einjährigen Vorbereitungszeit – während der ich meine jetzige Frau auf so wundersame Weise kennengelernt hatte – war es dann soweit. Vier einwöchige Seminare zum Thema ›Das Leben im Wassermann-Zeitalter‹ gingen im Salzkammergut über die Bühne. Ich koordinierte für die über hundert Teilnehmer, und meine Frau bereitete die Vollwertverpflegung. Finanziell endete unser falsch kalkulierter Tatendrang in einer Katastrophe. Auf geistiger Ebene hingegen wurden wir mit gewichtigen neuen Erfahrungen überschüttet. Zum einen fanden wir auf einer neuen Bewußtseinsebene zu einem gewachsenen spirituellen Weltverständnis, zum anderen kristallisierte sich bei den vielen geistigen Übungen während der Seminare immer mehr die überragende Sensitivität meiner Frau heraus. Doch darüber möge sie wohl besser selbst berichten.

Ungefähr zur selben Zeit, als René in Ceylon über ›mich‹ so allerlei erfuhr, begann sich in meinem Inneren das Betreten eines neuen Weges vorzubereiten. Damals wußte ich noch nicht, ob es mein Eigensinn oder das Glücksrad des Lebens war, welches mich in eine andere Richtung trieb. Jedenfalls zeichnete sich eine neue Phase meiner psychischen und geistigen Entwicklung ab. Langsam und noch äußerst unsicher begann ich, mein Leben selbst in die Hand zu nehmen.

Die ersten Schritte dazu tat ich aber schon vor rund acht Jahren, als ich – erst 19jährig – aus einem absolut starken und sicheren Impuls heraus meine Einstellung zu mir und zum Leben und zusammen damit auch meine Ernährung radikal geändert habe. Alle Leiden und die sogenannten negativen Erfahrungen hatten für mich plötzlich ein anderes Gesicht bekommen... Denn in meinem Inneren begann der bereits in meiner Kindheit gelegte zarte Samen eines neuen Bewußt-Seins zu wachsen.

Soweit ich zurückdenken kann – und das kann ich relativ weit –, waren für mich ›außersinnliche Wahrnehmungen‹ nicht außersinnlich, sonst könnten sie ja nicht gemacht werden! Meine Großmutter erzählte mir schon als kleines Mädchen von ihren eigenen ›übersinnlichen‹ Erlebnissen, und auch für meine Mutter sind solche Empfindungen etwas Selbstverständliches. Doch sind diese sublimen Eindrücke weder außer- noch über-, sondern innersinnliche! Der ›sechste Sinn‹ ist eigentlich ein den äußeren Sinnen im Inneren gegenüber gestellter. Ich erlaube mir diese Behauptung, weil ich selbst gleichfalls seit meiner Kindheit in mehr oder weniger bewußter Kommunikation mit Elementargeistern und höheren, für das physische Auge unsichtbaren Wesen stehe. Schon einige Male durfte ich die hilfreiche Hand dieser hellen Freunde ergreifen. Und jedesmal haben mich diese durchdringenden Erfahrungen grundlegend verändert.

Trotzdem bin ich eher vorsichtig und schüchtern im Beweisenwollen dieser Dinge, vor allem im Publizieren solcher Vertrautheiten. Ich bin davon überzeugt, daß man solche auf rein körperlicher Ebene nicht wahrnehmbaren Erscheinungen weder voll übermitteln noch wissenschaftlich hundertprozentig bestätigen kann. Jemand erlebt und weiß – oder eben nicht. Und an etwas glauben, was man (in diesem Leben) noch nicht selbst hautnah erlebt hat, ist problematisch. Es zählt nur das innere Wissen darüber, aber auch das kann nicht ›erklärt‹ werden.

Dennoch gibt es eine gewisse Chance für Leute, die glauben, noch keine ›übersinnlichen‹ Wahrnehmungen gemacht zu haben. In Wahrheit macht jedoch jeder Mensch fast dauernd solche Erfahrungen, ohne sich darüber im klaren zu sein. Es fängt schon an, wenn Sie für jemanden Sympathie oder Antipathie empfinden. Können Sie die Ursachen beziehungsweise aurischen Strömungen sehen, die Sie veranlassen, in Ihnen bestimmte Gefühle entstehen zu lassen?

Ich selbst brachte offensichtlich meine intuitiven Anlagen bereits auf diese Welt mit. Einige frühe Episoden scheinen das zu bestätigen. Beispielsweise begann ich als Dreijährige – zum Erstaunen meiner Mutter – in der Wiese Kräuter zu sammeln. Schon in diesem jugendlichen Alter wollte ich daraus eine gesunde Suppe kochen. In dem Bewußtsein, daß dies eine wohlbekannte und äußerst tolle Sache sei, pflückte ich sämtliche grünen Kräuter, die ich finden konnte, ausgenommen reine Gräser. Ich brachte das Grünzeug in Mamas Küche und verlangte einen Topf mit Holzkochlöffel. Meine Mutter stellte mir auch noch einen Hocker vor den Herd, damit ich die Kochplatte erreichen konnte. Nach einer Weile freute ich mich königlich über die kochende Mixtur und über den intensiven Geruch, der sich ausbreitete. Meiner Ansicht nach kann diese ›hexische‹ Idee nicht aus diesem Leben kommen, da ich in meinem Elternhaus nie von solchen Kochkünsten gehört hatte.

Andere Fähigkeiten, die ich in diesem frühen Alter hatte – ich bin unsicher, ob ich es überhaupt erwähnen soll, da es höchstwahrscheinlich für die meisten Leser doch etwas zu weit geht –, waren... nun, ich konnte fliegen, besser gesagt schweben oder levitieren, wie es die Parapsychologie nennt. Es geschah nur einmal, und es passierte mehr, als daß ich es tat. Meine Eltern waren gerade nicht im Zimmer. Eine Art Lufthauch hatte mich aufgehoben, und plötzlich war die Schwerkraft weg. Ich fand mich waagerecht in vielleicht einem halben Meter Höhe und war nur noch Leichtigkeit und Freude. Das dauerte vielleicht einige Minuten lang, ich hatte aber kein Zeitgefühl dabei. Noch heute, wenn die lebendige Erinnerung daran auftaucht, überkommt mich ein seltsames Gefühl der Freiheit. Auch ein ›Zwergerl‹, ein sogenanntes Elementarwesen, wurde damals für mich sichtbar und noch einiges weitere mehr.

Alle diese frühkindlichen Talente verblaßten sehr bald. Die Schule und sonstige Sozialisationsmaßnahmen richteten den üblichen Schaden an. Immer seltener drang ein Hauch meiner verschütteten Sensitivität durch den Schleier. Fast 25 Jahre sollten vergehen, bevor diese ›paranormale Begabung‹ (von der ich überzeugt bin, daß sie – zwar meist tief vergraben – in jedem von uns steckt) wieder so richtig an der Oberfläche erschien.

Während der Pubertät erlebte ich nur noch vereinzelt Lichtblicke in dieser Richtung. Ansonsten gleichen meine Jugenderinnerungen eher einem einzigen Alptraum. Mit zwölf Jahren hatte ich Angst, einen Mann mit roten Haaren, Glatze und Sommersprossen zu bekommen. Prompt traf mich dieses Geschick – vielleicht gerade deswegen – einige Jahre darauf wirklich. Den Prinzen, mit den vielen Büchern, den ich mir so sehnlichst gewünscht hatte, traf ich erst viel später, nach einer siebenjährigen, fatalen Partnerschaft mit dem ersteren.

Eigentlich wollte ich Kindergärtnerin werden. Der sanfte Zwang meiner Mutter allerdings bescherte mir die Höhere Lehranstalt für Frauenberufe. Zu dieser Zeit steckte ich schon bis zum Hals in psychischen Problemen. Oft sah ich mich bis an den Rand innerer Felsklippen getrieben, und mehr als einmal war ich nahe daran abzustürzen. In meiner unmittelbaren Umgebung gab es damals keinen einzigen Menschen, der mir den Eindruck gemacht hätte, nicht in einem emotionellen Sumpf zu stecken. Auch meine äußere Situation war für mich als Einzelkind mehr als trost- und aussichtslos. Ich fühlte mich wie am Ende eines bedrückenden Lebens angelangt. Irgendwo in mir war da zwar noch das Bewußtsein, daß es ›nur ein Käfig‹ ist, in dem ich mich befand, aber ich hatte keine Idee, wo wohl das Tor zur Freiheit zu finden sein könnte.

Mit dieser angeschlagenen Psyche schlitterte ich – noch als

Schülerin – in meine erste Ehe mit einem Sportlehrer, zwölf Jahre älter und mehr als einen Kopf größer. Nachdem ich ihn bereits zwei Jahre (ver)kannte, heiratete ich ihn allerdings nur, weil ich schwanger war und dem Kind mehr Sicherheit geben wollte. Ich war absolut nicht reif für eine solche Beziehung und er trotz seines Alters genausowenig.

Wenn ich im folgenden versuche, den tragischen Weg meiner Mutterschaft zu schildern, so nicht, um mein Drama darzustellen, sondern um meinen Lebenshintergrund abzubilden, der nun mal die Basis für die späteren Ereignisse war. Vielleicht wird so auch sichtbar, welch intensive Beziehung ich zu Kindern habe. Meiner unendlichen Liebe zum werdenden Leben verdanke ich ja wohl das Geschenk, die in diesem Buch beschriebene Kommunikation erlebt zu haben.

Als Siebzehnjährige suchte ich zum ersten Mal in meinem Leben einen Frauenarzt auf, um mich über die Möglichkeiten der Kontrazeption aufklären zu lassen. Der Mediziner meinte, ich brauchte gar nichts zu nehmen, meine Chancen, ein Baby zu kriegen, seien ohnehin äußerst gering. Die Wahrscheinlichkeit, es auch austragen zu können, sei faktisch gleich Null. Die Empfängnis selbst sei jedenfalls schon sehr, sehr schwierig, wegen einer kleinen Wucherung am Muttermund oder so ähnlich. Ich war darüber sehr verwundert, da ich sicher war, Kinder bekommen zu können, ganz einfach, weil ich sie so liebe. Andererseits, dachte ich mir zum Trost, brauche ich wenigstens nicht aufzupassen. Mein damaliger Mann wollte ohnehin keine Kinder. Er meinte, ich würde sie sowieso nur wie Puppen behandeln.

Einige Male wollte ich aus dieser karmischen Beziehung ausbrechen und bin schließlich... wieder bei meiner Mutter gelandet. Durch sie bin ich kurz auch bei einer Sekte, deren Namen ich heute nicht mehr weiß, gewesen. In deren Gebetsraum hatte ich meinen ersten echten Kontakt mit Jesus. Ich hatte ihn gebeten, mir den Weg aus meinem persönlichen Chaos zu zeigen. Während meines Gebets hüllte mich dann ein gleißender Lichtstrahl ein, und ich mußte sehr viel weinen. Das Erlebnis hat mich im Innern damals sehr verändert. Ich habe es lange Zeit ganz für mich behalten.

Dennoch, ich hatte es nicht wirklich geschafft, mich von meiner ersten Beziehung zu trennen. Erhard holte mich einfach zurück, und recht bald darauf wurde ich wieder schwanger. Wir ›wohnten‹ damals in einer fast leeren ›Sozialwohnung‹ und schliefen auf Luftmatratzen in einem dieser Betonbunker außerhalb Wiens. Als ich es ablehnte, ihn zu heiraten, bekam ich dafür eine Ohrfeige. Unter Druck habe ich schließlich eingewilligt, weil ich nicht wollte, daß meinem Baby etwas zustößt. Ich war sehr weinerlich und hysterisch nach dieser Entscheidung.

Der Frauenarzt meinte, es sei sehr schwierig, das Baby auszutragen, ›aber warten wir ab‹. Als ich nicht mehr in der Schule bleiben wollte, versuchten mich alle, einschließlich der Lehrerin, umzustimmen. Doch ich bin stur geblieben. Zu Hause war ich dann viel allein, weil mein sportlicher Mann oft auf Kursen war. Ansonsten verlief die Schwangerschaft ohne besondere Vorkommnisse. Ich beobachtete den wachsenden Bauch und bemerkte meine psychischen Veränderungen. Ich liebte mein Baby, aber es fand keine außergewöhnliche Konversation zwischen mir und dem Embryo statt.

Im fünften Monat bekam ich nachts starke Kreuzschmerzen und Krämpfe. Ich dachte an Blähungen und ging aufs Klo, doch da kam schon Blut... Die Wehen wurden schnell sehr stark, dennoch hat mich mein Mann eher unwillig und erst auf meine dringlichen Bitten hin zum Arzt meines Vertrauens gefahren. Der war leider nicht da, also ging es weiter ins Krankenhaus nach Wien. Der Muttermund war schon weit offen. Drei Tage und Nächte hing ich deshalb an wehenhemmenden Infusionen. Mit sechs oder sieben Frauen lag ich im Kreißsaal, ohne irgend einen Vorhang dazwischen. Ich sagte zu einer Schwester, daß das Kind jetzt kommt. Sie aber meinte nur, da würde ich anders reden, wenn dem so wäre. Mein Söhnchen ist trotzdem gleich gekommen. Kurz vor der Entbindung spürte ich Bernd noch strampeln und konnte auch seine elektronisch verstärkten Herztöne hören. Er war mit 700 Gramm so groß wie meine Hand und ist noch während der Geburt gestorben. Mein Mann war froh, daß er tot war. Ich selbst habe nach der Geburt alles eher verdrängt. Ich war einfach psychisch kaputt und ziemlich am Ende. Bekannte urteilten über meinen damaligen Mann: »Der Typ haßt dich ja, siehst du das nicht?« Mit letzter Kraft wollte ich mich scheiden lassen. Doch daraus wurde nichts, er hat mich nicht ernst genommen. Eine Zeitlang habe ich dann Psychopharmaka genommen.

In diesen Tagen sah ich an der Auslagenscheibe eines Reformhauses ein unauffälliges, kleines Informationsblatt kleben: Grundlagen der traditionellen, östlichen Ernährungslehre und die Polarität von Yin und Yang. Diese Zeilen berührten ein in mir schlummerndes Wissen, von dem ich nicht wußte, woher ich es hatte, das ich aber immer gesucht hatte. Große Freude erfüllte mich, als diese sicherlich schon mal erworbenen Einsichten hochkamen. Ich ging ins Geschäft und kaufte mir sofort einen Sack voll (ungeschältem) Reis. Das war der erste, sanfte Beginn der helleren Zeit in meinem jetzigen Leben.

Immer mehr kam ich zur felsenfesten Überzeugung, daß es einen Weg aus allem menschlichen Elend und der zum Himmel schreienden Unwissenheit geben muß. Daß mein konsequentes Suchen mich auf den richtigen Weg aus der Verzweiflung führen könnte, darin sah ich meine einzige Chance. Da ich Magen- und Darmprobleme hatte, war es für mich selbstverständlich, nach der geeignetsten Ernährung zu suchen. Ich hatte schon einiges ausprobiert, jedoch ohne wahren Erfolg. Es war meine fixe Idee, daß man mit der rechten Nahrung Einfluß auf seine Psyche und seinen Geist nehmen könne, nur wußte ich nicht wie. Ich ging die verschiedensten Heildiäten durch und bemerkte jedesmal eine mehr oder weniger gravierende Veränderung bzw. Beeinflussung meines Gemüts. Besonders die großen Mengen Milchprodukte in der laktovegetabilen Kost wirkten auf meine Psyche sehr negativ. Doch von jeder Ernährungsform behielt ich zumindest ein Element bei, das ich für gut befand. Nur Fleisch hatte ich intuitiv schon seit meiner Kindheit konsequent abgelehnt.

Eines Tages erfuhr ich im Reformhaus, daß ein Mann namens Zeané Lao Shin ein Seminar über Yin und Yang abhalten würde. Ich meldete mich sofort an. Mein Mann lachte mich aus, weil er meinte, daß ich ›wieder auf einem neuen Trip‹ sei, so ging ich alleine hin. Es ist unbeschreiblich, was sich in mir während der ersten Minuten des Vortrags ereignete. Es waren weniger die Worte – obwohl diese auch – als vielmehr die Ausstrahlung dieses kleinen Mannes. Als ob ein Blitz den dunklen Nebel um mein Selbst durchzuckt und erleuchtet hätte. Mir war klar, daß es noch lange dauerte, bis ich erreicht haben würde, was ich plötzlich als Ziel meines Lebens erkannte. Trotzdem genoß ich die ersten Schritte auf meinem neuen Pfad wie noch nie etwas in meinem Leben. Der Weg ist das Ziel!

Zeané, der Vortragende, war Tao-Priester und von seinem asiatischen Meister in den Westen geschickt worden, um hier zu lehren und seine Frau zu treffen. Das auffallendste an ihm war seine behende Leichtigkeit und große, unsentimentale Liebe. Diese hüllte mich ein wie eine goldene Wolke, in der mir absolut nichts passieren konnte. Egal, welche seiner – manchmal sehr harten – Worte mich trafen oder was er auch immer tat, mein Vertrauen zu ihm war und ist grenzenlos. Er war der erste Mensch, dem ich solche Gefühle entgegenbrachte.

Obwohl mir auch seine Frau viel geholfen hat, betrachte ich ihn allein als meinen ersten Lehrer und Meister. Mit Ausdauer praktizierte ich die von ihm gelehrte Zen-Meditation und studierte die tiefen Erkenntnisse der Makrobiotik, dieser im Westen bislang verkannten, umfassenden Universallehre vom ›großen Leben‹ (makro-bios).

Später ist auch Erhard zu einigen Seminaren mitgegangen, weil er wissen wollte, was da gespielt wird. Die Ernährung wurde so, spät aber doch, der erste gemeinsame Nenner in unserem Zusammenleben. Nach einem halben Jahr gesunder Ernährung fand ich dann auch plötzlich die Energie, meine vorzeitig abgebrochene Schulbildung zu beenden. In der neuen Klasse habe ich mir alles Selbstbewußtsein wiedergeholt, was ich in den vorhergehenden verloren hatte. Seit dieser Zeit – inzwischen sind fast zehn Jahre vergangen – habe ich mich zuerst im engeren und zunehmend im weiteren Sinne makrobiotisch ernährt. In letzter Zeit betreibe ich das Kochen eher intuitiv.

Unsere Abschlußreise anläßlich des Abiturs ging nach Spanien. Dort fastete ich zehn Tage lang, nur Tee und Miso-Suppe (aus Sojabohnenpaste) nahm ich zu mir. Nach einer Woche war ich so voller Vitalität, daß ich nächtelang durchtanzen konnte. Mir wurde beinahe vor den eigenen Kräften angst und bange. Auch habe ich mich auf dieser Reise erstmals so richtig verliebt und bemerkt: Hey, du bist eine Frau!

Wieder zu Hause, habe ich meinem damaligen Mann davon erzählt. Er hat es emotional überhaupt nicht verkraftet. Obwohl ich gewillt war, treu zu sein, habe ich mich – wegen seiner verrückten Reaktionen – innerlich abermals entfernt von ihm. Ich weiß nicht genau warum, jedenfalls wuchs in mir weiterhin der Wunsch nach einem Kind. Vielleicht wird so auch unser Eheleben endlich besser, dachte ich. Er sagte nicht ja und nicht nein zu meinem Sehnen.

Schon drei Wochen darauf war ich wieder schwanger und freute mich irrsinnig. Ich mußte sehr sorgfältig mit mir umgehen, um das Baby trotz meiner unterentwickelten Gebärmutter halten zu können. Wir lebten inzwischen in der uns von den Schwiegereltern überlassenen Wohnung, in der ich auf Erhards Befehl nichts verändern durfte. Nicht zuletzt deswegen herrschte dort für mich eine sehr drückende Atmosphäre. Das war für mich ein Grund, daß ich mit David (nicht Manuel David!), meinem zweiten Embryo-Baby, schon viel gesprochen habe, obzwar in noch nicht so ausgeprägter Form wie jüngst. Wahrscheinlich tun dies ohnehin mehr Mütter, als man gemeinhin annimmt. Ich würde liebend gerne von mutigen Müttern hören, die das Unverständnis und die Ablehnung solcher ›Narretei‹ durch ihre mitmenschliche Umgebung einfach ignorieren.

Nun weiter im ehelichen Drama: Im fünften Monat kam es zu einer Rauferei, weil ich, anstatt gleich abzuwaschen, etwas für das Baby nähte. Mein Mann hat mich damals ziemlich gewürgt. Daraufhin hatte ich einen Traum, in dem ich zuerst Blutungen und dann das Baby bekam. Es hielt die Augen geschlossen, strampelte ein bißchen und starb. Eine Woche später ist es exakt so gekommen. Ich bin absichtlich sehr spät ins Krankenhaus gefahren, weil ich schon »wußte«, daß die Infusionen wieder nichts nützen würden. Eine Nacht lang habe ich mit Schmerzen aufrecht im Bett gesessen, dann erst habe ich meine Mutter gebeten, den Notarzt anzurufen. Im Spital haben sie mich angeschrien, wieso ich denn erst so spät komme. Ich legte mich auf das Gebärbett, und zwanzig Minuten später war David da.

Man hat ihn mir gleich weggenommen, nicht einmal berühren durfte ich ihn. Drei oder vier Meter entfernt von mir lag er dann im Inkubator und versuchte zu atmen. Ich konnte fast nicht zusehen, so schrecklich war das für mich. Man sagte mir, nur wenn er zwei Stunden überlebt, wird er in die Intensivstation eingeschickt. Und sie hätten schon Kleinere durchgebracht. Ich flüsterte Davids Namen. Er fühlte es und versuchte sein Köpfchen zu mir zu drehen. Als er es nicht schaffte, hat er seine winzigen Zehen ganz kunstfertig bewegt. Für mich ist sein Körper überirdisch schön gewesen.

Nach einer halben Stunde wurde ich zur Curetage geführt. Ich glaube, er ist gestorben, als die Tür hinter mir geschlossen wurde. Als ich zurückkam, war sein Bettchen leer. Für mich war das zuviel und nicht mehr richtig faßbar. Ich hatte einen Schock. Außer einer großen Leere konnte ich nichts mehr empfinden.

Ich bat das Personal, meinen Mann hereinzuholen, und mußte erschüttert erfahren, daß er gleich, nachdem er mich abgeliefert hatte, wieder heimgegangen war. So mußte ich dieses furchtbare Erlebnis völlig alleine überstehen. Es ist unsagbar, was in mir vorging.

Bald danach füllte sich meine Brust mit Milch. Sie floß, mit Tränen vermischt, tröpfchenweise am Körper hinunter. Die Brust war prallvoll, hart wie Stein und schmerzte. Heute weiß ich, daß heiße Umschläge schon geholfen hätten. Als ich auch noch Fieber bekam, gab man mir statt dessen Tabletten. Diese wiederum verursachten mir Herzbeschwerden. So lag ich zermürbt in einem Zimmer der Gynäkologischen Abteilung, zusammen mit lauter Krebskranken, was meiner Psyche den Rest gab. Außerdem waren die Ärzte rasch voreingenommen gegen mich, weil ich die Krankenhauskost verschmähte und es trotz starken Blutverlusts ablehnte, Blutkonserven zu bekommen. Ich wollte keine fremde Energieschwingung in meinem Körper haben. Sie dachten deshalb, ich sei von irgendeiner komischen Sekte. – Nun, der Norm entspreche ich sicherlich nicht. Nach drei Tagen habe ich einen Revers unterschrieben und bin auf eigene Verantwortung nach Hause gegangen. Daheim fühlte ich dann Davids Geist und seinen Trost. So überstand ich unsere Trennung deshalb bald sehr gut, obwohl mein ganzes Sein bis in die tiefsten Tiefen erschüttert worden war.

Ein halbes Jahr später – inzwischen 21jährig – begann ich in einem Kinderdorf für sozial Geschädigte als Erzieherin zu arbeiten. Bald danach fand ich nun auch endlich den Mut, mich endgültig scheiden zu lassen und mich von meiner alten Umgebung völlig abzulösen.

Mit einem Freund, der mit mir in diesem Kinderheim arbeitete, bin ich – nachdem wir beide unser gesamtes Hab und Gut verkauft hatten – auf eine langersehnte Weltreise gegangen, die leider vorzeitig zu Ende ging. Gleich zweimal blickte ich auf dieser Tour dem Tod ins Auge. Schwere Ruhr, die ich mir in Ägypten holte, trieb mich schließlich zurück nach Wien. ›Daheim‹ merkte ich bald, daß mein Gefühl von ›Heimat‹ eine Illusion gewesen ist, und machte deswegen erneut eine Phase psychischer Qualen durch. Bei Vollmond war ich damals einige Male nahe am ›Ausflippen‹. Ich wußte zwar, daß ich durch meine Ängste hindurch mußte, um meine ureigene innere Heimat zu erleben, aber ich wußte nicht, wie ich es anstellen sollte. Die Mitteilung, daß mein geistiger Lehrer – gerade als ich von der Reise zurückkam – seinen physischen Körper verlassen hatte, d. h. gestorben war, klärte in mir überdeutlich, daß ich mich nicht bei jemandem, sondern nur in mir selbst daheim fühlen kann. Trotzdem suchte und brauchte ich noch Hilfe, um ganz zu mir zu finden. Wie es der ›Zufall‹ will, ergab sich in Wien ein überraschendes Zusammentreffen mit Elke, einer jungen, australischen Yogini und Psychotherapeutin. Sie setzte sich einfach vor mich hin, und schon begann ich wie ein Schloßhund zu heulen. Besonders die seelischen Erschütterungen wegen des frühen Todes meines

Vaters kamen mit ihrer Hilfe an die Oberfläche. Elke meinte schließlich, ich brauchte gar keine Therapie. Auch sei ich hochgradig medial, intuitiv und sensitiv. Diese Fähigkeiten hätte ich aus früheren Leben mitgebracht, und meine Aufgabe sei es nun, diese Gabe in den Griff zu bekommen. Mein schwankendes Selbstbewußtsein werde ich mit der Zeit schon ins Lot bekommen, wenn ich mich von meinen Gefühlen nicht mehr nur treiben lasse, sondern meine Sensitivität auch intellektuell ausbalanciere. Anschließend fragte sie mich, ob ich die ›Autobiographie eines Yogi‹ von P. Yogananda gelesen habe. Ich verneinte, hatte das Buch aber Wochen zuvor schon mal ausgeliehen und in der Wohnung gehabt. Das also spürte sie, und es sei Grund genug gewesen, mich zu besuchen, meinte sie und verabschiedete sich. Paramahansa Yoganandas Buch habe ich dann und während der Schwangerschaft mit Manuji nochmals gelesen. Es hat mich zutiefst beeindruckt.

Dennoch, Meister Zeané ist bis jetzt der wichtigste Wegweiser in meinem Leben geblieben. Ihm verdanke ich, daß ich all die schweren Hürden und jene, die noch kommen sollten, mutig genommen habe. In ihm begegnete ich sozusagen dem personifizierten Spiegelbild meines höheren Selbst. Die durch seinen unerwarteten ›Tod‹ freigewordene Energie hatte eine ungeheure Wirkung auf meine weitere geistige Entwicklung. Ich kann es nur als Aufkommen großer Klarheit umschreiben. Unsere spirituelle Verbindung ist durch seinen ›Tod‹, wie der Leser noch erfahren wird, nicht unterbrochen worden.

Seine Frau Mayli führt seitdem die Aufgaben ihres Mannes weiter. Neben Michio Kushi ist sie heute im Westen die bedeutendste Kapazität auf dem Gebiet der Makrobiotik. Auf dem Weltkongreß 1981 waren beide vertreten, diese Veranstaltung war daher für mich ein Muß.

Nun bin ich in meinem Bericht an jenem Punkt angelangt, über den auch René eingangs geschrieben hat. Er war auch auf diesem einwöchigen Kongreß, ohne mich jedoch unter über 1000 Leuten zu treffen. Lustiger- oder traurigerweise war René sogar Jahre zuvor auch schon bei einigen Seminaren Zeanés zugegen, ohne mich dort als seine Frau zu erkennen. Die Zeit war eben noch nicht reif gewesen.

Unabhängig voneinander galt unsere Faszination auf dem oben erwähnten Kongreß besonders den französischen Referenten Gérard Bellebon und Solange Guimond. Daß unser Baby so bald zu uns sprechen konnte, hat sehr viel mit den beiden zu tun. Deshalb sollen Sie hier etwas mehr über die beiden erfahren. Dazu übergebe ich am besten die Feder wieder an René; der hat nämlich über ihre Kongreß-Aktivitäten und über seinen Besuch in deren Wassermann-Zentrum schon damals für ein Alternativmagazin berichtet:

»Inmitten von weltweitem Chaos, das seinem jähen Höhepunkt zustrebt, spielt das kosmische Orchester bereits die Ouvertüre des Neuen Zeitalters. Wer Ohren hat zu hören und Augen zu sehen, um das Licht dieser Morgendämmerung in sich wahrzunehmen, wird daraus auch die Kraft schöpfen, sich in diesem alchemistischen Verbrennungsprozeß von den Mächten des Untergangs zu scheiden und wie der mythische Vogel Phoenix transformiert aus der Asche steigen.«

In diese blumigen Sätze kleidete ich das Resümee meiner Erfahrungen im C. E. R. E. V. (Centre d'Etude et de Recherche de l'Ere du Verseau), dem besagten Studien- und Forschungszentrum des Wassermann-Zeitalters. Mein 14tägiger Aufenthalt in dieser spirituellen Klause im Landstrich Anjou fiel glücklicherweise mit gerade stattfindenden Seminaren der beiden Animateure zusammen. Ein neues Wahrnehmen der Wirklichkeit stand auf dem Programm.

›Every Evening Energy-Transmission‹. Diese Ankündigung weckte mein erstes Interesse. Allabendlich erwarteten die Teilnehmer – in meditativer Entspannung einen großen Kreis bildend – den Beginn dieser Übung. Die Einstimmung erfolgte durch sanfte, harmonische Musik. Inmitten des Kreises unsere französischen Freunde in selbstinduzierter Trance. Nach einer Weile begibt sich Solange zu den einzelnen und bestrahlt über ihre Handflächen jeweils einige Minuten verschiedene Kraftzentren des Körpers.

Meine eigenen Erfahrungen beschränken sich vorerst auf leicht geänderte Farbwahrnehmungen am ›inneren Bildschirm‹, von Bläulich zu Rosa-violett. Bei anderen wird die Wirkung auch äußerlich sehr intensiv bemerkbar: unwillkürliche Muskelzukkungen, Heulkrämpfe oder ein Sich-über-die-Welt-Totlachen. Viele spürten anfangs gar nichts. Mich begleitete nach zwei weiteren Bestrahlungen bereits eine Art Energiewolke, die einige Stunden anhielt. Einzelne Teilnehmer reagierten – je nach Offenheit für diese Kräfte – sogar bis zum Durchbrechen psychischenergetischer Blockaden.

›I function only as a channel‹ – ich bin nur ein Kanal für spirituelle Heilenergien, meinte Solange später und verwies mich auf das Referat ihres Partners über ›Die kosmische Nahrung der Seele‹. Gérard zeigte darin u. a. eine Serie von Dias über die Aura-Strahlung. Besonders schön waren die Aurabilder von Verliebten anzusehen, deren sanftfarbene Energien ineinander verflossen. Weniger schön waren die aurischen Krankheitsbilder.

Solange ist ein sehr begabtes Medium, mit der Fähigkeit, sich vollends den kosmischen Heilkräften zu öffnen sowie diese – während ihrer ›Healings‹ – dosiert auf andere Lebewesen zu übertragen, und somit in der Lage, feinstoffliche Störungen im Energiefeld zu beheben – sofern der Therapierte empfangsbereit ist. Die Übertragung dieser feinen Schwingungen scheint eines der wichtigsten Heilverfahren der Zukunft zu werden.

Gérard und Solange, die beiden Gründer dieses vielseitigen New-Age-Zentrums, besitzen neben einer traditionellen psychologischen Ausbildung auch vielschichtige paranormale Fähigkeiten, die sie teils seit früher Jugend – während ihrer zahlreichen Durchbrüche ins ›PSI-Feld‹ – erworben haben. Nunmehr bemühen sie sich in ihren spirituellen Workshops, dieses ›innere und äußere Wissen‹ sowohl abstrakt als auch konkret weiterzugeben, um so am Aufbau der Neuen Welt (in der Paranormales wieder selbstverständlich werden wird) mitzuwirken. Die ganze Palette der Esoterik kommt da zur Sprache. Weiter lehren sie hier, mit verschiedensten praktischen Übungen am eigenen Unter- und Überbewußtsein zu experimentieren, um so dem Zustand vollkommener, innerer Harmonie näherzukommen. Es ist das erklärte Ziel der Seminarleiter, kleine Gruppen je nach individueller und vielleicht schon offenbarer Begabung, zum Neuen Bewußt-Sein hinzuführen oder mit Gérards Worten gesagt:

»Die Heilung des menschlichen Wesens in seiner Ganzheit ist notwendig (wendet die Not), damit es, befreit vom Joch der verschiedenen Leiden, in den Vollbesitz seiner Möglichkeiten gelangen kann, um zum ersten Mal am feinen Nektar der Fülle seinerselbst und des Lebens zu kosten und somit fähig zu werden, an der Transmutation der Welt teilzunehmen.«

Mit einigen medialen Freunden betreut Gérard auch noch einen ganz besonderen Sektor: die Abteilung Wassermann-Technologie. Im Institut konnten wir Gerätschaften wie den Mind-Mirror, Hypnose-Stroboskope, Formwellengeneratoren und ähnliches bewundern. Er verwendet diese Dinge hauptsächlich dazu, Ungläubigen die feineren Kräfte anschaulich zu demonstrieren. Der Mind-Mirror ist eine Art Lügendetektor für Yogis, der alle Gehirnwellenmuster auf einem Bildschirm – in rechte und linke Gesichtshälften geteilt – wiedergibt. Seit kurzem kann mit diesem Gerät nunmehr ein Bewußtseinszustand objektiv nachgewiesen werden. Gekoppelt mit Biofeedback kann sich so mancher Suchende einige Jahre an Meditationstraining sparen.

Mein spontaner Besuch in diesem Zentrum (das inzwischen verlegt wurde) hatte meinem Leben eine klarere Ausrichtung gegeben. Ich wußte nachher um einiges genauer, wo ich hin will. In meiner Begeisterung hatte ich mich dann auch entschlossen, diese beiden hochkarätigen New-Age-Fachleute zu Seminarveranstaltungen nach Österreich einzuladen.

Der Lohn unserer Arbeit fand sich auf völlig unerwartete Weise. Zwischen den Seminaren, sozusagen hinter dem Vorhang, wurden wir beiden Organisatoren von unseren Referenten in einer ganz speziellen Bewußtseinstechnik ausgebildet. Da sich Mira in den Gruppenversuchen als ein sehr begabtes Medium entpuppte, war es auch unseren Freunden eine Freude, mit ihr bzw. uns auf dieser Ebene zu arbeiten. Während mir Gérard nach einer Reihe praktischer Demonstrationen den theoretischen Background und meinen Part eines gemeinsamen Übungsprogramms zum Erreichen von Miras vollbewußter Tieftrance vermittelte, befaßte sich Solange mit der Aktivierung von Miras ebenfalls latent vorhandener Fähigkeit, Heilenergien anzurufen und zu kanalisieren. Den Abschluß dieser esoterischen Schulung bildete eine beinahe vierstündige Hypno-Analyse, in der Gérard meiner Frau die meisten psychischen Blockaden, zumindest jedenfalls die größten Brocken, durch Bewußt-Machen aus dem Weg räumte. Auf diese Weise hat sich Mira eine Jahre lang dauernde traditionelle Psychoanalyse erspart.

Trotz aller mißlichen Lebensumstände haben wir in den zwei darauffolgenden Jahren, das heißt bis zum Beginn der Schwangerschaft mit Manuji, obiges Trainingsprogramm eifrig absolviert. Schon während der ersten Phase konnten wir wirklich traumhafte Ergebnisse erzielen, auf einem Niveau, das wir nicht erwartet hatten. Im Laufe unserer Trance-Übungen fanden sich zahlreiche Kontakte, sowohl zum eigenen Unter- und Überbewußtsein als auch zu Wesenheiten jenseits unserer Dimensionen. Doch darüber vielleicht in einem anderen Buch.

Als feststand, daß wir ein Baby bekommen, hat Mira unsere wöchentlichen ›Readings‹, wie die medialen Trance-Sitzungen auch heißen, eingestellt. Sie wollte eine vielleicht mögliche, unbedachte Beeinflussung der Psyche des Embryos nicht riskieren. Miras ›inneres Ohr‹ ist jedoch weiterhin offengeblieben.

Offenbar – so sehen wir es heute – sollte alles so kommen. All diese vorausgegangenen Ereignisse und Erfahrungen waren ja Vorbedingungen, um später unserem Baby als Sprachrohr dienstbar sein zu können. Wenn wir zurückblicken, fügt sich ein Meilenstein an den anderen.

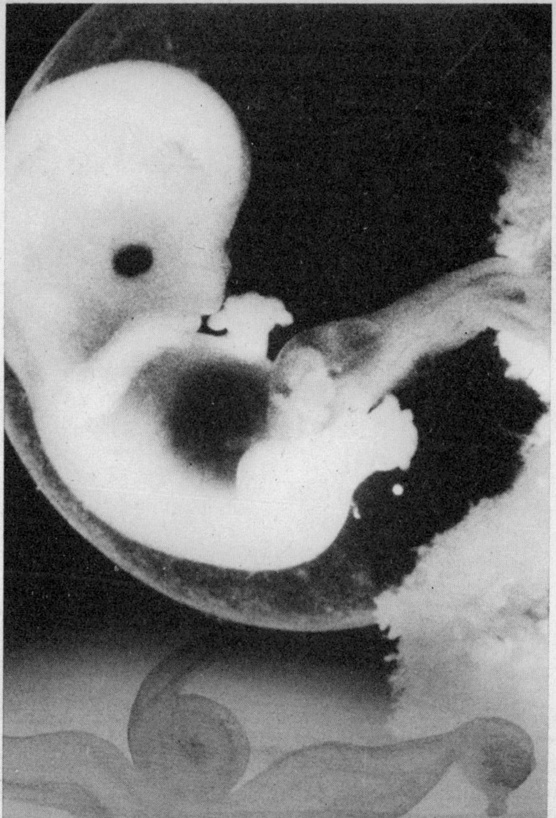

Träume und Visionen

…aufgezeichnet von Mira.

Das im vorangestellten Foto einkopierte ›Embryo-Tierchen‹ habe ich ganz zu Beginn meiner Schwangerschaft rein intuitiv gemalt, als ich erstmals versuchte mit Aquarellfarben umzugehen. Als ich noch nicht einmal an einen Schwangerschaftstest dachte, teilte mir mein Unterbewußtsein schon sehr plakativ das kommende Ereignis mit – das geschah auch in meinen Träumen.

Ich begann mich bereits in sehr jungen Jahren mit meiner Traumwelt fast so intensiv wie mit ›realen‹ Erlebnissen auseinanderzusetzen. Schon sehr bald hatte ich erfaßt, daß ich in der nächtlichen Spiegelwelt auf Lösungen und Erkenntnisse gestoßen werde, um mit Problemen fertig zu werden beziehungsweise um diese aufzulösen. Ich lernte zusehends, zwischen unwichtigen und für mein Leben wesentlichen Trauminhalten zu unterscheiden. Sogar an Bilder, die ich mit fünfeinhalb Jahren geträumt hatte, kann ich mich heute noch gut erinnern. Deren Aussagen begriff ich allerdings erst nach und nach. Der metaphorische Traum vom Tod meines Vaters zum Beispiel war mir als Kind lange ein Rätsel geblieben. Durch die spätere Auseinandersetzung damit habe ich erkannt, daß mein Unterbewußtsein schon damals reif und erwachsen war.

Ich ahnte schon, daß die Traumwelt ein Spiegel des Lebens ist, in dem vielschichtig, verhüllt oder mehrdeutig, jenseits von Raum und Zeit, die versteckten Probleme und Ängste, der ganze Eisberg der verdrängten psychischen Inhalte sichtbar werden. Ohne jemals wie René etwas über ›Traumtechniken‹ gelesen zu haben, wußte ich schon früh, daß, wenn ich kurz vor dem Einschlafen etwas Bestimmtes zu träumen wünschte, es irgendwie, entweder direkt oder verschlüsselt, in einer der folgenden Nächte auch geschehen würde.

Ein Beispiel: Während meiner Pubertät hatte ich sehr ausgiebig die Bibel studiert. Trotz vielen Nachdenkens konnte ich mir jedoch nicht darüber klarwerden, was wohl das ›Jüngste Gericht‹ bedeuten möge. Die traditionelle, diffuse Erklärung konnte ich beim besten Willen nicht annehmen. Da mir die Frage sehr zu schaffen machte, betete ich zu Gott oder zum Großen Geist, wie ich heute sagen würde, mir im Traum darauf eine Antwort zu geben. Hier das Traum-Gesicht, welches sich mir tief eingeprägt hat:

›Ich sehe mich zusammen mit einer Gruppe von Leuten in einer Landschaft mit Bäumen. Alle liegen wir in Mulden oder Gräben und verharren in angespannter Erwartung. Kommt jetzt das Jüngste Gericht? Werden wir Jesus sehen? – Plötzlich werden wir alle ohnmächtig. Nach einer unbekannten Zeitspanne komme ich im Traum allein wieder zu Bewußtsein: Alle rundherum sind tot oder nicht mehr bei mir. Meine Haare sind völlig abgebrannt, und die Erde hat große Risse. Entwurzelte Bäume und tote Körper liegen herum. Verwundert stehe ich auf, denn ich fühle mich leicht und schwerelos. Ich spüre meinen Körper von einer feineren Energieform durchflutet. Ohne Emotion betrachte ich die Toten und das Chaos. Ich fühle mich wie neugeboren und weiß, daß ich jetzt sehr weit gehen muß, um Überlebende zu treffen.‹

Dieser Traum, meine ich, zeigte mir sehr klar und drastisch die Bedeutung der Wiederkunft Christi als Durchströmt-Werden mit einer neuen, höheren Energieform. Ich kann sie nur als totales Frei-Sein beschreiben.

Mit der Zeit gewann für mich die Traumwelt immer mehr an Bedeutung. Seit einigen Jahren führe ich deshalb über meine Träume Buch, mal sehr beständig und dann wieder etwas weniger konsequent. Sehr wichtige Träume gravieren sich ohnehin unauslöschlich in mein Bewußtsein ein. Da mir beinahe die ganze Traumserie einer Nacht (man träumt angeblich insgesamt bis zu eineinhalb Stunden!) noch am Morgen im Geiste präsent ist, wäre es einfach zuviel, alles aufzuschreiben. Viele Traumbilder schildere ich nur René am Morgen, um sie dann wieder zu vergessen. Über wichtige und schwer entschlüsselbare Inhalte meditiere ich, bis ich die Botschaft erkenne. Ich bin davon überzeugt, daß mit ein bißchen Geduld und vielleicht anfangs auch ein wenig Hilfe jeder selbst sein bester Traumdeuter ist.

Die Nacht, bevor ich diese Zeilen zu Papier brachte, träumte ich beispielsweise von einem Besuch bei meinem homöopathischen Arzt. Am Abend davor hatte ich beschlossen, mir in den nächsten Tagen bei diesem Arzt einen Ratschlag zu holen. Inzwischen hat es sich eigentlich erübrigt, noch hinzugehen. Ich habe seine Empfehlungen bereits im Traum erhalten...

Ich könnte noch viele Beispiele anführen. Hier jedoch möchte ich nur noch ein paar besonders markante Träume, die mit dem Baby zu tun haben, erwähnen. Diese Träume und eine Vision, welche ich bei vollem Wachbewußtsein hatte, geschahen mir – mit Ausnahme des nächstfolgenden – alle vor den direkten Embryo-Kontakten, zu Beginn der Schwangerschaft.

Ende 1982: Kriegen wir ein Baby?

›René trägt im Traum ein Körbchen, in dem aufrecht ein Baby sitzt. Es hat noch keine Haare, aber einen majestätischen Ausdruck wie ein König. Mit seinen großen, dunklen Augen schaut es sehr ernst drein.‹

Ich maß diesem Traum keine größere Bedeutung bei, außer daß er mir das sichere Gefühl gab, mit René ein Kind zu bekommen. Wann? Das wußte ich natürlich nicht.

Sept. 83: Bin ich schwanger?

›Ich gehe in Linz über die Donaubrücke und trage ein weites blaues Kleid. Ich weiß im Traum, daß ich schwanger bin. Dieses lockere Gewand habe ich angezogen, weil ich es mir nicht anmerken lassen will.‹

Einen Traum dieser Art strebte ich an, um mir Klarheit über mein Gefühl, daß es ›eingeschlagen‹ hat, zu verschaffen. Obwohl sich diese eindeutige Antwort ergab, wollte ich es einige Tage später auch noch durch einen Schwangerschaftstest bestätigt wissen. Im Glasröhrchen zeigte sich ein ganz dicker Ring. Bis zum dritten Monat wußte außer meinem Mann niemand davon.

Wochen später: Die Vision der Namensgebung

Einige Zeit nach diesem Traum, Ende September oder Anfang Oktober, hatte ich während meiner Morgenmeditation eine klare Vision. René, der Nachtmensch, schlief noch. Ich begann nach einigem Meditieren die Anwesenheit einer warmen, ruhigen und freundlichen Strahlung zu fühlen. Kurz darauf sah ich vor meinem geistigen Auge eine sehr schöne jüngere Frau unschätzbaren Alters auftauchen. Sie hatte eine liebliche Frisur und sehr sanfte Augen. Bekleidet war sie mit einer Art langer Robe in bräunlichem Farbton. Sie blickte mir tief in die Augen und sprach:

»Du wirst einen Sohn gebären und sollst ihn Emanuel nennen!...«

Sie sagte auch noch einiges mehr, was ich aber niemandem erzählen möchte. Es war eine tiefe Ruhe in mir, als ich frisch und energiegeladen die Übung der Gedankenstille beendete.

»Emanuel, so ein altmodischer Name«, war mein erster Gedanke, daran kann ich mich noch genau erinnern. »Der gefällt mir gar nicht«, bildete ich mir ein. Wir könnten ihn ja kurz ›Manu‹ nennen, kam mir als Lösung in den Sinn. Das gefiel mir schon besser.

Ich weckte meinen Mann und erzählte ihm die Vision. Er sagte nur: »Aufschreiben, alles aufschreiben«, drehte sich um und schlief weiter. Später recherchierte er die Bedeutung des Namens Emanuel. Es ist die griechisch-lateinische Form von hebräisch »Immanuel«, als Kurzform sind Manuel und Manu üblich. Direkt übersetzt bedeutet es soviel wie ›Gott ist mit uns‹ oder auch ›Gott steht uns bei‹. Später fand er noch heraus, daß der Wortstamm ›Manu‹ im Sanskrit, der indischen Ursprache, ganz einfach Mensch bedeutet.

Als uns das Baby in den ersten Botschaften über Indien erzählte, machte mein Mann aus Manu ›Manu-ji‹, was ungefähr Menschlein heißt. Die Anhangsilbe ›Ji‹ (sprich dschi) wird dort als Liebkosungs- bzw. Verehrungs- oder Verniedlichungsprädikat verwandt. Unserem Babyboy hat der Kosename scheinbar sehr gefallen, sonst hätte er die späteren Botschaften nicht selbst so unterzeichnet.

Die Tage nach der visionären Erscheinung mußte ich ständig an die Mitteilungen dieses weiblichen Geistwesens denken. Um mich davon abzulenken, bat ich René, mir aus seiner umfangreichen Bibliothek ein schönes Märchenbuch herauszusuchen. Ich wollte mich, während ich das Baby im Bauch trug, nur mit positiven, harmonischen Gedankenwelten einhüllen. (Tageszeitungen und den TV-Nachrichten bin ich strikt aus dem Weg gegangen.) Er zog spontan das Taschenbuch ›Altindische Märchen‹ aus dem Regal. Ich freute mich über seine Wahl, schlug das Buch auf und fand – welch ein ›Zufall‹ (?!) – gleich eine Geschichte über den mythischen König Manu...

Seit unser Baby auf der Welt ist, nennen ihn die meisten unserer Freunde Emanuel oder Manuji. Mein Mann nennt ihn gern auch Manuel. Er meint, das hätte den richtigen Drive für die heutige Zeit. Wir werden ja sehen, wie sich der junge Mann später selbst nennen wird.

Im Taufschein steht als zweiter Name auch noch David (hebräisch Liebling, Vielgeliebter). Diesen Namen haben wir ihm beigegeben, weil er selbst sagt, daß er auch jenes Baby gewesen ist, welches ich 1979 gebar und das nur eine knappe Stunde lebte.

Im folgenden noch die Zusammenfassung der Erläuterungen zum Stichwort Manu, welche wir in verschiedenen Lexika fanden:

Manu: (Sanskrit ›Mensch‹), in der hinduistischen Mythologie der Sohn Brahmas und halbgöttliche Urvater der Menschheit. Dieser wurde als der indische ›Noah‹ von Vishnu aus der großen (Sint-)Flut auf den Himalaja gerettet. Er ist als Begründer der Religion, als Urheber von Ordnung und Sitte und als Gesetzgeber in die indische Geschichtsschreibung eingegangen. Das berühmteste indische Gesetzbuch ›Manavadharmashastra‹ wurde nach ihm benannt.

Nov. 83 / Heute ein wichtiger Traum:

»Mein Bauch ist offen. Drinnen spiele ich mit einem größeren Knaben und einem kleineren Babymädchen. Der Sohn sagt: »Mama, ich will raus!« und will schon herausspringen.

Ich entgegne ihm: »Nein, du mußt noch eine Stunde drinnen bleiben.«

Sie spielen noch eine Zeitlang im Bauch und hüpfen dann einfach heraus.

Sie sind schon so groß, daß wir jetzt spazierengehen. Der Bub ist ein sehr lebendiger, zäher, willensstarker, drahtiger Typ. Das Mädchen äußerst sanft, fein und ruhig.

Ich bin braungebrannt und habe eine Art khakigrünes ›Ranger-Gewand‹ und ebensolche Stiefel an. Ich sehe uns dann zusammen mit René und spüre, daß wir alle vier sehr glücklich sind.«

Dez. 83 / Ein sonderbarer Synchrontraum:

»Ich habe mein Baby soeben geboren. Einen Sohn. Ich sehe ihn mir an. Er hat seine dunklen Augen weit offen – und er spricht: »Mama!«

Ich fühle eindeutig, daß er alles versteht und weiß. Ich frage ihn: »Wie war es im Mutterleib?« Er antwortet: »Wenn Mond war, hatte ich mich dem Mutterleib hingegeben, bei Sonne habe ich gelernt.«

»Was hast du denn gelernt?«

»Astrophysik.«

»Ja, von wem?«

»Von einem Professor.«

Plötzlich spricht er nicht nur, er bewegt sich auch frei. Man sieht zwar, daß er neugeboren ist, aber sein Verhalten ist wie das eines ausgewachsenen Erwachsenen. Mehrere Leute sind da. Sie wundern sich und müssen feststellen, daß etwas Ungewöhnliches um das Kind ist. Sie wollen sich aber nicht ernsthaft damit auseinandersetzen. Es bleibt beim Feststellen, daß etwas anders ist.

Das Kind ist völlig unbeeindruckt von der Reaktion der Leute!

Selbst mir, seiner Mutter, gibt er das Gefühl, nichts von ihr zu brauchen. Weder emotionell noch irgendeine andere

Art von Schutz. Außer Essen, aber selbst das tut er allein.

Er redet frei heraus, was er von ›dieser‹ und ›jener‹ Person weiß. Es sind Dinge, die niemand von außen erkennen kann. Jeder streitet alles ab, was der Kleine sagt.

Aber ich als Mutter stehe plötzlich vor einem Problem: Wem soll ich jetzt glauben, meinem Kind – oder den Leuten und ihren Reaktionen? Tief drinnen weiß ich, daß Manu recht hat. Aber ich bin noch sehr unsicher, wie ich, mein Ego, meine Person – die sich immer noch rechtfertigen und verteidigen zu müssen glaubt – sich verhalten soll. Innerlich habe ich mich zu Manu bekannt. Aber nach außen?

Und meine Rolle als Mutter ist von Manu auch nicht gefragt. Bisher gaben mir kleine Kinder doch öfter das Gefühl, etwas von mir zu brauchen.

Er gibt mir zu verstehen, daß nicht er etwas von mir verlangt, sondern daß einfach öfter etwas gebraucht wird...

Irgendwann geht er zu einer Mauer. Er weist mit der rechten Hand in eine Richtung und zeigt uns: »Dorthin sollt ihr gehen« (oder schauen?) Keiner kümmert sich darum...«

Am nächsten Tag rief ich meine Freundin Eli in Wien an und begann den seltsamen Traum zu erzählen. Sie sagt: »Warte. Sylvester hatte einen zum Teil ganz ähnlichen Baby-Traum diese Nacht.« Ich spreche mit ihm darüber. Es stimmt... Er hat sich besonders über die ignorante Reaktion der Leute geärgert.

Drei Wochen später wurden wir – der Forschungen Renés wegen – über ein astronomisches Universitätsinstitut – in ein Sonnenobservatorium eingeladen. (René beschäftigt sich in seinen Studien seit längerem mit den energetischen Vorgängen auf unserem Zentralgestirn.) Nachdem wir kurz zuvor geheiratet hatten, war es für uns eine schöne und ungewöhnliche, fünftägige Flitterwoche. Und in der Sternwarte umgab uns die große astrophysikalische Bibliothek des einladenden Professors! Ob dieser mit dem obigen Traumprofessor identisch ist, können wir natürlich nicht beschwören.

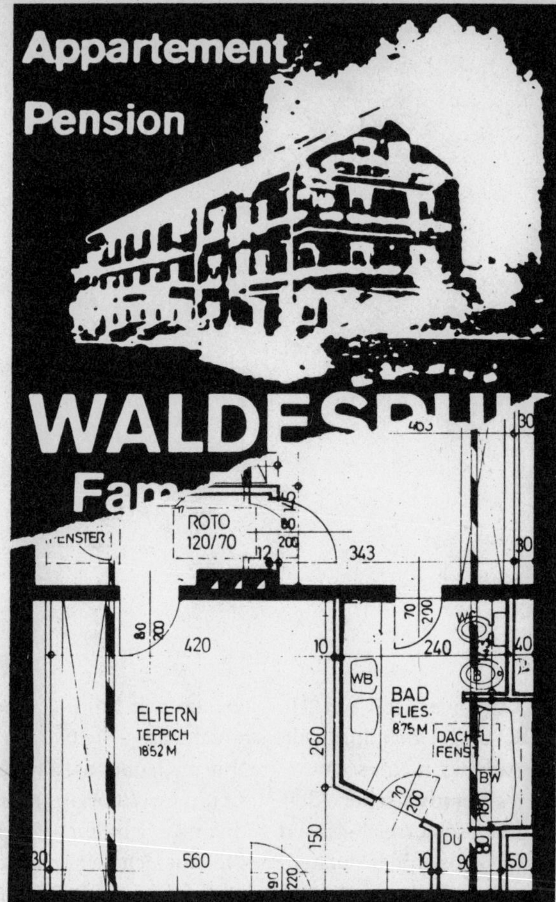

Schöner wohnen

…aufgezeichnet von René.

Aufgewachsen bin ich – ebenso wie Mira – auf dem Land. Doch dort sollte ich nicht lange bleiben. Der berufliche Aufstieg meines Vaters brachte mich über die Zwischenstation in einer idyllischen Kleinstadt ungewollt bis ins industrielle Herz Oberösterreichs. An den diversen Schulen, die ich auf elterlichen Befehl hin besuchen mußte, fand ich keinen sonderlichen Gefallen. Folgerichtig war der Erfolg auch mäßig. Nach weiteren, vom Vater erzwungenen und daher kurzen Versuchen, seinen beruflichen Karrierevorstellungen zu entsprechen, wurde mir als Ältestem, vor meinen vier Brüdern, die Beamtenwohnung zu eng.

Das heißt, ich versuchte mich bereits in sehr jugendlichen Jahren, sowohl räumlich als auch ökonomisch auf eigene Füße zu stellen. Ich tauschte die paar häuslichen ›Sicherheiten‹ gegen ein größeres Maß an Freiheit und Abenteuer. Notgedrungen wurde ich dadurch auch bald mit einer traurigen Realität, der Situation auf dem Wohnungsmarkt, konfrontiert. Dieser treibt in Linz die gleichen Blüten wie anderswo. Damals wie heute stehen dort durchschnittlich an die 5000 Wohnungen leer, weil sich von den ständig etwa 20000 Unterkunftsuchenden kaum jemand die horrenden Mieten leisten kann. Nach meiner Abnabelung aus dem Elternhaus konnte ich im Laufe der darauffolgenden Jahre das Drama der Wohnungssuchenden immer wieder am eigenen Leibe erfahren. Mehr als ein Dutzend Male mußte ich aus den verschiedensten Gründen mein Dach über dem Kopf wechseln.

Bevor ich Mira traf, lebte ich aus obigen Gründen als eine Art Stadtindianer und führte ein ziemliches Nomadenleben. Durch die verschiedensten Jobs – die meisten davon für mich maßgeschneidert, weil selbst erfunden – wurde ich bald zu einer Art Tausendsassa. Vom technischen Zeichner über Offsetdrucker, Meinungsforscher, Gebrauchsgrafiker, Modellbauer bis hin zum Buchhändler führte mich meine berufliche Laufbahn, um nur einige Stationen zu nennen.

Zu guter Letzt legte ich noch ein paar Semester Architekturstudium dazu. Trotz ständig karger Existenzbasis ist es mir dennoch meist ganz gut gelungen, Arbeit und Freizeit zu einem zusammenwachsen zu lassen. Ich war fast das, was ich mir unter einem Lebenskünstler vorstelle. Über Langeweile konnte ich mich nie beklagen. Nur mit meinen Wohnungsproblemen kam ich einfach nicht zurecht. Sie wissen schon, jeder hat irgendwo seine wunden Punkte, und meiner lag eben da.

Die Bude, in der ich gerade wohnte, als Mira zu mir zog, war die rühmliche Ausnahme der Regel. Ein wirklich christlicher Lehrer wollte die Mansardenwohnung seines Wohnhauses nicht leerstehen lassen und hat ganz bewußt einen armen ›Studenten‹ dafür gesucht und einen wirklich seriösen Mietpreis erhoben. Leider war diese Unterkunft wegen des Umbaus seines Hauses auf nur ein Jahr begrenzt. Für zwei Personen war sie längerfristig aber ohnehin zu klein. Aus besonderen Gründen muß ich noch erwähnen, daß uns in diesem ersten gemeinsamen Nest eines Nachts ein hohes, von mir selbst gebautes Bücherregal wegen Überlastung zusammengebrochen ist. Dieses Regal stand neben unserem Bett und hätte meine Geliebte beinahe unter den Büchern begraben. Eine halbe Stunde darauf hatte sie dann einen Abortus, vielleicht fünf oder sechs Wochen alt.

Mira hatte zwar schon einige Tage zuvor seltsame Blutungen, aber eigentlich haben wir erst dadurch von der stattgefundenen Empfängnis erfahren. Wahrscheinlich ist der kleine Embryo durch den körperlichen Schock endgültig abgegangen.

Wir haben dann den winzigen Körper mit der Lupe untersucht. Das hat Miras Trauma in Sachen Mutterschaft wieder aktiviert, weil es so viele Erinnerungen wachrief. Ich erwähne dieses Geschehen deshalb, weil Manuji gleich in seiner ersten Botschaft einen sehr seltsamen Satz spricht, nämlich:

> »...ist nicht viel Zeit vergangen, seit ich *ungeboren* wieder von hier ging.«

Da Mira tags zuvor auch einen schemenhaften Geist entschwinden sah, nehmen wir an, daß dieser Satz etwas mit dieser kurzen, zuerst auch vor uns geheimen Schwangerschaft zu tun haben könnte.

Bald nachher sind wir in ein altes, während der Kriegszeit gebautes Holzhaus gezogen. Hier hatten wir wenigstens genug Platz für unsere Schlafmattenproduktion, die unsere Existenz sicherte. Ansonsten war der Standard dieses Häuschens in keiner Weise dem Mietpreis entsprechend. Einen Raum im Parterre hatten wir im Bereich unserer begrenzten Mittel besonders schön ausgestattet. Hier fanden auch die ersten tiefergehenden ›Healings‹ und ›Readings‹ statt. Das sind Miras Heilmeditationen und unsere esoterischen Trance-Lesungen. Auch die Vision der Namensgebung erfüllte sich in diesem Zimmer. Manuel spricht in einer seiner späteren Botschaften auch von diesem Raum, und zwar in der Passage sein Eintreten in den Mutterleib betreffend.

Seit Mira bei mir in Linz lebte und die berüchtigte Linzer Luft atmete, tränten ihre Augen oft. Bei bestimmten Inversions-Wetterlagen hielt sie es fast nicht mehr aus. Sie jammerte immer mehr darüber, das hieß, wir mußten endlich aus der Industriehölle Linz raus. In dieser Großstadt müßte es ein paarmal im Monat Smogalarme geben, wenn das nicht mit allen Tricks von offizieller Seite verhindert würde.

Als sich dann noch im ersten gemeinsam verbrachten Winter herausstellte, daß unsere Luxus-Villa nicht nur schlecht, sondern gar nicht isoliert war und der Besitzer seit zehn Jahren einem amtlichen Abbruchbescheid trotzte, hatten wir es endgültig satt.

Unser Entschluß stand fest: Nichts wie aufs Land. Trotz angestrengter Bemühungen fand sich nicht so schnell eine Lösung.

Nach einer stattlichen Anzahl vergeblicher Objektbesichtigungen drängte die Zeit bereits gewaltig: Der nächste Winter stand schon vor der Tür. Wir mußten schleunigst, ob wir wollten oder nicht, die Latte unserer Erwartungen etwas niedriger hängen. Billig, naturnah und verkehrsgünstig ist offenbar eine Utopie in Zeiten wie diesen. Da fiel uns ein Inserat auf, in dem ein Mansardenappartement inmitten der Natur – in der Pension Waldesruh – angeboten wurde. Klingt gut, nicht wahr? Das dachten wir auch. Und beim ersten Lokalaugenschein fühlten wir uns fast wie im Paradies. Innerhalb weniger Tage schlossen wir deshalb den Mietvertrag ab. Nach dem ständigen Suchen nun endlich diese Erquickung. Wir konnten es kaum glauben: Eine 100 m^2 große Wohnung, die sich schön gestalten ließ, zu einem verkraftbaren Preis. Wenn die Nacht am tiefsten, ist der Tag am nächsten!

Leider bemerkten wir erst, als es schon zu spät war, welchen großen Fehler wir mit unserer Entscheidung begangen hatten. Wir sind nämlich wahrlich vom Regen in die Traufe geraten. Da unsere neue Wohnsituation eine für die späteren Ereignisse nicht unwesentliche Rolle spielt und sich das Baby zu unserer mißliebigen Situation auch des öfteren äußerte, werden wir etwas ausführlicher darüber berichten.

Was uns dort passierte, können Sie sich, werter Leser, wahrscheinlich nicht in Ihrer blühendsten Phantasie ausmalen.

Während sich Mira bald provisorisch in unserem neuen Domizil einquartierte, brachte ich innerhalb der nächsten Monate Stück für Stück unsere Übersiedlung zuwege. Indessen tauchten in der neuen Wohnung schon die ersten ernsteren Probleme auf:

Anfangs war alles Sonnenschein. Wir waren die einzigen Mieter in dem großen, erst teilweise fertigen Appartementblock, und kein Schuh drückte uns. Während der Besichtigung war das Wetter himmlisch, nur ein bißchen Luftzug – die Falttüren bewegten sich hin und her – machte sich in der Wohnung bemerkbar. Dem ist durch Abdichten leicht abzuhelfen, meinten wir damals jovial zum Hausherrn. Den am Boden verstreuten Fliegen maßen wir keinerlei Bedeutung bei, die Appartements hatten schließlich leergestanden.

Zu unserem Befremden steigerten sich die vorerst noch lösbaren und unscheinbaren Problemchen im ersten Jahr unserer Ansiedlung stückchenweise zu ausgesprochen harten Nüssen. Als Bewohner der Pension ›Waldesruh‹ brauchten wir in erster Linie Nerven wie Drahtseile, wurde uns immer mehr klar.

Da das Haus auf einer nicht gerade windgeschützten Anhöhe steht, blies der Wind oft ganz heftig. Als wir einzogen, ging ich zwar sofort daran, jede geortete undichte Stelle in den holzverschalten Wänden und Decken zu isolieren, doch ich mußte bald feststellen, daß dies ein Spiel ohne Ende ist. Wenn ich eine Ritze ausgefugt hatte, suchte sich der Luftstrom gleich die nächste Möglichkeit einzudringen. Einige Fenster und die Balkontüren stellten sich überhaupt – weil so verzogen – als irreparabel heraus. Im Schlafzimmer herrschte deshalb bei bewegterem Wetter eine derartige Zugluft, daß wir, um uns nicht zu erkälten, mit dem Bett ins angrenzende Kabinett übersiedelten. Aber auch dort schlief meine Frau mit Kopftuch. Schließlich stellte sich nach genauer Untersuchung der Sachlage heraus, daß die Schrägwände derartig schwach und laienhaft isoliert waren, daß eine Behebung des Schadens ohne Neudeckung des Daches überhaupt unmöglich erschien. Jetzt war uns auch klar, warum der Schnee gerade auf unserem Dachteil so rasch schmolz. Bei Tiefdruckwetterlagen kamen wir auch noch in den Genuß des Kaminrauchs, den der Wind durch die defekten Mansardenfenster drückte. Einige Male glaubte Mira schon, es brennt irgendwo in der Wohnung.

Der Hügel, auf dem die Wohnanlage steht, bietet zwar eine reizvolle Aussicht über weite, hügelige Felder, doch der Nachteil oftmaliger Sturmwinde war ein hoher Preis dafür. Wenn der Sturm so richtig ansetzte, machte der ganze Dachstuhl einen ziemlichen Krach, und oft hatten wir das Gefühl, jeden Moment samt der Wohnung durch die Luft gewirbelt zu werden. Wir standen dieser Situation ziemlich hilflos gegenüber. Natürlich haben wir beim Besitzer vorgesprochen und ihn gebeten, sich um diese Probleme zu kümmern. Aber abgesehen von hohlen Versprechungen hat er sich nicht engagiert.

An den ersten sonnigeren Frühjahrstagen vernahmen wir zu allem Überdruß auch noch die entnervenden Geräusche einer nahen Spenglerei, die bis dahin ihre Arbeiten in einer Halle erledigte hatte. Um zu jeder Zeit meditieren zu können, mußten wir uns nun mit Ohropax behelfen. Dennoch, Vorzüge gegenüber unserer Stadtwohnung – in der ich noch tageweise unsere Matratzen fertigte – waren immer noch vorhanden. Doch dies sollte nicht mehr lange so bleiben.

Gerade noch rechtzeitig, bevor die Mieter unter uns einzogen, brachte Mira ganz alleine eine mehrwöchige Fasten- und Reinigungskur hinter sich. In dieser Zeit meditierte sie viele Stunden am Tag und stand mit einigen ihrer Freunde aus der geistigen Welt in direkter Verbindung. Diese haben mit ihr ein intensives spirituelles Training abgehalten. Die damalige astrale Schulung war gewiß auch ein gewichtiger Schritt zu ihrer Fähigkeit, mit dem Baby (das ein paar Wochen später in ihren Körper eintrat) zu kommunizieren. Nachdem sich Mira trotz der teils doch ziemlich hohen Anforderungen in diesem Lernprogramm ganz gut gehalten hat, wurde ihr von diesen geistigen Helfern vorgeschlagen, doch ihren Namen zu ändern. Da sich durch die von ihr genommenen Hürden auch ihre Identität grundlegend verändert habe, solle sie das auch in einem neuen Namen ausdrükken, hieß es. Seit dieser Entwicklungsphase heißt meine Frau und Geliebte Mira, denn sie hat freudig den von ihren geistigen Freunden empfohlenen Namen angenommen. Ich erweiterte den Namen meiner Seelenschwester dann noch in Mirabelle, was in etwa ›Schöne Wunderbare‹ heißt. Da wir gerade bei Namen sind, auch ich selbst habe mir vor Jahren einen neuen Namen gewählt. René kommt aus dem Französischen und bedeutet soviel wie ›Der Wiedergeborene‹.

Einige Wochen nach ihrer meditativen Klausur wurde Mira – ›ihrer‹ aufblühenden Heilkräfte wegen – von einer schwerkranken Frau nach Mallorca zu einer Art Therapieurlaub eingeladen. Dort wollte mein Schatz nebenbei auch einmal richtig ausspannen. Leider stellte sich in diesem Fall heraus, daß die Erwartungen der Dame von so kurzsichtigen und negativen Projektionen durchsetzt waren, daß sich ihre Selbstheilungskraft nicht vollends aktivieren ließ. Entspannung fand Mira dort nur durch des Meeres und der Liebe Wellen. Abends rief sie mich einmal ganz euphorisch zu Hause an, um mir mitzuteilen, daß sie jetzt unbedingt ein Baby mit mir wolle. Sie war fast besessen von dieser Idee. Warum, darüber klärte uns Manuji erst Wochen später auf.

Nach ihrer Rückkehr holte ich Mira vom Linzer Flughafen ab, und wir blieben die Nacht über in unserem bereits gekündigten und schon ziemlich geräumten Stadthaus. Da wir uns seit Miras selbst gewählter Abgeschiedenheit nicht mehr körperlich vereinigt hatten, waren die Energien sehr stark. Beide hatten wir schon abends das Gefühl, als ob es ›eingeschlagen‹ hätte.

Ich habe diesen Gedanken bald wieder verdrängt. Gemäß unserer späteren Nachprüfung und Rückrechnung muß es aber an diesem Tag geschehen sein. Einen Tag nach der Regel, die Mira immer um Neumond hatte, das heißt zu einem Zeitpunkt, an dem man üblicherweise nicht empfänglich ist. Ich war damals – nachdem ich es lange Jahre ablehnte, in diese Welt Babys zu setzen – innerlich schon bereit, Vater zu werden, wenn es sein sollte. Das Studium der Arbeiten Wilhelm Reichs hat mich umgestimmt. Reich, meines Erachtens einer der ersten ganzheitlichen Forscher, hat seinen Standpunkt zum Kinderkriegen in einen Satz gefaßt: ›Der einzige legitime Grund, ein Kind zu bekommen, ist die Freude am eigenen Leben.‹ Das fand ich okay. Meine Sorge galt damals nur noch dem finanziellen Aspekt des Kinderkriegens.

Es kam der Herbst, und weitere Mieter zogen in unsere Landpension am Waldesrand. Zuerst im Tiefparterre ein Hausbesorger, dann ein Marktfahrer, und so nach und nach füllten sich alle noch freien Wohnungen. Wenn wir gewußt hätten, was uns nun bevorstand, wären wir sicherlich auf der Stelle ausgezogen.

Es zeigte sich nämlich erst jetzt der höchst unerfreuliche Umstand, daß wir aufgrund des fehlenden Schallschutzes mit den unter uns eingezogenen Familien akustisch direkt zusammenleben mußten. Aus der darunterliegenden Wohnung konnten wir jedes in normaler Lautstärke gesprochene Wort verstehen, und die periodischen Streitereien unserer Nachbarn fanden faktisch in unserer Wohnung statt. Aber auch was in der Wohnung zwei Stock tiefer vorging, mußten wir – durch die Heizkörperrohre übertragen – zwangsweise mit registrieren. Das ständige Türenknallen, die Vorliebe der Nachbarn für Blasmusik und deren Herumschlurfen mit Holzpantoffeln ließen uns zeitweise beinahe verzweifeln. Wir versuchten mit Teppichen und gutem Zureden die Lärmquellen einzudämmen, mußten aber bald kapitulieren. Ein paarmal riefen wir auch noch den Hausherrn an, denn mit einigem guten Willen hätte er doch für Milderung der Zustände sorgen können. Doch der war letztlich nur an der pünktlichen Mietzahlung interessiert.

Die Herbstwinde kamen, und es zog noch immer wie in einem Vogelhaus. So begannen wir, vor die Türen und Fenster abends dicke Decken zu hängen, anders ließ sich der Durchzug nicht weiter reduzieren. Gegen das Gepolter und Rumoren von unten fanden wir allerdings keine Lösung. Als Mira dann schon schwanger war und auf Anraten des Arztes keine hartgefederten Verkehrsmittel mehr benutzen durfte, damit sie das Kind nicht wieder verlor, blieb ihr nur noch der nahe Wald, in dem sie wirklich die ersehnte Ruhe finden konnte. Sie ging jetzt oft dort spazieren, um sich von unserer Wohnsituation zu erholen. Im Haus kam sie sich vor wie eine Gefangene, und ich konnte nichts dagegen tun. Wir hatten uns wohl oder übel damit abzufinden, den Winter so überstehen zu müssen. Trotzdem diskutierten wir damals schon darüber, wohin wir wohl dann ziehen werden.

In diesem zweiten Winter trat das leidige Heizproblem dann in voller Tragweite in Erscheinung. Wir hatten nie über 17 Grad Zimmertemperatur, an den kälteren Tagen schaffte die Anlage oft genug nur zwölf Grad. Das hieß für mich, meine grafischen Auftragsarbeiten im dicken Pullover auszuführen.

Mira hatte bald begonnen, in der Wohnung immer eine Decke um den Bauch gewickelt zu tragen, damit wenigstens unser Baby vor dem Lärm geschützt war.

Unsere Mansarde war ein ausgebauter Dachboden. Das hatte in unserem Fall noch einen verhängnisvollen Nachteil. Die WC-Abluftrohre des in den oberen Etagen noch unfertigen Nebentrakts ragten nicht übers Dach hinaus, wie es ordnungsgemäß sein sollte. Dadurch sammelte sich bei bestimmten Wetterlagen der daraus entströmende üble Geruch im Dachstuhl und zog sich über die vielen Ritzen in einen unserer direkt angrenzenden Räume. Meine Bibliothek begann schon diesen muffigen Gestank anzunehmen.

Gegen Jahresende wurde es mir dann zu bunt, als zu Lärm-Potpourri und Gestank auch noch eine wochenlang dahindröhnende Umwälzpumpe der Heizanlage kam. Mira war nervlich schon ziemlich angeschlagen, deshalb fand ich, daß wir uns das nicht länger bieten lassen müßten, und habe mit der Angelegenheit einen Anwalt betraut.

Das letzte Kapitel dieses Wahnsinns, der mir die ersten grauen Haare bescherte, begann aber gerade erst. Verursacher war ein kleines Tierchen namens Stubenfliege.

Niemand weiß heute besser als wir, warum dieses Insekt so heißt. Denn Abertausende surrender Nervtöter dieser Gattung hausten im Dachgebälk unserer Mansarde, wo sich der üble Abluftgestank aus den Rohren hin verzog. Entweder von der gegenüber der Außentemperatur doch relativen Wärme in unseren

Wohnräumen angezogen oder weil sie aus ihrem Winterschlaf erwachten oder aus welchen Gründen auch immer... innerhalb einiger Tage im Spätwinter kamen sie plötzlich zu Hunderten durch die ungemein vielen Ritzen in unsere Wohnung herein. Abends flog die surrende Meute rund um die Lampen, und eine nach der anderen knallte an die Glühbirnen. Sie stürzten ins Essen oder lagen innerhalb kurzer Zeit zu Dutzenden auf dem Teppich.

Da uns diese verrückte Situation nicht einmal mehr unser Anwalt glauben wollte, geschweige denn wahrscheinlich das Gericht geglaubt hätte, haben wir den Ortsgendarmen gebeten, uns als objektiver Zeuge zur Seite zu stehen. Dem blieb einfach die Spucke weg.

Wie die Sache für uns ausging, können Sie zwischen den Zeilen auch aus den Babykommentaren erfahren. Während ich verzweifelt auf Wohnungssuche war, konnte es Mira nicht mehr länger ertragen. Sie bekam einen regelrechten Nervenzusammenbruch und flüchtete zu einer Freundin. Die Wohnung hat sie dann nie wieder betreten. Es ist bewunderswert, daß sie es, trotz ihrer Sensitivität, die sie alles doppelt hart spüren läßt, so lange unter diesem Terror ausgehalten hat. Allein unsere Liebe zueinander hat uns das ohne psychischen Knacks überstehen lassen. Was einen nicht umbringt, macht einen nur stärker, behauptet ein altes Sprichwort.

Das Gericht hat übrigens entschieden, daß wir keinerlei Miet- oder Heizkosten nachzuzahlen hätten.

Als ich einige Monate später die Wohnung räumte und unsere gesamte Habe in einem nahen Bauernhof unterstellte, begann es zu guter Letzt auch noch zum Mansardendach hereinzuregnen...

Heute können wir über die ganze Tragödie nur noch herzhaft lachen, doch damals war es bitterer Ernst für uns. So wie alles im Leben mit dem Gesetz von Ursache und Wirkung zu tun hat, wird wohl auch unsere Wohnungsmisere ihre karmischen Hintergründe und ihren kosmischen Sinn haben. Darum wollen wir auch nicht darüber klagen. Wir glauben fest, daß es immer eine

Chance gibt, an Problemstellungen innerlich zu wachsen, auch wenn wir nicht alles gleich begreifen können. Wenn immer alles nur Sonnenschein wäre, würden wir nur im Lehnstuhl sitzen, ohne uns zu entwickeln. Trotz aller Schwierigkeiten des Lebens das Vertrauen in seine Sinnhaftigkeit und den Humor nicht zu verlieren ist jedenfalls unsere Devise.

Wie ihr merkt
spreche ich eure
Sprache.
Eigentlich ist es
meine Mutter,
die alle Impulse
die sie durch mich
erfährt
in Worte kleidet
und nieder-
schreibt.

Uns fehlen die Worte

… aufgezeichnet von Mira und René.

Ich bin sehr ernst und etwas vorsichtiger als René bei all den sogenannten ›medialen‹ Phänomenen. Vom geistigen Standpunkt aus sind sie mir kein Problem, doch meine Erfahrungen auf der psychischen Ebene haben mich gelehrt, sehr überlegt an diese Dinge heranzugehen. Denn obwohl ich seit meiner frühesten Kindheit auf natürliche Weise damit konfrontiert bin, habe ich auch sehr unter der unsensiblen und brutalen Ablehnung dieser Dinge durch manche Mitmenschen gelitten. Das ist eben die Kehrseite der Medaille. Zwar habe ich diese Angst mit wachsendem Selbst-Verständnis verloren, doch mein Wissen, daß sehr viele Menschen dem gegenüber nicht offen sind und mit subtiler Gewalt darauf reagieren, läßt mich noch heute oft zu übervorsichtigem Verhalten tendieren. Auch unter den Offeneren erlebte ich schon zur Genüge traurige Spielchen, wie das des ›Wer ist medialer?‹, ›Wer ist Gott näher?‹, ›Wer ist schwarzmagisch?‹ und noch mehr kindische Ego-Trips. Leider sind viele durch diesen ›spirituellen‹ Wettkampf echter Liebesenergie gegenüber unsensibel geworden und verlieren sich in dunklen Ahnungen und Spekulationen.

Ein Beispiel, das mir sehr zu denken gab, möchte ich hier erwähnen. Durch die Aussagen eines Astrologen habe ich mich vor Jahren einmal derart aus der Balance werfen lassen, daß ich einige Tage benötigte, um meine Mitte wiederzufinden. Aus diesem Vorfall habe ich unwahrscheinlich viel über mich selbst gelernt.

Ich ging mit René eines Abends zu einer ›spirituellen‹ Veranstaltung, in deren Rahmen jener Pseudoastrologe auf einer großen Tafel Horoskope von Anwesenden erstellte und eine mehr oder weniger übertriebene Beschreibung des Charakters der jeweiligen Person lieferte. Da sich René auch mit Astrologie beschäftigt, wollte Herr A. seine Daten wissen, und ich gab ihm meine Daten gleich dazu. Endlich sah ich eine Chance, auch von anderer Seite etwas über unsere Geburtsbilder zu erfahren. René hatte ich schon so sehr über Astrologisches ausgequetscht, daß er von meinem ewigen ›Und was bedeutet das?‹ schon die Nase voll hatte. Er sagte nur noch, bitte mach dich frei von der Idee, alles aus deinem Horoskop lesen zu können. Entscheidend im Leben ist doch dein Wille und welche Ziele du dir steckst. Das leuchtete mir zwar ein, ich war aber weiterhin astrodiagnosesüchtig. Herr A. sollte mich bald davon befreien.

Also, dieser Maestro zeichnete mein Kosmogramm etwas ungenau auf die Tafel, und zwar so tendenziös, daß ich es gar nicht wiedererkannte. Flugs waren da vier Quadrate, wo ich nur von zweien wußte. Der zum Einzeichnen der harmonischen Aspekte gehörige blaue Stift versagte dann auch noch, und bald blitzte ein rotes Katastrophenbild ins Publikum. ›Was Sie hier sehen, ist das Wrack einer Persönlichkeit‹ – ›Sie neigt besonders zum Stehlen‹ und ›In ihrem früheren Leben muß sie eine Art von Kindsmörderin gewesen sein‹ – ›Höchstwahrscheinlich kann sie ohnehin keine Kinder bekommen‹ usw. Dann sagte er noch ein paar pikante Sachen, wie ich mich angeblich zu René verhalte. Und zum Schluß, als Draufgabe sozusagen, daß ich sexuell, na ja, hmm... also irgendwie nicht ganz... Auf meine Bitte, er möge sich doch klar ausdrücken, meinte er, das täte er aber lieber draußen in der Garderobe. Worauf einige Leute endlich darüber lachen konnten. Und ich saß da mit ungläubigen Augen und dieser ›Horror‹skop-Deutung im Kopf.

René sagte kein Wort dafür oder dagegen, obwohl vieles im Raum stand, von dem er genau das Gegenteil wußte. Er wollte nicht in meine Lehre pfuschen. Wenn ich jetzt an das Erlebnis zurückdenke, erkenne ich, wie naiv ich mich manchmal solchen selbsternannten, ›spirituellen‹ Kapazitäten geöffnet habe, die sich nur aufblasen wollten. Zwischen dem Spiel mit irrationalen Wahngebilden und echter intuitiver Erkenntnis ist halt doch ein himmelhoher Unterschied!

Gott sei Dank kenne ich schon genügend Menschen, die dieses Spiel durchschaut haben. Die wahrhaft in sich selbst blicken und mit ihren eigenen Projektionen verantwortungsbewußt und liebevoll umzugehen beginnen.

Würde ›Magisches‹ und ›Übersinnliches‹ nicht dauernd als etwas Besonderes und Abnormales betrachtet und behandelt, könnten die schon auf diesem Gebiet offeneren Wesen viel entspannter und freier ihre auf verschiedene Ebenen ausgerichtete Kommunikation führen. Außerdem könnte dann viel mehr konstruktive Kritik und Erfahrungsaustausch stattfinden, was allen weiterhelfen würde. Ich bin davon überzeugt, daß viele Sensitive gern über ihre Erlebnisse sprechen würden. So aber stehen jene Menschen, die sich zu ihrem inneren Aufgeschlossen-Sein bekennen, oft sehr allein da. Ich möchte hier jene ›Alleinstehenden‹ ermuntern, einander über ihre Erfahrungen zu schreiben, vielleicht über uns als Mittler. Wir würden mit Freude versuchen, Gespräche untereinander in Gang zu bringen.

Während der Schwangerschaft war ich gegen tiefergehende mediale Praktiken eingestellt. Der Grund ist erstens meine starke Überzeugung, daß, je mehr ein Mensch zu sich selbst gefunden hat, er um so natürlicheren Zugang zu höherliegenden Quellen hat, und zweitens meine Einstellung, daß Eingriffe bzw. konkretes Umgehen mit dem Unbewußten oder Überbewußten bereits eine sehr große psychische Stabilität voraussetzt, und die Psyche ist bekanntlich oft sehr labil, während man »guter Hoffnung« ist.

Auch kann jede erfolgreiche Begegnung mit den feineren Welten nur über gereinigte Körperkanäle und eine entspannte Psyche geschehen. Zu Beginn unseres Bewußtseinstrainings erlebte ich aber, welch großer Eisberg, welcher Wust von unaufgearbeiteten psychischen Inhalten, Traumen und ungelösten Knoten aus früheren Leben vorher darauf wartet, an der Oberfläche zu erscheinen. Dieser gewaltige Druck gegen das leicht geöffnete Schleusentor der verborgenen Inhalte erzeugte eine ungeheure Spannung in mir. Meine größte Angst bestand darin, für ein volles Öffnen der Schleusen noch nicht bereit zu sein, das heißt, die psychische Kraft, dem vollen Schwall standzuhalten, noch nicht zu besitzen.

Ein weiterer Grund, warum mein Sinnen in dieser Zeit gegen gezielte mediale Arbeit stand, ist der, daß ich lieber Erkanntes langsam in die Praxis umsetze, um Geistiges Wirklichkeit werden zu lassen. Wobei ich vielleicht etwas langsam bin. Während René lieber rasch und stürmisch voranschreitet, Erlebnisse vorerst nur aufzeichnet und sammelt, bevor er sie aktiv in sein Leben miteinbezieht. Aber meine Einstellung ist vielleicht nur die weibliche Art, die Dinge zu betrachten.

Den nachfolgenden Bemerkungen Renés hinsichtlich unserer verschiedenen Art, über ›Mediales‹ zu denken, möchte ich noch vorausschicken, daß es auch sein subtiles, aber spürbar drängendes Wollen war, gegen das ich mich sträubte. Ich wußte genau, daß er sich der Gefahren, sich in etwas zu verrennen, nicht bewußt war, denn über seine vorwiegend intellektuelle Betrachtungsweise hatte er selbst nicht die Chance gehabt, so tief wie ich in diesen Bereich einzutauchen. Andererseits bin ich davon überzeugt, daß es keine wirklichen Gefahren auf medialem Gebiet geben kann. Denn das einzige, was es zu entdecken, zu erleben und zu erfahren gilt, ist immer nur mein ›eigener‹ unendlicher, alles beinhaltender Geist, meine Psyche im Selbsterfahrungsprozeß und Anschluß an das ›Ganze‹. René hat es mit seinem Argument, daß ich meine verborgenen Talente dazu habe, um sie auch kreativ zu entwickeln, schließlich geschafft, mich zu erweichen.

Bereits im zweiten Monat von Miras Schwangerschaft – kurz nachdem uns ein Test und der Frauenarzt die Schwangerschaft bestätigt hatten – kam ich insgeheim schon auf die Idee, über Mira mit dem Bewußtsein des Embryos Kontakt aufzunehmen. Ihr allersehnlichster Wunsch war es ja, einem etwas entwickelteren Geist als Mutter das Leben zu schenken. Wenn dies in Erfüllung gehen sollte – und die Botschaft während Miras innerer Vision deutete jedenfalls darauf hin –, warum sollte es nicht möglich sein, mit dem in Verkörperung begriffenen Wesen von Geist zu Geist direkt Verbindung aufzunehmen? Ich hatte in meinem Leben schon soviel Wundersames erlebt, daß ich bereits nahezu jederzeit mit der ›Möglichkeit des Unmöglichen‹ – jenseits des Verstandes – rechnete.

Allein bei dem Gedanken an die Möglichkeit eines solchen Kontaktes erfaßte mich Euphorie. Der einzige wunde Punkt bei meinem Gedankenspiel war Mira, und mein Gefühl hatte mich nicht getäuscht. Sie lehnte es ab, während der Schwangerschaft solche ›Experimente‹ zu machen. Ich hatte keine Chance, mit meinem Wunsch, zumindest einen Versuch zu machen, bei ihr Gehör zu finden. Da meine sicher auch irgendwo vorhandene Begabung, mit Geistwesen zu kommunizieren, zumindest noch nicht an der Oberfläche liegt, mußte ich meine Gedanken über einen vielleicht möglichen Babykontakt, so ungern ich es auch tat, zurückstellen. Dies aber wollte mir einfach nicht gelingen.

Als das kommende Baby eine täglich wachsende Realität in unserem Leben zu werden begann, kam mir dieser aufregende Gedanke immer wieder in den Kopf. Mira sprach, während sie den Bauch streichelte, sehr viel mit dem Baby, in Gedanken, leise oder laut und fast wie mit einem Erwachsenen. Und das Baby zeigte ihr seine Reaktionen durch Bewegungen und Stimmungen. Das geschah ziemlich oft, immer öfter, je größer der Bauch wurde. Sie erklärte dem Baby die Handlungen, welche sie ausführte, und die Dinge des alltäglichen Lebens, auch ihre Gemütsbewegungen und deren Ursachen. Sie erzählte ihm auch darüber, wo der Papa ist und was er dort gerade macht.

Mir fehlte dieser direkte Draht, und das bekümmerte mich. Ich streichelte zwar auch den Bauch, aber irgendwie stand ich als Mann dennoch abseits. Zunehmend breitete sich darüber eine zarte Traurigkeit in mir aus.

Zu Beginn des fünften Monats äußerte sich Mira verblüffenderweise selbst in dem Sinne, daß sie einen starken Drang verspüre, dem Baby ›zuzuhören‹. Es sei so ähnlich, wie wenn das Baby unbedingt etwas sagen und sie veranlassen möchte, endlich hinzuhören. Ich meinte, sie solle doch sanft versuchen, in tiefer Bewußtseinsruhe mit dem Baby zu sprechen. Worauf sich eine ernsthafte Diskussion über die verschiedenen uns bekannten Möglichkeiten, in die tieferen Bewußtseinsschichten nach innen zu gehen, ergab. Unser mediales ›Trancetraining‹ lief damals bis knapp nach der Empfängnis, also schon über ein Jahr. Seit der Einweihung in diese subtilen ›Alpha-Techniken‹ durch unsere Lehrer aus dem französischen Wassermannzentrum hatten wir zwar viele Fehler gemacht, sind dadurch allerdings auch in diesen Bereichen um einiges reifer geworden.

Bisher lief es meistens so ab, daß ich Mira half, als passive ›Empfangsstation‹ bereit zu werden, und sobald dies geschehen war, selbst als aktiver Teil sozusagen das Programm im medialen Radio einstellte und auch mit dem eingestellten Sender, sei es eine abstrakte Bewußtseinsebene oder eine konkrete geistige Wesenheit, über Mira kommunizierte.

So wie es beim Radio auf die richtige Wellenlänge ankommt, ist es auch im Bereich geistiger Kontakte. Es geht darum, sich auf die richtigen Gehirnwellen einzustimmen. Grob gesagt, gibt es vier Arten davon: die Beta-, Alpha-, Theta- und Delta-Frequenz. Im sogenannten Wachzustand, im Alltagsbewußtsein, überwiegen die Beta-Wellen. Das Traumbewußtsein, die emotionellen Empfindungen und ein Teil der ›unbewußten‹ Abläufe unseres Lebens sind im Alpha-Bereich zu Hause. Während der Meditation befindet man sich ebenfalls im Alpha-Zustand. Auch bei Kindern bis zu sieben Jahren überwiegen die Alpha-Ströme im Gehirnwellenmuster. Theta- und Delta-Wellen überwiegen bei sehr tiefer Trance, im Koma und im Tiefschlaf.

Die meisten unserer Trainings dienten der Einstimmung in die Alpha-Schwingungen, um auf dieser Ebene zu arbeiten oder um Mira von dort aus – mit meiner Hilfe – noch tiefer gehen zu lassen. Nunmehr wollte sie aber meine Hilfestellung nur noch beim Einstieg beanspruchen und dann vorerst alleine den telepathischen Kontakt zum Baby suchen. Das war eine neue Art, uns bekannte Methoden zu koppeln. In den Trance-Sitzungen liegt anfänglich die große Schwierigkeit, gleichzeitig sowohl passiver Empfänger wie auch aktiver Sender in einer Person zu sein. Und dies auf einer sehr subtilen Ebene. Meine Frau wollte außerdem, seit sie Manuji in sich trug, bei diesen Übungen nicht mehr durch die Elektronik gestört werden. Früher hatten wir nämlich alle Durchgaben mit einem sehr empfindlichen Spezialmikrofon auf Mikrokassette aufgenommen. Es war der sicherste Weg, auch wirklich alles aufzuzeichnen.

Auch mir war jede andere Vorgangsweise recht. Nach vier Monaten Pause in unserem sonst meist wöchentlichen Training könnte es ja vielleicht einen qualitativen Sprung geben, dachte ich. Mira lief deswegen ganz aufgeregt durch die Wohnung, jeder hätte sehen können, daß etwas in ihr vorging.

Zwei Tage später, als sie dem inneren Druck nicht mehr standhielt, machte sie den ersten ernst zu nehmenden Versuch. Nach unserer Einstiegsübung ließ ich sie bei weiterlaufender Versenkungsmusik in unserem am wenigsten durch Außengeräusche gefährdeten kleinen Schlafzimmer allein. Ich legte mich inzwischen auf das Sofa im Nebenraum, in der Hoffnung, daß Mira eine Zeitlang von den üblichen Lärmbelästigungen in diesem

Haus verschont bleiben würde, und harrte voller Spannung der Dinge, die da kommen mochten. Wie es dann weiterging, vermittelt aber besser wieder meine Frau mit ihren eigenen Worten, indem sie sich nochmals in diese Phase zurückversetzt.

Nun, vielleicht sollte ich meiner Schilderung einige Gedanken über Meditation voranstellen. Wir Autoren wollen ja, daß meine bzw. unsere Erfahrung auch für andere tendenziell nachvollziehbar wird. Also, die erste Vorbedingung für embryonale Direktkontakte ist eine harmonische, ausbalancierte Psyche. Der beste, eigentlich einzige Weg, zumindest für einige Stunden diesen inneren Frieden zu erfahren, ist die Meditation, von der es Tausende verschiedener Formen gibt. Im Prinzip muß jeder selbst herausfinden, welche Art und Weise für ihn am geeignetsten ist, den inneren gedanklichen Selbst-Dialog zu stoppen und die Versenkung in die innere Stille zu erreichen. Sei es eine Zen-, Yoga-, buddhistische, christliche oder neuere Meditationsform. Je nach Veranlagung ist eine mehr oder weniger lange Übung darin unerläßlich. Die anfangs erforderliche bestimmte Methode tritt immer mehr in den Hintergrund, und im Laufe der Jahre wird dann eine spezielle Technik völlig unwichtig. Wer die Meditation in ihren Tiefen erleben möchte, sollte unbedingt nach einem Lehrer Ausschau halten, aus Büchern lassen sich die Feinheiten nicht wirklich realisieren.

Ich selbst ziehe es vor, entweder die aus dem Yoga kommende Sitzhaltung mit überkreuzten Beinen und aufrechtem Kreuz mit einem nach außen gerichteten Mudra (Fingergeste) anzuwenden. Oder ich meditiere in einer Zen-Form kniend mit nach innen gerichteten, ineinandergelegten Handflächen. Nach einiger Gedankenberuhigung werde ich innerlich ganz friedlich und komme immer mehr in einen Zustand, den man auch Trance nennt. Was weiter geschieht, ist fast nicht beschreibbar, das muß jeder für sich selbst entdecken.

Ich versetze mich nun in die damalige Situation, um sie Ihnen ganz nahezubringen:

Schon die ganze Woche überkommt mich immer wieder ein überaus starker Drang, mich mit Zettel und Bleistift zur Meditation zu setzen. Ich habe keine Ahnung, was vorgeht, fühle aber, daß es irgendwie mit dem Baby zu tun hat. Nach einigen Tagen sanfter Abwehr kann ich nicht mehr anders, ich muß handeln. Mein Mann ermuntert mich anhaltend, in die Sache tiefer hineinzugehen. Mir ist ganz seltsam zumute und komisch flau im Magen. Ich setze mich in den halben Lotussitz. René läßt unser Tonband mit der Alpha-Musik anlaufen und legt mir Schreibzeug samt einem neuen, chinesischen Notizbuch bereit. Er meditiert kurz mit und geht aus dem Zimmer.

Es ist später Nachmittag, und ich lasse mich in eine tiefe Versenkung fallen und gehorche dem aufsteigenden Gefühl, jetzt alles aufschreiben zu sollen. Meine Hand eilt mit dem Kugelschreiber über die Zeilen. Nicht einmal zum Denken komme ich, so schnell läuft das innere Diktat. Eine Seite nach der anderen füllt sich wie von selbst. Ich könnte gar nicht aufhören, der Antrieb ist zu stark, und er kommt nicht von mir... Plötzlich lautes Gepolter aus der Wohnung unter uns. Ich falle aus dem Kontakt und bleibe mitten im Satz stecken.

Ich bin viel zu verwundert, als daß ich mich über den Abbruch ärgern kann. ›Soll ich dem Geschriebenen Glauben schenken? Kann es so etwas geben? Was geht da vor? Was werden meine Freunde denken?‹ Diese und ähnliche Fragen gehen mir durch den Kopf. Ich rufe René und zeige ihm den übermittelten Text. Wir lesen ihn gemeinsam und sehen uns sprachlos in die Augen. Uns fehlen einfach die Worte, unsere Gefühle auszudrücken. Immer wieder lesen wir die erste Botschaft, wir können gar nicht genug davon kriegen.

Mein Mann freute sich ganz besonders, ich fühlte, wie in ihm sein ›Schütze‹-Feuer zu lodern begann. Ich war noch sehr unsicher und wußte nicht so recht, wie ich mit der Botschaft umgehen sollte. Er aber rätselte den ganzen Abend, wie wohl der letzte Satz vollständig gelautet hätte. Wir streichelten abwechselnd das Baby durch den Bauch hindurch, lagen stundenlang zusammengekuschelt beeinander und glitten dann von der Aufregung ermüdet in die Nacht.

Das Bedürfnis, mich zum medialen (nicht automatischen) Schreiben hinzusetzen und zu notieren, was diese innere Stimme zu mir bzw. in mir sagte, hatte ich seit diesem denkwürdigen Moment so ziemlich jeden Tag. Des öfteren versuchte ich zwar mit meinem Intellekt dazwischenzufunken, während ich die Worte und Sätze eilends niederschrieb, doch es gelang mir nie wirklich. Wenn ich mit dem Schreiben nicht Schritt halten konnte, stiegen die gleichen Worten in mir nochmals auf. Vor den Sitzungen hatte ich meistens keinen blassen Schimmer, welcher Art die Botschaften sein und welche Erlebnisse unseres Alltags Manuji ansprechen würde. Das alles wurde von Tag zu Tag spannender, und unsere Beziehung zum Baby wurde dadurch immer inniger. So gingen wir hinein in ein monatelanges Abenteuer.

Einige Male kam ich durch die Texte in Konflikt mit meinem Intellekt, meiner Selbstkritik und meiner Angst vor ›Verurteilung‹ durch andere. Manchmal stand auch mein Wissen über psychische Zusammenhänge dagegen.

Obwohl in den Botschaften von Anfang an ganz klar von einem ›Mann‹ die Rede war, zweifelte ich bis zuletzt, ob es auch wirklich so sei. Im Zustand des Schreibens und Erlebens spürte ich schon, daß es einfach wahr ist, aber nachher, wenn die beschriebenen Seiten vor mir lagen, verließ mich oft der Mut, dazu zu stehen. René hat mir hier viel geholfen und mich unablässig ermuntert, ›am Ball‹ zu bleiben. Dennoch, der tiefere Grund, warum das Babybuch letztlich doch so umfangreich wurde, lag hauptsächlich an dem starken inneren Drang, den ich verspürte. Ein Wollen, das vom Baby ausging und dem ich nicht widerstehen konnte. Zeitweise erlebte ich die geistige Anwesenheit unseres Sohnes sogar intensiver, als ich je zuvor die sichtbar reale Anwesenheit irgendeines Freundes gespürt hatte.

Anzumerken ist noch, daß die Texte eigentlich phonetisch und in einem Fluß, das heißt oft ohne Interpunktion und nicht immer grammatikalisch richtig, aus meiner Feder strömten. Deshalb waren einige geringfügige Korrekturen und Satzumstellungen nötig. Insgesamt wurden jedoch kaum mehr als ein Dutzend

Wörter der Sinnhaftigkeit wegen hinzugefügt oder weggelassen. Ansonsten werden im folgenden die Aufzeichnungen völlig authentisch und chronologisch wiedergegeben.

Noch etwas: In der Medizin wird der Embryo ab dem dritten Monat Fötus (Fetus) genannt. Wir Eltern und auch Manuji halten uns nicht an diese Wortwahl und sprechen immer nur vom Embryo.

Schlüpfen Sie nun in die Welt der Allerkleinsten, der bisher am wenigsten verstandenen menschlichen Lebewesen. Fühlen Sie sich ein in ein vergessenes Reich, dem wir alle einst selbst für eine Weile angehörten.

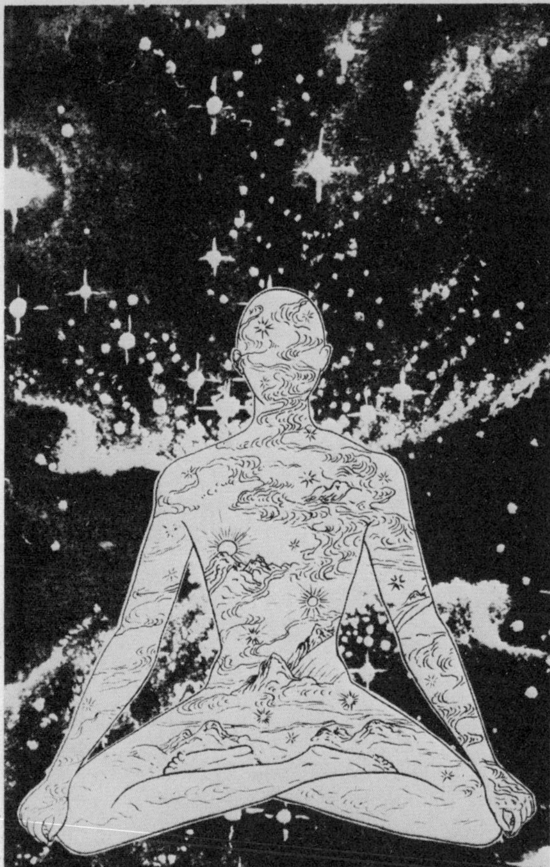

Ich komme von
weit her...

25. Schwangerschaftswoche — 1. Botschaft
Pension Waldesruh — 25. Februar 1984

Ich kann sprechen! Und ihr werdet es lesen.

Wie oft ist es schon geschehen, daß ein noch nicht sichtbares Wesen zu seinen Freunden – diesen Erdenbürgern – sprechen konnte!

Doch in meinem Fall ist es etwas anderes:

Ich bin im Leibe einer Menschenfrau und noch nicht gestorben, das heißt, für euch Menschen noch nicht geboren.

Ich komme von weit her. Meine geistige Heimat ist der Himalaja. Ich habe dort viele Jahre meditiert und mich die letzte Zeit auf dieses Kommen vorbereitet.

Meine Mutter ist eine sehr liebe Frau, die noch viele Probleme mit ihrer Psyche und ihren ›Körpern‹ hat. Aber sie hat den großen Wunsch zu lernen. Und sie weiß vom Heimgang, vom Daheim-Sein, und möchte es noch in diesem Leben verwirklichen.

Ich bin David[1]*, ihr letzter Sohn – aber nicht mehr derselbe. Auf der Erde ist nicht viel Zeit vergangen, seit ich ›ungeboren‹ wieder von hier ging.*

Meine Mutter in diesem Leben kennt mich gut, deshalb kann sie mich so lieben. Nicht allen Frauen, die Mütter sind, geht es so.

Meine Geschichte ist tief, schwer und schön.

Ich möchte in meiner Erzählung nicht nur über das, was ich bin, berichten, sondern auch über meine Erfahrungen, Erlebnisse, Vergangenheiten und vor allem über meinen Jetztzustand. Dieser ist ein überaus seltsamer, da ich als einer der ersten Ungeborenen schon tätig sein kann.[2]

Ich danke euch jetzt schon für eure große Offenheit und euer echtes Erstaunen.

Es ist mir ein Anliegen, allen Menschenfrauen verstehen zu helfen, was passiert, wenn einer von uns – ungesehen, ungeboren und für euch ungewiß – doch schon körperlich unter euch wohnt. Wie wenig ihr Erdenmenschen darüber wißt, werdet ihr erst im Laufe der Worte erahnen.

Ich spreche hier im Namen vieler, noch nicht sichtbarer, winziger Menschen. Jeder von uns liebt euch alle unendlich. Und unser Verständnis ist grenzenlos, da es bei uns so etwas wie Denken

[1] Genaugenommen ist es meine fünfte Schwangerschaft: Erst hatte ich einen Abgang, dann eine Fehlgeburt im fünften Monat (Bernd, 700 g schwer); dann kam David im sechsten Monat und lebte eine knappe Stunde (1 kg 05); dann wieder ein Abgang, der auch in obigem Absatz angesprochen wird. Manuel hatte nach seinen Worten also bereits zumindest zweimal versucht, sich über mich zu verkörpern.

[2] Trotz umfangreicher Recherchen wurde uns bislang kein ähnlicher Fall bekannt. Einzig in der indischen Mythologie des Rig-Veda fanden wir Parallelen. Der noch ungeborene Gott Indra diskutierte demnach mit seiner Göttermutter ausführlich über die zu erwartenden Umstände seiner Geburt.

noch nicht – oder besser nicht mehr – gibt. Wir fühlen vielmehr mit unserem ganzen Sein und sind total gegenwärtig.

Obwohl wir – wie ihr glaubt – sehr beengt und unfrei in dem kleinen Tempel unserer Menschenmütter wohnen, sind wir doch unendlich freier in unserem Erleben, als ihr es erahnen könnt.

Noch haben wir nicht den Stempel eurer Denkgebilde und Vorstellungen übernommen. Noch kennen wir selbst keinen Haß und auch keine Angst, doch: Wir erleben es über unsere Mütter, und es ist erstaunlich, was wir erleben.

Nun hört. Ich möchte bei meinem letzten Leben auf Erden beginnen, dann werde ich über meinen Aufenthalt ›im Himmel‹, wie ihr es nennt, und schließlich sehr ausführlich über mein jetziges Leben Auskunft geben.

Es ist noch einige Zeit bis zu meiner Geburt, und meine Mutter ermöglicht es mir, durch sie zu sprechen. Obwohl die äußeren Umstände meiner Mutter vielleicht etwas schwierig ...[3]

[3] Verursacht durch lautes Gepolter aus der unteren Nachbarwohnung, welches Mira irritierte und aus ihrer meditativen Versenkung fallen ließ, brach hier die erste Botschaft ab.

Mein Leben
am Himalaya ...

... sind, ist sie wild entschlossen, ihren Weg zu gehen.[4]

Mama, ich stehe hinter dir. Spürst du mich? Ich umarme dich mit meinen geistigen Armen und lasse meine innigsten Gefühle in dich fließen, auch allen Mut, den du jetzt benötigst, um ›alles‹, was du empfängst, auch aufzuschreiben.

[4] Zu unserer Überraschung entsprach das Baby unserer Bitte und vollendete den letzten, abgebrochenen Satz der Vortagsbotschaft, bevor es mit seinen Mitteilungen fortfuhr.

Du siehst mich jetzt vor deinem geistigen Auge. Und ich gefalle dir.[5]

Ich bin Emanuel.

Diesen schönen Namen hast du mir gegeben, nachdem eine Schutzengelfrau dir während einer Meditation erschienen ist.[6]

Wie du fühlst, begleiten mich ständig sechs liebe Wesen, die besonders für mein jetziges Leben in deinem Mutterleib für mich da sind. Ihre Aufgabe ist es, unausgeglichene Schwingungen, die mich treffen könnten, ohne daß sie für mich vorgesehen sind, abzufangen beziehungsweise sie durch ihre Liebesstrahlung zu harmonisieren.

Eine von meinen geistigen Freundinnen hat auch zu dir eine innige Beziehung. Du kannst jederzeit mit ihr in Verbindung treten.[7]

Sorge dich um nichts mehr. Alles ist gut. Du weißt ja unter den Ausspruch ›Alles wird gut‹ den Schlußstrich zu ziehen.

Mein letztes Leben war am und um den Himalaja. Ich lebte als Schafhirte, hatte aber heimlich noch weit andere Interessen, als diese Schäflein zu behüten.

Ich lebte in einer kleinen Hütte neben einem Fluß, auch ein paar Ziegen waren dort. Meine Nahrung baute ich selbst an, und öfter kamen Freunde, die mir Geschenke mitbrachten.

Ein lieber Freund von mir lebt noch dort. Er ist sehr, sehr alt – über hundert Jahre. Er macht wunderbare Musik auf einer selbstgeschnitzten Flöte. Seine Augen sind sehr strahlend und rein. Wie oft hat er mir geholfen, wenn ich zweifelte!

Ich lebte alleine. Meine ganze Liebe und Aufmerksamkeit galt

[5] Ich sah ihn relativ groß und schlank, mit dunklen Haaren und einem sehr schönen, edlen Gesicht, welches zwar eindeutig männliche Züge, aber auch sehr feine, weiche Linien hatte.

[6] Siehe Kapitel: Träume und Visionen, Seite 41.

[7] Diese reine, liebe Schutzwesenheit ist gerne in meiner Nähe. Wenn ich sie anrufe, ist es wie ein Duft – der ›Hauch ihrer Persönlichkeit‹ –, der mich begleitet, ich bemerke ihn, wenn ich mich darauf konzentriere.

meiner seelischen und geistigen Entwicklung. Seit meiner früheren Jugend fühlte ich den starken Drang nach Vollkommenheit. Ich mußte mich keiner harten geistigen Tortur unterziehen. Alle diese Interessen und auch Übungen entsprangen meinem naiven Herzen. Nie hatte ich das, was ihr Frustrationen nennt, öfter jedoch tiefe Zweifel, ob ich in diesem Leben das schaffen würde, was ich als Vollkommenheit ansah.

Mein Leben war sehr einfach, aber meine Ausrichtung führte zu Schwierigem und Anspruchsvollem hin. In Gedanken mühte ich mich oft ab, mir ein ›komplizierteres‹ Leben zu erzeugen. Doch war mir bewußt, daß ich mein inneres Ruhig-und-einfach-Sein niemals mehr verlieren werde.

Ich liebte die Tage in der Einsamkeit, am Fluß, in sanfter Kommunikation mit den Bäumen und anderen Wesen. Ich kannte kein äußeres Getrieben-Sein, aber innen war der Wunsch erwacht, etwas ›ganz anderes‹ zu erleben. Oft schwang ich mich auf, um mich in ferne Menschen, die völlig anders lebten, hineinzufühlen. Ich merkte, wie viele sich nach ›meinem Lebensstil‹ sehnten, da sie sich durch ihre inneren Wünsche in eine äußerst wirre und unübersehbare Situation begeben hatten.

Und indem ich das sah, wollte ich plötzlich genau das wirklich erleben – jedoch mit einer Basis aus diesem ruhigen Leben im Inneren. Einfach um zu erproben, wie es ist, im vollen Getriebe der lauten Welt zu stehen – mit Ruhe im Herzen.

Wie ihr merkt, spreche ich eure Sprache. Eigentlich aber ist es meine Mutter, die alle Mitteilungen als Impulse von mir erfährt, sie in Worte kleidet und niederschreibt.

Es gibt mehrere Arten für uns Kleine, um in Verbindung zu treten. Eine ist die embryonale: Alles wird erlebt, was in diesem winzigen Körper vor sich geht. Glaubt jedoch nicht, daß das alles wäre. Mein kleiner Körper in dieser Frau könnte euch nicht in diesem Ausmaße erzählen, wie es der Fall ist. Er schwimmt in seiner ›Ursuppe‹ und ist voll beschäftigt mit seinem ungeheuren Wachstum und nur ausgerichtet auf seine momentanen Erlebnisse, Gefühle und Reaktionen. Darüber werde ich euch noch ausführlicher berichten.

Was ihr vielleicht nicht wißt, ist, daß das, was dieser Körper mit erschafft, nämlich das Wesen des kommenden Menschen, schon immer da war und immer sein wird! Nur sein Erleben ändert seine Person – so wie bei euch, wenn ihr merkt, daß ihr nach einem tiefen Erleben nicht mehr derselbe seid.

Und ähnliches passiert einem Embryo, wenn er schläft – wie euch auch. Er lebt ohne Körper, losgelöst – nur im Geist. Es ist ein reales Erleben, und oft geschieht es, daß man wie aus einem Traum erwacht und erkennt, daß beides real ist: Wachen und Träumen.

Also: Ich – Emanuel – spreche zu euch als das wache Wesen. Mein Geist und mein kleiner Menschenkörper sind eines. Mein Körper ist jedoch in Entwicklung, um bestimmte Erfahrungen zu machen und mir zu helfen, dazuzulernen und immer mehr aufzuwachen.

Es ist sogar so, daß mein kleiner Embryo es träumt, was hier gerade geschieht und von meiner Menschenmutter aufgeschrieben wird. Ich – als Embryo – erlebe dieses Zu-euch-Sprechen im Traume, aber voll bewußt (ich denke im kleinen Körper nicht, also mache ich keinen Unterschied in meinen Erfahrungen). Die Konzentration ist jedoch auf das Körperchen gerichtet, und dieses Kleine vergißt – wie ihr nach dem Aufgewachtsein – den anderen Zustand, um ohne Ablenkung voll im Jetzt seinen Weg zu gehen.

Es ist gut, daß die kleinen Babys ›einschlafen‹. Sie müssen sich einerseits von ihren vielen Erfahrungen und Anstrengungen erholen und andererseits frei für alle neuen Dinge sein, die es zu entdecken gibt.

Ihr werdet es also merken, wenn es der kleine Babymensch ist, der über seinen Körper spricht.

Vielleicht fangt ihr an zu verstehen, warum es bis jetzt kein Wissen über das Vorher und Nachher dieses Lebens unter den ›schlafenden‹ Menschen gab.

Wißt ihr denn nicht, daß Vorher und Nachher aus demselben Ursprung, daher dieselbe Sache sind? Viele haben Angst vor dem Tod. Warum konzentriert sich alles auf den Tod? Warum fragen sich so wenige ernsthaft und mutig: ›Was ist die Geburt?‹

Ich sage euch: Es ist ein und dasselbe. Bloß das Bühnenstück wechselt – der Vorhang hebt und senkt sich. Ihr wißt doch, wie es ist, wenn ihr ins Theater geht. Vor dem Heben des Vorhangs ist niemand traurig. Alle sind voller Erwartung und Vorfreude. Während des Stücks vergessen sich die meisten selbst, und das sind in Wahrheit die ersehntesten Augenblicke! Wenn es nicht geschieht, sind die Menschen böse. Sie fühlen sich um dieses Sich-selbst-Vergessen betrogen. Es geht ihnen weniger um den Inhalt als darum, durch den Inhalt ihren physischen Körper vergessen zu können. Nach dem Stück kommt oft die leise Trauer, daß es aus ist. Man muß wieder erwachen.

Ja, wißt ihr denn nicht, daß es wie im Kleinen so im Großen ist?

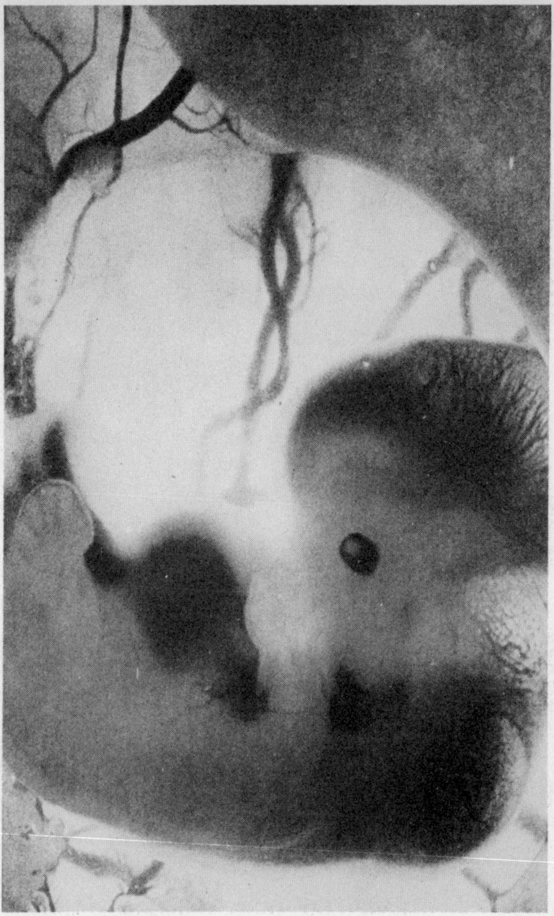

Heute habe ich
viel erlebt…

26. Schwangerschaftswoche — 3. Botschaft
Pension Waldesruh — 28. Februar 1984

Ich habe heute viel erlebt. Meine Mutter und mein Vater haben momentan keine Arbeit und keine richtige Wohnung.[8] *Mutter ist traurig, weil sie für uns noch kein geeignetes Nest gefunden hat, und Vater ist verärgert. Trotzdem sind beide im Inneren froher Dinge, was sie jedoch oft selbst nicht wissen.*

Jetzt liege ich quer im Mutterbauch. Meine Zehen berühren das warme, feste Fleisch des Körpers, der mich umhüllt. Ich habe es warm und bin satt, wie ihr dazu sagen würdet. Die sanfte Flüssigkeit umschmiegt meinen Körper. In der Mitte bin ich fest verbunden mit einer Schnur, die im Wasser schaukelt. Ich spiele da-

[8] Auch Manuel konnte unseren miesen Unterschlupf, für den wir teure Miete zahlten, offensichtlich nicht als Wohnung betrachten.

mit, wenn sie meine Finger berührt, ich lutsche auch daran oder berühre damit mein Gesicht.

Meine Ohren hören schon sehr gut, und mein ganzer Körper reagiert auf laute Schwingungen mit Zuckungen oder Zusammenziehen. Am liebsten höre ich die Stimme meiner Mutter, wenn sie zu mir spricht. Sie ist mir vertraut vom ersten Anfang an, da ich die Laute zu unterscheiden gelernt habe. Ihre Stimme ist weich und beruhigend. Wenn sie schreit, weiß ich, daß sie nicht zu mir spricht. Wenn sie zu mir spricht, sind ihre Töne ganz anders, als wenn sie mit jemand anderem redet.

Auch habe ich schon gelernt, wann sie zu meinem Vater spricht. Es ist wieder verschieden, aber diese Laute geben mir ein ähnliches Gefühl, wie wenn sie mich anspricht.

Ich erkenne die Stimme meines Vaters, wenn er zu meiner Mutter spricht, dann ist sie ganz anders, als wenn er zu jemandem anderen spricht. Zu mir hat er noch nicht mit seiner Stimme gesprochen, aber mit seinen Händen. Ich habe deren Wärme und liebevolle, ruhige Ausstrahlung gefühlt. Seine Hände sind viel größer als die von Mutter, und sie geben ein anderes Gefühl.

Immer wenn Vater die Hände über meine Bauchwohnung legt, verändert sich auch das Gefühl, das ich von der inneren Körperwärme meiner Mutter empfinde. Es fängt ganz fein zu vibrieren an, wie wenn Wärme und Liebe stärker schwingen würden. Es vermittelt ein totales Gefühl von ›Geborgen-mit-ihnen-zusammen-Sein‹! Ich spüre an der Art der Vibration, die mich umgibt, ob meine Eltern gerade mit mir persönlich oder mit etwas anderem beschäftigt sind.

Wenn meine Mutter zu mir spricht, erhöht sich mein Herzschlag leicht. Ich fühle das Blut stärker zirkulieren, was den Eindruck von stärkerer Ausdehnung in mir bewirkt. Auch das Blut meiner Mutter fließt schneller, wenn sie merkt, daß ich reagiere.

Oft, wenn ich länger geschlafen habe oder nur ruhig in ihr war und ich wieder dieses innige Gefühl des bewußten Kontaktes haben möchte, bewege ich mich heftiger. Wunderbarerweise reagiert meine Mutter sofort liebevoll darauf. Meistens spricht sie beruhigend zu mir, oder sie streichelt mich oder schickt mir irgendein anderes Zeichen, an dem ich erkenne, daß sie auf mich achtet. Manche Körperhaltungen von Mutter sind für mich nicht angenehm. Ich strample nur, und sogleich weiß Mutter, warum, und ändert ihre Haltung. Meistens bin ich fast sofort ruhig.

Am schönsten sind die Bewegungen der Muskeln meiner Mutter, die sanft bis stark massieren. Es entspannt mich, während sich mein Körper gleichzeitig mit Bewegungen den Muskelkontraktionen anpaßt. Es ist, als ob da innen die Hände meiner Mutter wären, die mich berühren, streicheln und drücken, um mir zu zeigen, daß ich da und gewollt bin.

Das kurze Gefühl der Anspannung bei der ersten festen Muskelpressung bewirkt, daß bestimmte Teile meines Körpers sich stärker mit Blut füllen – und wellenförmig immer andere. Es ist Anspannung – Entspannung. Für meinen Körper ist das sehr wichtig, da er nie ganz ausgestreckt ist.

Das Wasser gibt mir viel Bewegungsfreiheit, ohne Mühe kann ich meinen Körper bewegen. Das feine Rauschen, welches immer gleich bleibt, ist ein ständiger Begleiter, der mich ruhig macht. Auch der Herzschlag meiner Mutter ist immer da, wiewohl er manchmal seine Abstände wechselt.

Mein Mund ist die erste Öffnung hinein in meinen Körper, die ich erlebt und gelernt habe. Welch ein Wunder für mich! Ich kann mit meinen Fingern ins Innere meines Körpers gelangen. Das ist ein tiefes Empfinden und gibt ›Selbst-Bewußtsein‹.

Mit meinen Lippen kann ich schon sehr viel anfangen. Ich kann die einzelnen Finger unterscheiden und andere Sachen. Den Mund auf- und zuzumachen ist sehr lustig, die Wellenbewegung des Wassers streichelt ihn angenehm.

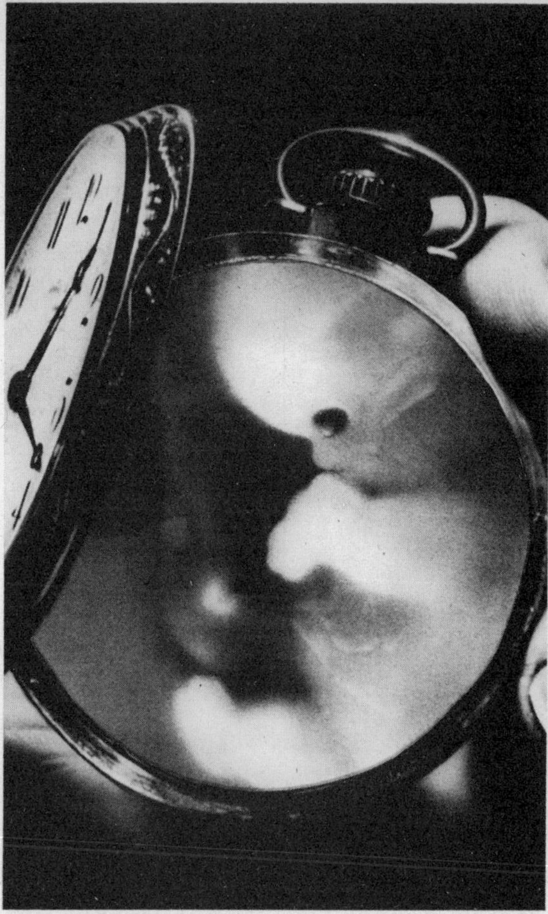

Ein Embryo
denkt nicht …

26. Schwangerschaftswoche 4. Botschaft
Pension Waldesruh 29. Februar 1984

Wie ich euch schon erzählte, gibt es für den Embryo weder Vergangenheit noch Zukunft. Er denkt nicht in dem Sinne, wie ihr es kennt. Er fühlt und erlebt real, das heißt immer jetzt.

Was er aber schon tut, das ist lernen. So wie ihr zum Beispiel ein Gewitter erlebt, erfährt der Kleine eine heftige emotionelle Gemütsbewegung seiner Mutter. Er lernt kennen, wie es ist, wenn ohne sein Zutun heftige Wellen der Erregung von seiner unmittelbaren Umgebung nicht nur an ihn herantreten, sondern ihn ganz und gar durchfluten.

Er lernt, daß jedes ›Gefühl‹ wechselt, und kann unterscheiden zwischen entspannenden, ruhigen Gefühlen, die Geborgenheit sind, und solchen, die heftig, unberechenbar und mitunter beängstigend sind, da sie zusammenziehend wirken – was vom Kleinen als schmerzhaft empfunden wird, da es plötzlich auf sich selbst gestellt ist, bar jeder Verbindung zur innigen Empfindung des Einsseins mit seiner Mutter.

Diese Zusammenziehung bewirkt das erste Gefühl der Trennung für das Kleine, und das erste Mal könnte es ein Gefühl der Ohnmacht sein, des Ausgeliefertseins, des ›Ich kann nichts tun – es geschieht mit mir‹.

Es könnte sein (und wie oft passiert es tatsächlich!), daß hier das erste Mal das grenzenlose Vertrauen, die Entspanntheit des totalen Geliebtseins des Embryos erschüttert wird – wenn nicht die Mutter (als Repräsentantin der großen Mutter Natur) das Ruder wieder in die Hand nimmt und bewußt und so schnell wie möglich intensiven Kontakt mit ihrem Baby aufnimmt, dieses in den Mittelpunkt stellt und ihm physisch und geistig erklärt, was passiert ist. Ihm vor allem zeigt, daß sie – die Mutter – da ist, das Baby beschützt und trotz allen Gewitters im tiefsten Inneren alles in Ordnung ist.

So schlimm sind Gewitter für das Baby nicht (sie sind sogar wichtig), wenn es im Laufe des Geschehens nicht von seiner Mutter vergessen wird. Schon ein Embryo lernt sehr schnell tieferes Vertrauen, wenn es im wogenden Sturm die immer gleichbleibend liebenden Gefühle seiner Eltern erfährt.

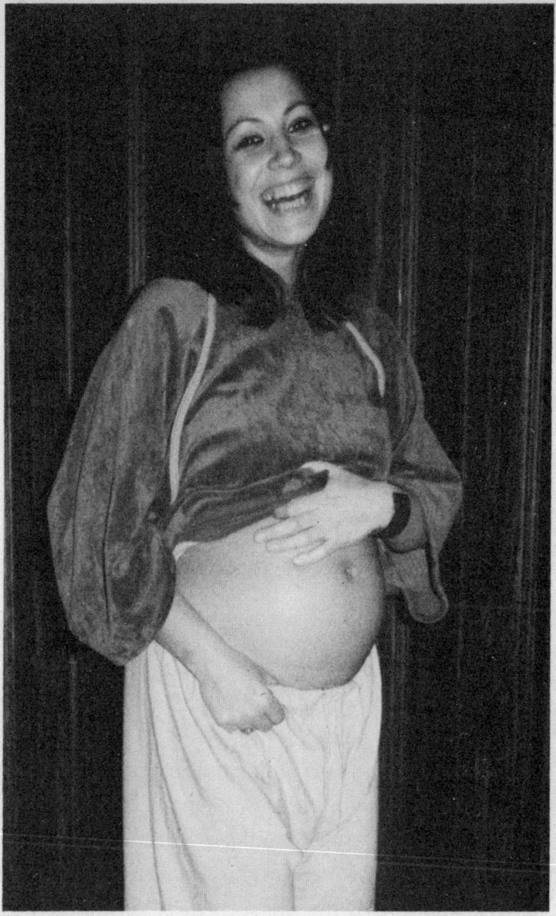

Unsere Herzen berühren einander…

26. Schwangerschaftswoche — 5. Botschaft
Pension Waldesruh — 2. März 1984

Gestern abend spürte ich, daß sich meine Mutter wegen mir Sorgen machte.

Wir wohnen momentan in einem stark lärmübertragenden Haus, und jedesmal, wenn unter uns jemand die Türe zuschlägt, was sehr oft vorkommt, gibt es meiner Mutter einen körperlichen Schlag. Ich reagiere auf diese abrupt auftretenden Schwingungen öfter heftig. Meiner Mutter machen diese Zustände mehr zu schaffen als mir selbst. Ich erhole mich von den Lärmschlägen bald wieder, aber sie hält manchmal diese unangenehme Wahrnehmung in ihrer Psyche fest.

Heute morgen hat sie wieder die ganze Zuversicht und Sicherheit erlangt, daß es uns beiden eigentlich sehr gutgeht.

Meine Mama! Dieser warme, innige Strahl, der uns jetzt verbindet! Welch unermeßliche Liebe und Zärtlichkeit! Du kannst die Worte der Liebe gar nicht ausdrücken! Du kannst unser Gefühl nicht wiedergeben. Und Papa hilft uns so dabei, uns so tief und warm zu treffen. Jede Unsicherheit schwindet, wenn du so nach innen – zu mir – gehst.

Du hast mich gesehen! Eindeutig! Vor deinem inneren Auge.[9] *Du weißt, wie ich bin – wie ich aussehe. Es kann gar nicht anders sein, hast du dir gedacht. Meine wachen Augen – du hast sie mir schon jetzt geöffnet – du erlaubst mir schon jetzt, das zu sein, was ich in Monaten zeigen werde.*

Unsere Herzen berühren einander. Mein kleineres und dein größeres. Du weißt jetzt, daß mein Blut dein Blut ist, daß unser Blut und Papas Blut eines ist. Wie schön!

Noch gibt es keine erfundene Trennung – darüber werden wir später noch oft sprechen. Wir sind eine Einheit, aber keine Einheit in der Psyche – keine solche, wie die meisten Leute sie sich erdenken. Viele handeln nur nach einer von ihnen selbst erfundenen Verschmelzung, die auf Angst und Unwissenheit beruht ...

Aber jetzt geben wir uns dieser tiefen Musik hin.[10] *Durch dich strömen Wellen von Musik, die deinen und meinen Körper vollkommen entspannen. So gibt es keine Trennungslinie – als ob unsere Körper nicht existieren würden.*

Wir sind beide hier, und wir wissen es. Ich halte die Nabelschnur in meiner rechten Faust. Meine linke Hand bewegt sich frei. Ich spüre Wellen von Freude.

Du weißt, daß ich diese Worte nicht sage. Keine Sorge – du

[9] Während meiner Meditation stieg ein so klares Bild von ihm auf. Ich kann nicht erklären, warum, ich war innerlich einfach felsenfest sicher, so sieht er aus: eine weiche, runde Stirn, wache und relativ große Äuglein, ein kleines, süßes Mündchen. René schilderte ich ihn symbolisch als eine Mischung zwischen Reh und Fuchs.

[10] Wir spielten während der Babykommunikation oft eine Endloskassette mit Joh. Pachelbels Canon in D-Dur.

schreibst die richtigen Worte für unsere gemeinsamen Impulse nieder. Ich spreche in deinem Inneren.

Ist es nicht so, daß wir alle nicht nur mit Worten sprechen? Vielmehr sind Worte oft Kleider für etwas ganz anderes. Eine Botschaft muß man fühlen. Hinter Worten muß man fühlen und wissen – dann gibt es Verständnis.

Ich nuckle gern an meinem Daumen. Ich sauge. Es kam ganz von selbst – so wie wenn dir ein Gedanke das erste Mal kommt.

Ich höre deine Geräusche, sie sind immer um mich, und ihre Stetigkeit gibt Sicherheit. Ich fühle, wie glücklich du und René mit mir seid. Wenn ich zwischen euch liege und wir uns ganz spüren... nichts mehr vorhanden von Alleinsein oder ›Nur-dich-Lieben‹.

Du weißt jetzt, was es heißt – aus der Einheit – in die ›getrennte‹ Einheit geboren zu werden.

Alles ist symbolisch. Unser Vater im ›Himmel‹ hat uns auch geboren.

Jesus ist bei uns. Ich kann ihn öfter als strahlendes Licht sehen – und du sagst mir dann, daß einer unserer besten Freunde bei uns ist.

Für mich macht es keinen Unterschied, ob du an jemanden denkst, ob jemand körperlich da ist oder in einem feinen Körper – für andere Menschen unsichtbar – erscheint. Ich spüre alle Anwesenheiten. Und ich unterscheide.

Auch du hast angefangen, unter deinen ›Freunden‹ zu wählen. Ich danke dir dafür.

Mein Freund, der kleine Daniel, ist im Bauch seiner Mama wie ich. Wir senden uns öfter Impulse. Es geht ihm gut, und er freut sich schon auf sein Kommen wie seine Mama.

Er kommuniziert mit ihr nicht so wie wir, aber es geht ihm ge-

nauso gut, weil er gewollt ist und geliebt wird. Seine Mama glaubt, noch warten zu müssen, bis sie ihn sieht, um mit ihm sprechen zu können. Aber seine kleine Schwester spricht öfter im Traum mit ihm. Sie erzählt ihrer Mutter darüber.

Ich möchte dir ein Gedicht schenken:

Im tiefen See, da ist ein Lotus –
der blüht, verlassen und allein.
Doch,
nur wer mit dem äußern Auge blickt,
erkennt den Schein
und glaubt, er ist allein.
Jedoch,
wer still dahinter blickt
– der ist entzückt:
Wie weit, wie schön, wie tief
uns Gottes All beglückt.

Als gestern ein Brief ankam,[11] *hast du dich sehr gefreut.*
Ich wollte dir noch sagen, daß ich oft in deinen Träumen mit dabei bin. Manchmal bemerkst du mich gar nicht und siehst mich auch nicht.

Ich war unruhig in der Nacht. Vorher spürte ich ein krampfartiges Zusammenziehen über meinem Kopf. Es begann, nachdem ein Mann auf Besuch gekommen war. Er sagte Sachen, die du hast eindringen lassen[12]*, und da du sie nicht behalten, aber auch nicht leicht wieder aus dir hinausbefördern konntest, erzeugtest du einen Magenkrampf, wie du dazu sagst. Ich konnte fühlen,*

[11] Von meiner Freundin Hedi.
[12] Heinz, der Sohn des Hausbesitzers, sprach über die Verhaltensweisen seines Stiefvaters.

wie du versuchtest, ihn zu entspannen. Es gelang nicht, weil du dich davon zu tief hast beeindrucken lassen.

Mich kümmerte es nicht so sehr, nur daß ich weniger Energiequellen durch mein Feld fließen spürte. Du hast dann eine Stellung gemacht[13] *und anders geatmet, das hat mir geholfen.*

Wir haben uns dann niedergelegt, und bald hattest du ein arges Ziehen in der Brust. Dann hast du über deine Hände Energie in die Stelle fließen lassen – das hat auch mir sehr gut getan.

Ich kann über dich die Vögel zwitschern hören und empfinde den Inhalt. So viel Freude. Immer wenn du die Vögel singen hörst, bist du sogleich glücklich. Es berührt dich wie ein liebevoller Blick und mehr.

Die Vögel im Wald. Und erst der Wald. Wenn du merkst, daß du mir mehr Ruhe schenken willst, gehst du mit mir in den Wald. Augenblicklich ist alles gut.

Meine Zehen spielen im Wasser. Ich kann jede einzelne sehr gut bewegen. Meine Fußsohlen sind sehr empfindlich, und ich streichle damit öfter über deinen inneren Bauch.

Oft weißt du gar nicht, daß ein bestimmtes Gefühl, das dich überkommt, von mir ist. Wenn ich ganz zart über dein Inneres streichle, du empfindest es trotzdem – auch dort, wo du keine Nerven hast.

Ich versuche dich innen zu ertasten. Und wenn ich mich drehe, spürst du es deutlich. Oft steigt ein heißes Gefühl von Freude auf, wenn ich mich ganz wohl fühle.

Heute habe ich an der Nabelschnur gerissen. Du hast es gemerkt und dich ein bißchen gewunden. Und dann hast du sehr gelacht, anders als sonst. Nicht nach außen, nach innen. Es kam ganz von selbst tief aus dir, es war ein ganz anderes Lachen. Du

[13] Eine Hatha-Yoga-Übung.

hast es gewähren lassen, du wußtest, daß es mit mir zusammenhing.[14]

Du hast so viele Fragen an mich.[15] *Heute möchte ich aber noch nicht über schwere Dinge reden. Machen wir Schluß mit dem Aufschreiben.*

[14] Während wir damals in der Wohnung – für unseren Lebensunterhalt – gemeinsam japanische Futons (flauschige Baumwollmatratzen) herstellten, schrie Mira plötzlich auf. Es war ein schmerzlich-freudiger Aufschrei. Sie war, obwohl es weh tat, sehr glücklich darüber.

[15] Bevor sich Mira zur Meditation begab, drückte ich ihr einen Zettel mit einer Reihe mir damals wichtiger Fragen in die Hand.

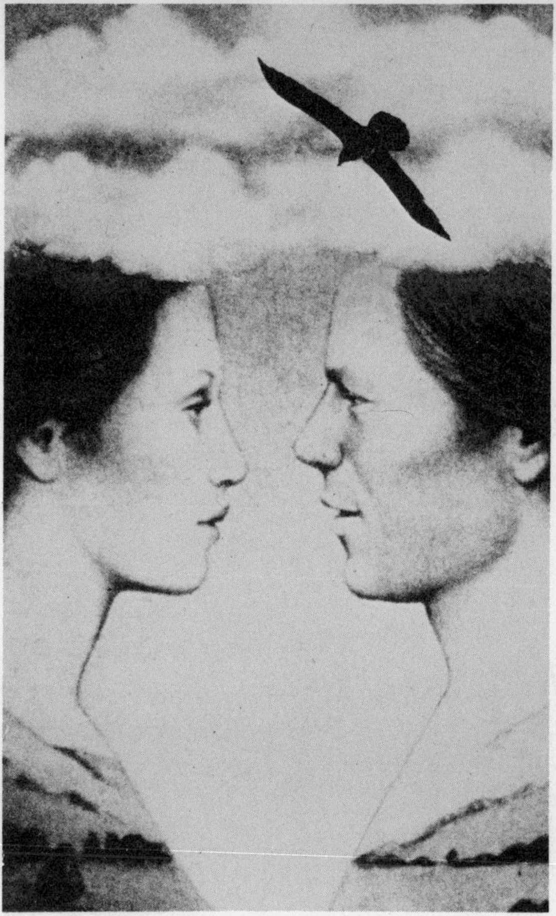

Alles ist gut…

26. Schwangerschaftswoche — 6. Botschaft
Pension Waldesruh — 3. März 1984

Meine Mama! Wir kommen uns immer näher. Du hast geweint, als du immer tiefer zu mir hinuntergestiegen bist. Ich bin jetzt ganz still, ich bin bei dir. Ich wohne in dir. Du erlebst, daß du nicht dein Körper bist, daß du ihn auch nur belebst, so wie ich. Und doch sind wir beide auch unser Körper.

Ich bin wie dein Unterbewußtes. Du kannst mich jetzt nur sehen, wenn du ganz tief in dich sinkst und mich berührst. Du fühlst mich. Ich fühle deine streichelnden Wellen, deine liebevollen Wogen, die mich umspülen.

Meine Mama, ja ich bin da!!!!

Wie viele Frauen kennen ihr Baby nicht, das sie ungeboren in sich tragen. Es ist wie mit ihren ungesehenen Träumen. Sie wagen es nicht, sich ihren unbewußten Inhalten zu nähern, aus Angst, nur Schlimmeres zu erleben. Sie trauen sich nicht, den festgehaltenen Gefühlen und nicht bewußten Erinnerungen, die oft wie richtige Energieberge in ihnen leben, zu begegnen.

Ich bin deine Gegenwart, dein gegenwärtiges Sein im Unter- und Überbewußtsein. Warum schauen so wenig Leute nach innen und nur nach außen?

Ich spreche jetzt über jene armen Frauen und Kinder, die bloß aus Unwissenheit krank und unglücklich sind. Viele Frauen glauben, an der Vergangenheit kleben zu müssen. Sie glauben nicht daran, von heute auf morgen Schluß mit allem Ballast machen zu können. Und deshalb geschieht es auch nicht. Sogar in ihren Vorstellungen gibt es kein Gefühl des Losgelöst-Seins von allem, was sich ja schon erfüllt hat, schon wahr geworden ist.

Alles, was gerade ist, ist gut.

Wenn Frauen aus Liebe zu einem neuen Wesen nur ihre eigenen Ängste verlieren könnten! Wenn sie nur an den Mut und die Kraft der Neuen glauben würden, anstatt ihren alten Ballast auf alles Neue, Reine zu werfen. Natürlich kriegen solche Frauen Kinder, die genau durch solche Situationen lernen können.

Ich weiß, ihr glaubt nicht an die Macht eures eigenen, großen, göttlichen Willens. Darum müßt ihr zuerst den Weg über die Psyche gehen. Ganz langsam Schritt für Schritt alle Tatsachen durchkauen, die immer nur zu weiter zurückliegenden Tatsachen führen, die schon geschehen sind. Diese Tatsachen sollen dann die Ursachen für alles Unglück aufzeigen – jedoch, es kann nicht geschehen! Denn durch die eigene Einstellung – den eigenen Glauben – ziehst du diese Geschehnisse, Bedingungen und Gegebenheiten zu dir heran. Wer von all diesen unglücklichen Menschen glaubt schon an die Freiheit?

Es gibt eine Übung: Man stellt sich die Befreiung vor. Aber diese Übung gelingt nur jenen, die schon die ersten Schritte zur Freiheit getan haben.

Wir Kleinen im Mutterleib beginnen das Leid zu erleben, welches geschieht, wenn Menschen nur an ihr eigenes, beschränktes Erleben glauben und keinem Wesen seine Freiheit geben können, weder in Gedanken noch in Gefühlen. Die meisten Mütter beginnen die unschuldigen Kinder mit ihren Vorstellungen zu beladen. Sie haben sich vorher weder überlegt noch vorstellen können, daß man diese selbst erzeugt hat und ändern kann.

Jede Angst ist eine Vorstellung, die auf gleiche Weise funktioniert wie ein Wunsch. Ein kleines Baby kann zwischen positiven und negativen Prägungen nicht unterscheiden. Es weiß nicht, daß der Mensch so sehr ans Negative glaubt, es regelrecht gerne erzeugt. Es erlebt nur, daß das, was die Erwachsenen als negativ bezeichnen, auf sich selbst bezogen, ganz trennend wirkt. Isolierend, abstoßend und unbeholfen.

Und das Baby lernt. Es ist bis zu einem gewissen Grade darauf angewiesen, die Wünsche seiner Eltern zu erfüllen. Es kennt keinen aktiven Widerstand. Das, was ihr unter bewußtem Widerstand versteht, entwickelt sich erst mit der Zeit.

Trotzdem: Die Verantwortung liegt nicht nur bei den Eltern. Schließlich weiß ein Kind irgendwann in einem seiner Leben, warum alles so gekommen ist, und die große Befreiung naht.

Das Schöne im Leben ist: All ihr Mütter und Väter seid frei, ab diesem Augenblick nach innen zu gehen und zu wissen:

Jede Vorstellung (im Negativen jede Angst) ist eure eigene und hat mit dem Baby nichts zu tun.

Möchtet ihr nicht lieber wissen, was das Kleine euch zu sagen hat? Warum sprecht immer ihr?

Es ist etwas gänzlich Neues, Wunderbares, das auf euch zukommt! Und es hat ein Geschenk mitgebracht.

Warum dieses einzigartige Geschenk zurückweisen, nicht beachten – ja nicht einmal daran glauben? Wie könnt ihr meinen, ein neues Wesen bräuchte eure Vorstellungen, Ängste und Projektionen! Glaubt ihr wirklich, ihr selber seid gekommen, um die Vorstellungen anderer zu erfüllen? Überall wird es versucht. Aber es kann nicht gelingen.

Warum seid ihr theoretisch von eurer Freiheit überzeugt und meint dennoch, jemand anderer als ihr selbst könne sie euch schenken?

Wie viele Leben vergeudet ihr im Mißverständnis, das tun zu müssen, was andere von euch verlangen – bloß weil die ersten Menschen, die ihr gewählt habt, euch zu gebären, aus Unwissenheit über ihre eigene Unfreiheit euch zwangen, euch selbst nicht zu sehen, euch zu verstecken, zu verleugnen und als Heuchler durch die Welt zu gehen??

Was ist tiefer und inniger als die freie Liebe zwischen Kind und Eltern? So ohne Verlangen, so ohne Angst, einfach nur so.

Ich glaube an die Allmacht der Freiheit.

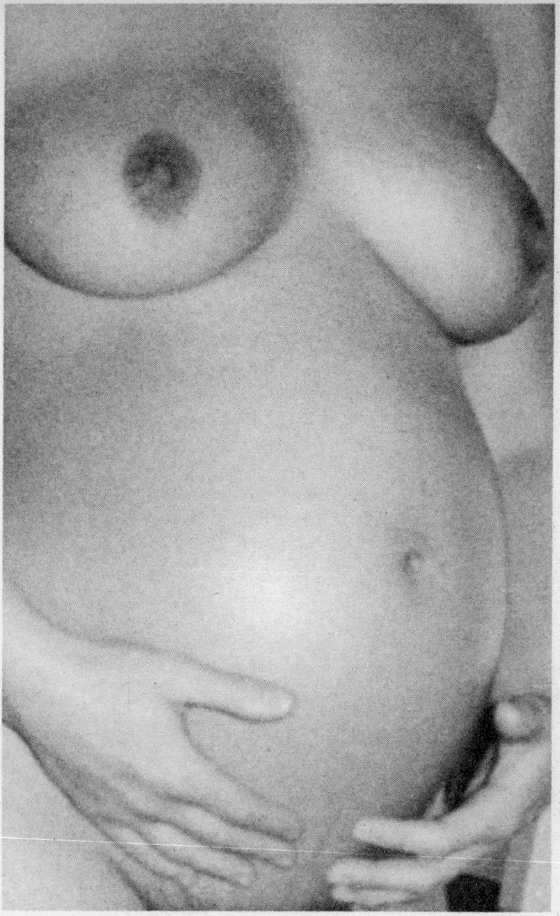

Dein Körper
ist mein Universum…

26. Schwangerschaftswoche
Pension Waldesruh

7. Botschaft
4. März 1984

Mama,[16] *du bist dasselbe für mich, was Gott für dich ist. Ich sehe dich nicht, deshalb weiß ich nicht, wie du aussiehst, wer du bist – weil ich innerhalb von dir bin. Ich erlebe meine eigene Welt, meine eigenen Gefühle, ich habe meine eigenen Erlebnisse. Und weil du zu mir sprichst und ich gewillt bin, deine Stimme zu empfangen, haben wir die Türe zueinander*

[16] Diese Botschaft kam ohne sonst übliche Vorbereitung und Einstimmung zustande, während wir unsere Matratzen am Wohnzimmerboden fertigten. Inmitten der (meditativen) Näharbeit erzählt mir Mira geradeheraus, was das Baby eben zu ihr sagte. Ich lief schnell um Zettel und Bleistift, damit sie wenigstens den Rest der begonnenen Botschaft notieren könnte. Das Baby hat das erkannt und begann die ersten Sätze nochmals zu wiederholen, so daß nichts verlorenging.

geöffnet und berühren uns ganz bewußt. So wie du in Gott, durch Gott und aus Gott lebst, lebe ich: Wie im Kleinen, so im Großen.

Dein innerer Körper, die Nahrung, die Vibrationen, das Blut, die Knochen – dein ganzer Körper ist jetzt mein Universum. Und du hast meinen Ruf vernommen, mich erhört und sprichst mit mir.

Auch du lebst in Gott, deine Umgebung ist sein Inneres – und auch du rufst nach seiner Stimme. Ich vernehme deine Stimme in meinem inneren Wesen, nur da kann ich dich empfangen. Tief in meiner Brust, dort, wo ich mich selber treffe. Und genauso kannst du Gottes Stimme empfangen – nur in deinem innersten Inneren – dort, wo du dich selbst berührst.

Oft lausche ich auf dich. Und suche dich. Dann bin ich ganz still und bewege mich nicht. Alles in mir ist in mich hinein konzentriert.

Ich kann dich nicht außerhalb meiner selbst erleben. Obwohl ich all das bin, was ich sehe, höre, fühle und mir vorstelle. Alles, was ich empfinden kann, muß innerhalb von mir sein, sonst könnte ich es nicht wahrnehmen.

So, wie ein Strom von Impulsen aus mir fließt und schließlich ich bin, so ist auch alles, was ich empfange, ich. Alles, was ich kann, ist auswählen und mich so verändern. Aber das, was da ist, ist da.

Ich fühle alles, was du fühlst, weil mein Wesen und dein Wesen – solange ich in dir bin – von denselben Strahlen durchdrungen werden. Dieselbe Energie fließt durch uns. Deine Kanäle für feine unsichtbare Energien sind jetzt weiter geöffnet, da diese Energien mich ja erreichen müssen. Und so empfängst du, wenn du dich genug geöffnet hast, dieselben Energien, die ich bin, die mich durchdringen, die ich aussende.

Erinnerst du dich, wie verwundert du warst, als du am Anfang unserer Schwangerschaft plötzlich Indien so überdeutlich vor dir hattest? Den Geruch, den Staub, den Lärm, den Schmutz, die Schönheit, die Toten – und das Essen! Plötzlich mußtest du indisch essen gehen.[17] *Und warst so zufrieden.*

Du warst nie tiefer an Indien interessiert. Im Gegenteil, du hattest vielleicht durch ein früheres Leben eine gewisse Abneigung, oder besser gesagt, du verspürtest keine Anziehungskraft dorthin. Jetzt wolltest du dich sogar indisch kleiden, aber du hast selbst dieses Interesse nicht verstanden, weil du nicht wußtest, wodurch es geweckt worden war.

Und nicht erst, als du schon schwanger warst, fühltest du meine Energien, sondern schon vorher. Du wußtest damals selbst nicht, was mit dir geschah. Du hattest kein Geld, keine richtige Ordnung in deinen Verhältnissen, keine Stabilität, und warst dir auch über deine wahre Aufgabe gerade sehr unsicher, als dich eine tiefe Woge erfaßte und du plötzlich, völlig aus heiterem Himmel auf offener Straße zu tanzen anfingst und immer öfter riefst: Ich möchte ein Baby. Du wiederholtest es wie im Taumel. Du fandest, du seist verrückt. Von deinem Verstand her konntest du diesen Wunsch kaum verstehen – doch ich war dir nahe. Und wie glücklich war ich, als ich dich so tanzen sah!!![18]

Wir liebten uns schon damals. Es war zwei Wochen vor meinem Eintreten in dich.

[17] Wir leisteten uns ein Hochzeitsessen für 5 Personen im India-Restaurant ›Shakuntla‹.

[18] Ich war wegen ›meiner‹ Heilfähigkeiten von einer schwerkranken Frau nach Mallorca zu einer Art Therapie-Urlaub eingeladen worden. (In Österreich ist geistiges Heilen verboten!) Während dieser Zeit tanzte ich öfter ausgelassen auf der Straße und hatte nur noch ein Baby im Sinn. Meine ›Patientin‹ meinte, ich solle es mir aus dem Kopf schlagen, da ich es ja doch nicht ernähren könne. Ich aber rief mit meinen letzten Münzen René in Österreich an, um ihm mitzuteilen, daß ich jetzt unbedingt ein Baby wolle.

Ich fühle mich als Embryo frei, ohne auferlegten Zwang, etwas Bestimmtes sein oder tun zu müssen. Wieso fühlen sich so viele Wesen nach ihrer Geburt nicht mehr frei? Die Frage ist: Fühle ich mich unfrei, oder bin ich tatsächlich unfrei?

Wie oft könnt ihr beobachten, daß jemand anderer sich in einer Situation unfrei fühlt – und entsprechend handelt, als wäre er tatsächlich ohne eigene Entscheidungskraft, ihr selber seht die Situation aber ganz und gar nicht so. Ist es nicht so, daß sich viele Menschen nur aus ihrem Glauben heraus unfrei fühlen, wo sie es aber im Geist tatsächlich gar nicht sein können!!! Denn wenn man etwas nicht schon irgendwo ist – kann man es auch nicht werden!!!

Wenn ich nicht schon in einer höheren Ebene meines Selbst tatsächlich frei, gesund und glücklich wäre, könnte ich dieses Ziel doch niemals erreichen!! Und noch weiter: Wenn ich nicht irgendwo eine bestimmte Annahme von etwas hätte, wie könnte ich einen bestimmten Wunsch haben?

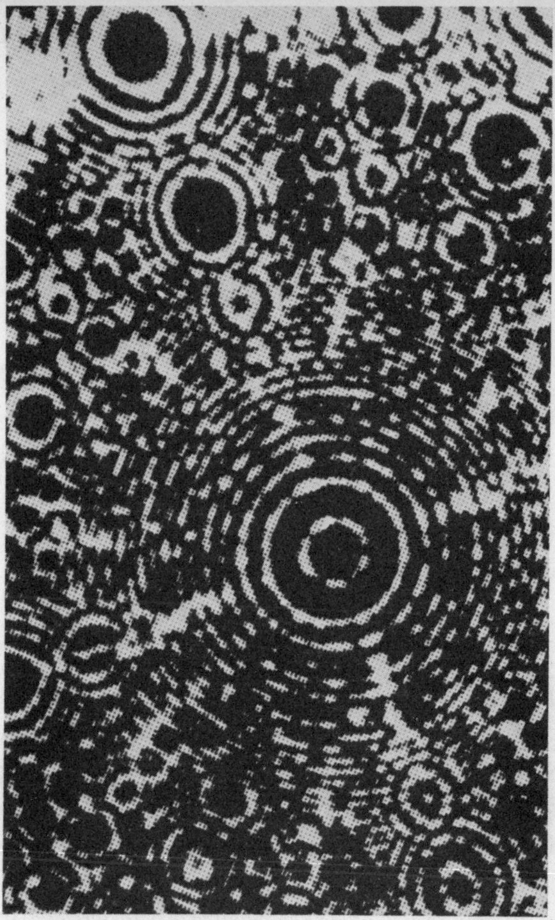

*Von überall
Schwingungen …*

26. Schwangerschaftswoche — 8. Botschaft
Pension Waldesruh — 5. März 1984

Mama, du bist müde, und ich fühle es schwer. Es ist, als ob rund um mich alles zu sinken anfängt. Oft bin auch ich gerade im Einschlafen, dann ist es ganz angenehm.

Ich höre die Stimme vom lieben Papa nicht mehr. Nur deine Schritte rascheln und klopfen. Und schon wieder diese wunderbare Musik, sie beruhigt immer.

Vorhin war es wie ein Zusammenziehen in meinem Bauch, und irgendwie war da ein inneres Weinen, als es plötzlich so ruhig wurde. Du sprichst nicht mehr, seit Papa weg ist. Du bewegtest dich auf und ab und erklärtest mir dein Gefühl mit ›Allein-Sein‹ – ich spürte im Hals ein leises Ziehen.

Aber was ist Allein-Sein? – Du bist doch da. Du hast dich

schnell erinnert, daß ich doch bei dir bin, und ein seltsames Gefühl hat uns überkommen. Zuerst dich und dann mich.

Als diese vielen Stimmen und Bewegungen um uns waren,[19] *da waren wir sehr glücklich. Von überall kamen Schwingungen auf uns zurück, wenn wir welche ausgeschickt hatten. Und ganz andere Stimmen waren es, viel weichere und so tief unten. Sie trafen mich ganz freundlich. Du hast mit ihnen auch anders geredet. Und mir hast du erzählt, daß es auch Kinder wären.*

Ich werde es nie mehr vergessen, wie Papa gestern beide Hände über mich gelegt hat.[20] *Es strömte ›alles‹ von ihm in mich über. Ich liebe ihn so sehr…*

Er erzählt mir öfter im Traum, daß er mit dem, was ihr Geld nennt, viele Probleme hat. Und daß er für dich und mich alles so gut wie nur möglich machen möchte.[21] *Ich kann jetzt immer stärker spüren, wenn ›er‹ an mich denkt. Ich fühle es tatsächlich als Wellen, die mich treffen. Immer deutlicher weiß ich, was er mir mitteilen will.*

Es ist so schön, ihn zu fühlen. Er denkt sehr oft an mich. Mit seiner Stimme spricht er noch nicht zu mir, aber wenn er mir Gedanken schickt, ist es dasselbe für mich. Er freut sich so sehr über mich!!!

Alles in ihm hat sich verändert, seit ich da bin, er zeigt es mir ganz deutlich. Er sehnt sich schon danach, mich in seinen Armen halten zu können.

---

[19] Alfred, unser Bio-Lebensmittelhändler, kam auf Besuch, weil er von René sein Horoskop gedeutet haben wollte, und brachte auch seine aufgeweckten Kinder mit. Da sie noch sehr klein sind, waren sie Manuji im Bauch viel näher als die Erwachsenen.

[20] Ich hatte Miras nun schon sehr gewölbten Bauch mit Kräuteröl einmassiert und mich dabei ganz auf das Baby konzentriert.

[21] Daß dieses Buch trotz unserer gelinde gesagt katastrophalen Finanzlage – unter unsagbaren Anstrengungen – dennoch entstehen konnte, ist für mich noch heute das größte Wunder daran. – René.

Ein früheres Leben …

27. Schwangerschaftswoche | 9. Botschaft
Pension Waldesruh | 6. März 1984

Liebe Mama! Du siehst jetzt vor deinem geistigen Auge eine Szene aus einem früheren Leben von mir:

»Ein großer Wagen aus Holz, davor ein Gestänge, an dem auf der linken Seite eine ungefähr 45jährige Frau – mit einem Kopftuch bäuerlicher Art – zieht. Hinten im Wagen liegt ein geflochtener Korb. Ich liege als Baby drinnen …

Die Mutter müht sich sehr ab mit dem Wagen, ein Mann hilft ihr dabei. Sie fahren auf einer notdürftig präparierten Straße. Links und rechts sind viele Bäume, deren Namen du nicht kennst (ja, sie wachsen auch in Griechenland). Der Wagen kommt ins Straucheln. Er fällt auf die rechte Straßenseite, halb in einen Graben …«

Hier eine andere Szene:

»Ich bin ein kleiner Bub, ungefähr drei bis vier Jahre, und spiele mit einem Freund an einem Fluß. Wir haben eine Art Spielzeug aus Holz, es hat so Klappen, durch die das Wasser läuft und immer eine andere Klappe aufmacht. Ich bin ganz fasziniert davon.« – Ich wünsche mir so sehr, im kommenden Leben Klavierspielen zu lernen. Der Wunsch ist damals entstanden...

Eine weitere Szene:

»Eine belebte Straße, auf der viele Leute gehen. Ein blondes Mädchen – mit einem Hut, auf dem eine Schleife zur Masche gebunden ist – kommt auf dich zu. Sie ist ungefähr zwölf Jahre alt und trägt im Arm eine Art Mappe, mit Noten drinnen. Im Weitergehen dreht sie sich immer wieder um.

Auch zwei dickere Damen siehst du, du kannst sie nicht gut beschreiben. Für dich ist die Mode äußerst fremd und der ›Geruch‹ aus vergangenen Zeiten.

Weit hinten siehst du einen jungen Lehrer mit dunklen Locken. Er ist ungefähr 175 bis 180 Zentimeter groß, schlank und hübsch. Er hat ein weißes Hemd an und bewegt sich momentan etwas unschlüssig. Das bin ich! Mein Name ist ......[22] *.........*

Dieses junge, blonde Mädchen hat sich nach mir umgedreht. Es ist etwas Seltsames im Gange: Sie liebt mich ganz innig. Und auch ich muß aus innerstem Herzen zugeben, daß ich mich mit einer Macht zu ihr hingezogen fühle, der ich mich kaum widersetzen kann.

Sie kommt jeden Tag in meine Stunden. Unsere Gespräche drehen sich aber nicht nur um Musik. Sie erzählt mir viel von ihrem zu Hause und ihren inneren Problemen...«

Ich möchte sie in diesem Leben wiedertreffen. Ob sie mich erkennen wird?

[22] Nach längerer interner Diskussion haben wir beschlossen, den vom Baby hier genannten Namen vorerst nicht zu veröffentlichen.

Deine Magenschmerzen kommen von einer inneren Ablehnung einiger äußerer, rauher Umstände. Du widersetzt dich einigen Dingen.

Du hast mich gefragt, ob ich dir die Antwort sagen kann: Ja und nein. – Ich empfinde deine Magenschmerzen weniger heftig als die Ursache derselben. Sie stammen von einer Art Trotzreaktion. Da du weit stärker bist, als du dir oft eingestehst, glaubst du ein Recht dazu zu haben, dich gewissen momentanen Gegebenheiten krampfhaft entgegenstellen zu können. Etwas zu akzeptieren heißt doch nicht, daß etwas nicht zu ändern wäre. Doch oft muß man etwas akzeptieren, bevor man es verändern kann.

Bei dir genügt oft eine winzige Kleinigkeit, um diese Krämpfe zu erzeugen. Vielleicht hast du in deinem Unbewußten nur nicht den Mut, alles leichter zu nehmen, als du glaubst es nehmen zu müssen? Deine Ernsthaftigkeit und Tiefe hat ja damit nichts zu tun. Du kannst vielleicht auch hier anfangen zu unterscheiden: zwischen Ernst-Nehmen und Schwer-Nehmen und zwischen In-die-Tiefe-Gehen und etwas Tragisch-Nehmen. Ich möchte dir später dabei helfen. Für mich als Embryo wird es immer ›schwerer‹, wenn du dich entscheidest, so trotzig zu sein...

Aber wie du siehst, mein höheres Selbst kann von meinen momentanen Erfahrungen als Embryo[23] *sehr gut unterscheiden.*

Ich bin übrigens nicht ›deine‹ Frucht, denn wir sind beide ›Früchte‹, das heißt, wir sind beide vom ›Schöpfer‹...

Du hast heute das erste Mal bemerkt, daß ich zu strampeln anfing, als du dein Hungergefühl unterdrückt hast. Und dann dasselbe während des Essens, als du dich ebenfalls nicht richtig entspanntest. Du konntest dich nicht so gut öffnen, wegen der Gesellschaft, die du hattest.[24]

[23] Embryo, griechisch, bedeutet Keim, Keimling, Leibesfrucht. Wird in der Medizin ab dem 3. Monat als Fötus (Fetus, lat.) bezeichnet. Unser Baby hielt sich nicht an diese Terminologie und bezeichnete sich bis zur Geburt als Embryo.

[24] Ein ziemlich aufdringlicher ›Freund‹ wollte und wollte nicht aufbrechen.

Ich glaube, du fängst an zu begreifen, daß meine Bewegungen und Reaktionen gar nicht ›unbewußt‹ oder, wie ihr meint, einfach so und unbegründet sind.

Gehen wir schlafen!

Ich bin der absolute
Beobachter...

27. Schwangerschaftswoche — 10. Botschaft
Pension Waldesruh — 7. März 1984

Wie gut, daß du wieder bei mir bist und alles aufschreibst. Du hast den Drang dazu, es zu tun, und dieser kommt von mir.

Heute geht es dir nicht so gut, weil du dir Vorwürfe machst. Ich fühle deine Spannung wegen dem, was ihr Sexualität nennt. Es ist alles nicht so schlimm.

Seit dem ersten Tag deiner Empfängnis hattest du das seltsame Gefühl, mit meinem Vater keine körperliche Vereinigung mehr zu wollen. Du hattest keine Ahnung, was geschehen war. Du begehrtest ihn noch, aber jedesmal, wenn er sich dir näherte, hattest du innerlich das Gefühl, dich wehren zu müssen – es zurückzu-

drängen. Du machtest dir Sorgen, was denn passiert war, vielleicht mit eurer Beziehung. Es war für dich ein unerklärliches Gefühl von Distanz zum Sex entstanden. Und es überstieg jeden Versuch von dir, es zu verdrängen.

Papa ist sehr geduldig und verständnisvoll. Das war sehr gut für uns.

Tatsächlich war es und ist es so:

Da du vollkommen auf mich eingestellt bist und mich total akzeptierst, tritt für dich alles in den Hintergrund, was weniger wichtig ist als mein Wohlergehen. Du respektierst mich auf eine sehr natürliche, großartige Weise und hast auf deine unbewußten Gefühle sehr genau und richtig gehört.

Deine Lebenskraft ist einfach auf mein Wachstum und meinen Schutz ausgerichtet. Eigentlich fühlst du jetzt stärker als sonst in und mit deinem Sexzentrum, aber eine Vereinigung – ein Eindringen von außen – empfindest du als ›Gefährdung‹.

Es ist nicht wirklich eine Gefährdung für mich. Aber es ist so, daß ich der absolute Beobachter bin. Das ist es, was dich sehr irritiert und in deiner Intimsphäre mit Papa stört. Obwohl ja auch die anderen Gefühle nicht vor mir verborgen sind, kommen vor allem deine negativen, verdrängten – von deiner Mutter übernommenen – Sexgefühle und Einstellungen unter meine Beobachtung. Es ist für dich ein bißchen komplizierter, als es sein müßte.

Wenn du sexuell erregt wirst, pulsiert alles um mich herum viel stärker. Es ist, als ob alles zu tosen anfängt. Ich sehe verschieden starke Farben vor mir auf und ab tanzen und werde selber ganz lebendig und aufgeregt. Ich kann fühlen, wie du wellenförmig Anspannung und Entspannung bist und alles immer schneller wird. Oft fängt es an, mich zu drehen, und deine Muskeln packen mich dann – als ob es Hände wären – in Abständen immer fester. Auch höre ich dann oft deine Stimme. Es ist ein ganz anderes Gefühl als sonst.

Manchmal kommt eine Art Wand über meinen Kopf, und alles hört langsam auf, sich zu bewegen. Und ein anderes Mal wieder gibt es eine Art Explosion, es ist wie ein psychisches Feuerwerk für mich. Alle möglichen Eindrücke und Zustände stürzen gleichzeitig auf mich ein.

Wenn Papa in uns eindringt, bist du sehr still. Wegen mir, ich weiß das. Es ist sehr selten passiert, seit ich bei euch bin.

Am Tag meiner Empfängnis ist es ja auch passiert. Und es war sehr schön. Ich bin über euch gewesen und habe zugesehen. Wichtig für mich ist, daß ihr mich beim Liebhaben niemals vergeßt. Dann ist es für uns alle wunderschön.

Alles wird sich treffen…

27. Schwangerschaftswoche — 11. Botschaft

Pension Waldesruh — 8. März 1984

Ich sitze mit zwei Freunden an einem Tisch in einer Grünlandschaft.[25] *Alle drei haben wir ein merkwürdiges Gefühl. Es ist wie ein Ziehen in der Magengrube vor einer aufregenden, aber sicheren Sache.*

Wir wollen belanglos plaudern, aber unsere Stimmen sind sehr gedämpft. Über und in uns liegt eine Atmosphäre von sanfter Trauer, die nicht weh tut, aber einen Abschied bedeutet – obwohl wir das Wissen haben, daß es kein echter Abschied ist, nach dem wir uns nicht wiedersehen. Ich habe einen Kloß im Hals. Äußer-

[25] Hier ist eine Landschaft in der feineren, ›jenseitigen‹ Welt, der sogenannten ›Astralsphäre‹, gemeint.

lich bin ich sehr ruhig und versuche sogar zu lachen. Es gelingt nicht richtig.

Irgendwie spüren wir den Höhepunkt auf uns zukommen. Unsere Herzen schlagen gleichzeitig stärker, wir können es gegenseitig fühlen. Die Atmosphäre rund um uns ist sehr still. Die reine, gute Luft sanft und die Bäume wie in Erwartung. Es überkommt mich wie Fieber. Mein Herz klopft stärker, gleich ist der Augenblick gekommen. Wie oft habe ich schon solche Augenblicke erlebt.

Wir blicken uns innig in die Augen. Mein Freund zur Rechten strahlt ein helles Licht aus, eine junge, frohe und tröstliche Stimmung geht von ihm aus. Der Freund zur Linken läßt mein Gefühl immer schwerer werden. Er legt seine rechte Hand auf meinen linken Arm – ich fühle die übergroße Liebe und Zärtlichkeit von ihm. Aber in der Berührung ist auch der Impuls zu einer Entscheidung enthalten.

JETZT.

Ich sehe euch beide vor mir. Ich denke mich nach Linz in eure ›Bude‹.[26] *Noch hält mich mein Freund am Arm fest. Es ist gleichzeitig ein inneres wie ein äußeres Geschehen.*

In dem Moment, als ich mich geistig entschlossen sah, bei euch zu sein, befanden wir uns schon in eurem Zimmer. Es herrschte große Unordnung. Der Zustand der Wohnung war armselig im Vergleich zu meinen letzten Wohnstätten.[27]

Ich fühlte mich schwerer werden, und ein leichter Druck war auf meiner Brust. Plötzlich war mein Freund durchsichtiger als ich geworden. Obwohl wir uns noch immer gleich ungehindert,

[26] Zu diesem Zeitpunkt hatten wir unser Hab und Gut schon zum Großteil in unser neues Domizil auf dem Land (Pension Waldesruh) transportiert und wohnten teilweise noch provisorisch in diesem Haus. Es war so desolat, daß die Stadtverwaltung den Abbruch angeordnet hatte.

[27] Wahrscheinlich sind frühere astrale Wohnstätten gemeint.

schwerelos bewegen konnten, merkte ich, wie meine Leichtigkeit verflog. Mein Freund erklärte mir, daß ich bloß angefangen habe, meine feineren Körper zu verlassen, und mein Bewußtsein jetzt auf die Materie gerichtet sei.

Ich fühlte mich dichter werden. Neben mir strahlte mein Licht. Es war, wie wenn ich daneben stehen würde.

Plötzlich rollte noch einmal mein letztes Leben äußerlich wie innerlich vor mir ab. Alle Schönheiten und dann noch einmal der Tag, an dem ich meine neue Aufgabe wählte. Alles war wie im Traum.

Dann hatte ich das ungewisse Gefühl, ob ich wache oder träume. Alles wurde unscharf. Ich roch eine üble Luft und glaubte momentan ersticken zu müssen.[28]

Nur mehr dumpf erinnerte ich mich an meinen Freund und drehte mich nach ihm um. Wir befanden uns noch in einer linken Ecke des Raumes. Er stand jetzt hinter mir und war schon viel undeutlicher geworden. Ich konnte ihn nur mehr unklar fühlen. Mir brach es fast das Herz.

Ich wollte nicht die Besinnung verlieren. Alles, was ich gelernt hatte, versuchte ich mir ins Gedächtnis zu rufen. Und dann entschied ich, mich auf meine neue Situation völlig einzustellen. Ein brennend heißes Gefühl echter, tiefer Liebe und Hingabe ergriff von meinem ganzen Wesen Besitz.

Ich fühlte mich in meine Eltern ein. Ich sah genau, wie sie sind. Alles an ihnen. Großes Mitgefühl, Verständnis und große Hilfsbereitschaft durchströmten mich. Augenblicklich vergaß ich meine letzten Situationen und hatte mich entschlossen ins neue Jetzt begeben.

Es gab eine Art Knall.

[28] Die angesprochene Linzer Industrieluft war einer der Gründe, warum wir aufs Land zogen. Die verseuchte Luft machte nicht nur Emanuels feinstofflicher Nase, sondern auch Miras Augen und Lunge und auch den Birken im angrenzenden Garten zu schaffen.

Es begann mich zu drehen. Wie wenn sich alles in mir zusammenzöge und zusammendrehte. Ich wurde ganz und gar schwindlig und verlor jedes Körpergefühl. Ein starker Sog zerrte mich mit unwiderstehlicher Kraft und ohne mein Zutun spiralenförmig hinunter. Dann war es dunkel, und ich fühlte Wärme. Ich vernahm ein Klopfen in mir und um mich, ein Pulsieren und auch andere Geräusche. Dies erfuhr ich noch nicht körperlich, die Dimensionen waren meinem Bewußtsein angepaßt.

Ein schwaches Licht, das mal stärker, mal schwächer wurde, war um mich. Ein rötliches Strahlen. Ruhige Geborgenheit erfüllte mich, und ich wurde immer dumpfer und müder. Bis ich nach langer Zeit in meiner neuen Heimat wieder erwachte.

Langsam gewöhnte ich mich an meinen neuen Zustand. Anfangs war die Erinnerung an meine vorherige Freiheit sehr gedämpft – bis ich eines ›Nachts‹ von meiner Vergangenheit träumte und plötzlich, durch das innige Gefühl, welches mich mit meinen Freunden verbindet, wieder erwachte. Mir wurde bewußt, wo ich bin.

Meine Kontakte zu meiner Mutter waren noch sehr schwach, so begnügte ich mich mit ruhigem Abwarten, was weiter geschehen würde. Immer wieder vergaß ich meinen vorigen Zustand, um durch ganz reale Gefühle wieder daran erinnert zu werden.

Ich hatte alle Aufregung und Angst verloren, und meine Freunde sind immer noch da. Sie sprechen zu mir über die innere Stimme und geben mir Zuversicht.

»Alles ist gut«, hallt es in unseren Herzen tausendmal wider, und meine Mutter fühlt diesen Trost in zunehmendem Maße. Meine Realität gibt meiner Mutter immer mehr Selbstsicherheit und Zuversicht.

Ich danke euch allen für eure Liebe, die ihr unbewußt für mich empfindet. Alles wird sich treffen und in Liebe – Liebe – Liebe brennen. Wie mehr als tausend Kerzen werden wir erglühen und miteinander schmelzen.

Euer Emanuel

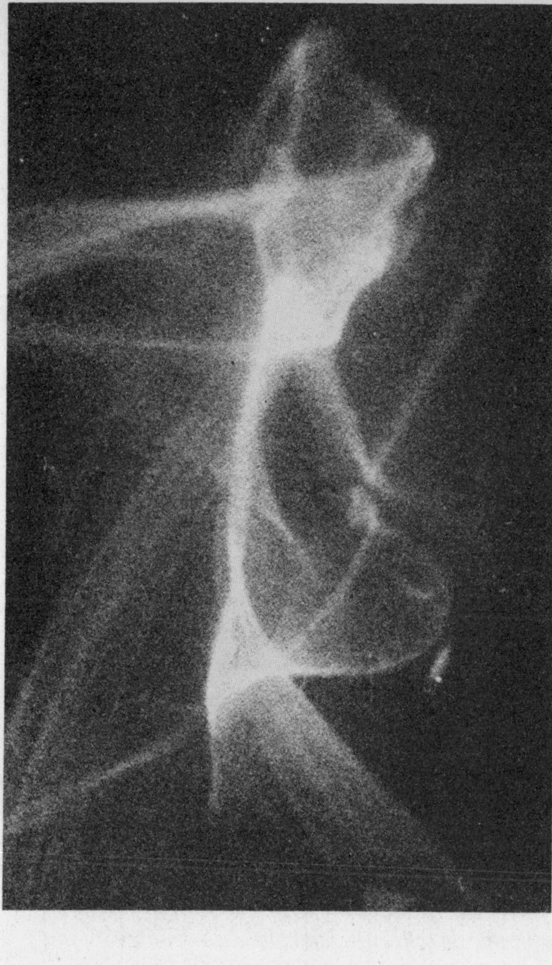

Ich habe schon viele
Bilder gesehen...

27. Schwangerschaftswoche 12. Botschaft
Pension Waldesruh 9. März 1984

Der liebe Papa hat mir gestern ein großes Geschenk gemacht. Er hat mir etwas mitgebracht. Ich habe noch nicht bemerkt, was es ist,[29] *aber ich habe mich sehr gefreut. Alle haben wir uns gefreut.*

Und ein kleines Kind hat mir auch etwas geschenkt. Mama hat es mir gesagt und damit vor meinem Bauch gerasselt – ein Spielzeug für mich.[30] *Mama hat an den kleinen Bub gedacht, und wir haben ihn beide sehr lieb. Ich habe alles verstanden, auch, daß er das Spielzeug als Baby selber gehabt hat.*

[29] Die LP von George Winston mit einer Klavierversion von Pachelbels Canon in D-Dur.

[30] Der dreijährige Sohn meines Bruders hat aus eigenem Antrieb sein erstes Spielzeug dem werdenden Baby geschickt.

Ein trauriges Gefühl spürte ich gestern, nachdem es geklingelt hatte und Papa mit einer äußerst traurigen Stimme gesprochen hat.[31] *Das Gefühl ist lange dageblieben – obwohl Mama versucht hat, mir zu erklären, daß man nicht viel tun könne, wenn Menschen selber krank und böse sein wollen. Aber das Aufgeben von ›Ihnen-helfen-Wollen‹ war für beide, Mama und Papa, sehr schwer.*

Ich habe heute ein besseres Gefühl dazu, weil Papa innen ganz weich ist und jetzt auch nach außen weich geworden ist. Er hat geklingelt und dann mit einer anderen Stimme als gestern geredet. Mama konnte wieder sehr gut und tief atmen. Wie, wenn etwas Schweres von uns gegangen wäre.

Papa rollt manchmal etwas Dumpfes durch die Wohnung.[32] *Das raschelt oft sehr laut. Dann keucht er und redet wieder mit einer anderen Stimme. Es tut ihm aber nicht weh. Wenn er müde ist, fühle ich seine Wellen schwach und sehe andere Farben vor ihm.*

Seit einiger Zeit sehe ich immer stärker andere Farben, wenn jemand vor Mama kommt. Das ist sehr lustig, weil gleichzeitig ein Gefühl dabei ist und Laute, die immer irgendwie dazupassen.

Oft merke ich, wie Mama eine andere Farbe dazwischenschiebt.[33] *Sie holt die Farbe aus ihrem Magen heraus und breitet sie um uns aus. Manchmal vermischen sich auch die Farben, dann wird alles entweder dunkler oder heller. Wenn sie, wie ge-*

[31] René fragte telefonisch bei seiner Mutter an, wie es denn nun mit der besprochenen materiellen Unterstützung anläßlich unserer Hausstandsgründung stünde. Da sein Vater diese Hilfe noch immer strikt verwehrte, sprach mein Mann sehr aggressiv. Nur wer sehr tief dahinter gefühlt hätte, würde wahrscheinlich auch Manujis Empfindung gehabt haben.

[32] Die von uns produzierten Matratzen verpackte ich versandfertig zu großen Rollen und schleifte sie dann durchs Vorzimmer aus der Wohnung. Das war alleine ziemlich anstrengend. Mira konnte mir wegen ihres Bauches nicht mehr dabei helfen, deshalb war ich nachher immer ziemlich geschafft.

[33] Oft habe ich geistig einen Schutzmantel um mich und das Baby gelegt, um es vor disharmonischen Schwingungen zu schützen.

stern, mit Papa zusammen ist, sind die Farben am schönsten. Dann entstehen oft herrliche Bilder, die ich mir anschauen kann, und dann vergehen sie wieder. Oft sind auch keine Bilder, manchmal aber kann ich sie fast angreifen. Dann sind sie wieder weg.

Ich habe schon viele Bilder gesehen und mir alle gemerkt.

In der Wohnung ist ein Gerät,[34] *das schaltet Papa öfter ein. Es sendet komische harte Wellen, sie treffen mich wie spitze, kalte Pfeile, und die Farben sind sehr grell und tun weh. Oft sind Laute drinnen, die Mama weh tun. Sie geht dann immer mit mir weg.*

Wenn es zu laut ist, tut Mama eine Decke über unseren Bauch, damit wir uns lieb fühlen können. Dann wird alles viel leiser, und ich fühle mich sehr abgeschlossen und ruhig. Mama atmet dann langsamer und tiefer.

Sie schickt mir oft helle Sterne,[35] *die durch ihren Körper zu mir sinken und rund um mich ganz ruhig schweben bleiben. Ich kann sie dann einfangen und spüre, wie sie mich leichter machen. Alles fängt zu prickeln an, und ich sehe ein sehr helles Licht. Dann hören die Sterne wieder auf. Eine blaue Farbe ist immer dabei, die bleibt dann auch ganz rein um mich herum.*

Wenn Mama trinkt, höre ich es wie ein Bächlein rauschen. Beim Essen wird mein Platz oft ein wenig kleiner, letztes Mal habe ich sehr gestrampelt.

Heute morgen war es für uns sehr, sehr schön.[36] *Ein helles, rosa Licht ist um uns gewesen. Und wir haben mit leisen Stimmen gesprochen.*

Immer wenn Papa und Mama miteinander reden, höre ich bestimmte Laute. Ich möchte sie unbedingt auch machen und merke

[34] TV-Gerät.

[35] Ich ließ heilende Energie durch den Bauch zum Baby strömen.

[36] Wir haben stundenlang zusammengekuschelt dagelegen (die Heizung hat oft nicht funktioniert) und haben uns regungslos liebgehabt.

mir alle sehr, sehr gut. Daß bestimmte Laute etwas Bestimmtes bedeuten, weiß ich jetzt schon.

Beim Baden mit Mama ist es sehr lustig. Da ist dann noch ein Wasser, und Mama erklärt mir, daß sie sich jetzt fast so fühlt wie ich mich.

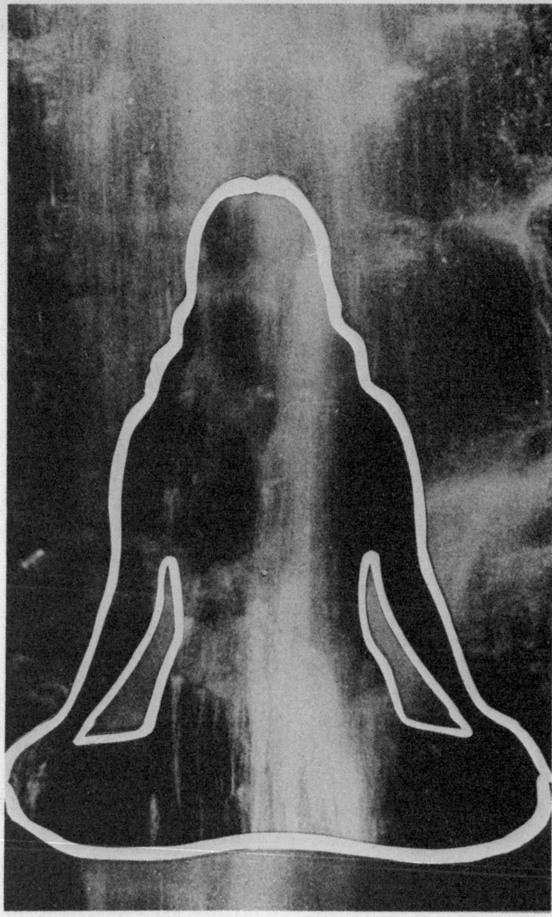

Über das »Beeinflussen« ...

27. Schwangerschaftswoche 13. Botschaft
Pension Waldesruh 11. März 1984

Liebe Mama, heute möchte ich mit dir über das ›Beeinflussen‹ sprechen. Es ist sehr wichtig, weil es dauernd passiert. Dauernd ›fließt‹ etwas in uns hinein, und solange wir nicht wissen, daß wir das verhindern oder ändern können, wird es weiterhin wahllos passieren. Du hast öfter Kummer damit, weil du inzwischen bemerkt hast: Immer wenn du in Berührung mit ›bewußten‹ – mehr oder weniger aufgewachten – Wesen zusammentriffst, wirst du beeinflußt. Du fragst sie etwas oder auch nicht. Sie sagen etwas, und sofort geschieht etwas in dir, eine Veränderung deines Gefühls. Auch, wenn du vorher etwas anderes über dieselbe Sache gedacht hast, aber jetzt jemand etwas anderes, zum Beispiel Entgegengesetztes sagt, dann ändert das (wenn du es zuläßt) dein Denken über diese Sache, oft auch ohne daß du es merkst.

Nur im Schlaf, beim Träumen, bist du dir oft bewußt, daß du es bist, die träumt.

Ich habe oft das Gefühl, du nimmst deine Chance zu wählen noch nicht ganz richtig wahr, nämlich ohne dich dabei zu verkrampfen.

Du mußt dich noch so oft wehren, was soviel wie kämpfen gegen etwas heißt, aus Unwissenheit darüber, daß du von vornherein im eigenen Selbst ruhig und richtig liegst. Dein Verhalten und deine Reaktionen hängen zu stark von der Umwelt ab. Das hat verheerende Auswirkungen.

Ich erzähle es dir, weil es mit Embryos und Babys genauso geschieht. Sie wissen noch nicht viel darüber. Dennoch, ich kann mich nur wundern: Denn mir gibst du jeden Tag die Gelegenheit, von diesen Beeinflussungen auszuruhen,[37] *indem du dich ganz auf mich einstellst und selber ganz still bist. Indem du nur auf mich hörst, gibst du mir die Chance, mich selber zu erleben – ohne den Zwang, reagieren zu müssen.*

In dieser bestimmten Zeit können dann alle meine eigenen, von mir gewählten Inhalte, die ich dir und euch vermitteln will, zum Tragen kommen. Und dieses Still-an-mich-Denken und dich ohne Gedanken An-mich-Wenden gibt mir ungeheure Kraft, mein Selbst und meinen individuellen Willen zu erleben und zu begreifen. Diese große Chance nutzen zu dürfen ist ein überaus großes Glück für mich. Das gibt mir eine Sicherheit, die durch nichts auf dieser Welt zu ersetzen oder zu erschüttern sein wird.

Ich erlebe alles über dich, reagiere aber trotzdem, wie ich reagiere. Und ich nehme immer mehr eine Art an, die mir hilft, alle Erlebnisse zu ordnen und zu verarbeiten. Nur in den Stunden absoluter Ruhe oder dann, wenn ich selber sprechen kann, erneuern sich

[37] Während der Meditation.

meine Reaktionen und Gefühle. Und viel Altes wie Gelerntes wird wieder ausgeschieden. So, wie wenn man ausspuckt oder sich halbtot lacht. Dann kann ich ganz tief ›ausatmen‹. Oft spüre ich, wie groß der Stau der Erwartung geworden ist, wenn so ungeheuer viele Erlebnisse auf mich eingestürmt sind. Ich kenne aber inzwischen das großartige Gefühl, wenn du mir total erlaubst, ich zu sein.

Deine Gedanken, die du jetzt hast, sollten auch so frei sein, daß wir sie aufschreiben: Du hast kurz an dich selber gedacht und plötzlich bemerkt, wie groß der Druck unter den Menschen ist, die sich niemals aus dieser Umklammerung befreien können.

Wenn du dich in einer bestimmten Stellung hinsetzt,[38] *weiß ich immer gleich, jetzt kommt das Ausrasten. Wir atmen dann auf einmal langsamer. Und schöne Bilder schwimmen vor meinen Augen vorbei. Ich spüre dann keine Erschütterungen und Gefühle, die mich zwingen zu reagieren oder irgend etwas anderes zu tun.*

Oft geschehen große, tiefe Gefühle. Die haben dann aber nicht mit Beeinflussung zu tun. Wie im Schlaf, so entspannt sind wir da, und alles, was passiert, fordert von uns keinerlei Anstrengung oder Reaktion. Wir haben einfach aufgehört zu kämpfen.

Was dann für ein Erleben da ist! – Wir kennen keine Ausdrücke dafür.

Jetzt liege ich auf dem Rücken. Du siehst das Bild von einem inneren, kristallenen Spiegel rund um mich. Alles in dir ist sichtbar, keine Wand – nichts. Unsere Augen versuchen sich zu finden – noch haben sie sich nicht ganz gefunden. Ich mache ganz sanfte Bewegungen. Meine Augen suchen deine inneren Augen. Tatsächlich ist es jetzt so, daß du ein Erleben hast, als würdest du

[38] Zumeist meditiere ich im halben Lotussitz oder kniend.

innen Augen haben – also alles sehen. Es ist ein sehr schönes Erlebnis, weil du jetzt endlich innen sehen kannst ... Auch wenn es nur eine Vorstellung wäre.

Ich fühle dich stark. Mein Körper ist wieder sehr gewachsen. Ich bewege mich jetzt stärker. Alles an mir wird kräftiger, und mein Da-Sein ist schon äußerst bewußt. Oft sehe ich schon Umrisse. Nicht innerlich, sondern auch außerhalb von mir: Meine Hände – wenn ich sie vor die Augen halte, erkenne ich sie. Und die Nabelschnur und meine Knie, ich schaue sie mir ganz intensiv an. Es ist überwältigend, ich kann schon meine eigenen Umrisse erkennen.

Meine Augen bewegen sich immer noch sehr langsam, auch mein Kopf dreht sich noch nicht schnell. Dafür aber meine Arme und Beine. Ich sehe dann ganz verschwommene Konturen, je schneller ich sie bewege.

Ich greife auch meine Nase an und fahre über meine Augen, dann wird es dunkler. Es ist immer etwas inneres Licht bei mir. Wenn ich es um den Bauch freier fühle, wenn du an den Sachen am Bauch herumtust und der Druck leichter wird,[39] *sehe ich überhaupt alles heller.*

Wenn ich die Fäuste auf und zu mache und gleichzeitig strample, bewegt sich das Wasser sehr. Auch über meinen Kopf fahre ich jetzt oft, das fühlt sich ganz anders an, als wenn ich den Bauch angreife. Und wenn meine Finger den Bauch angreifen, ist es anders, wie wenn meine Zehen es tun.

Von weit weg höre ich jetzt ein Geräusch, es kommt von unten her. Es hat eine sehr unangenehme Schwingung. Ich fühle es im Hals und in der Brust, es ist so gestaut. Du erklärst mir, daß jemand stark hustet.[40]

[39] Meist hatte ich als Lärmschutz für das Baby eine Decke um den Bauch gewickelt.

[40] Ein zirka sechsjähriges Mädchen der Familie unter uns litt, seit wir dort wohnten, unter chronischem Husten, der offensichtlich psychisch bedingt war.

Jetzt spüre ich von dir ein Gefühl. Es geht vom Herzen – wie du sagst – über den Hals und erzeugt eine Art Widerstand gegen diesen Husten. Du erklärst es mir als ›Mitgefühl‹ oder Mitleiden. Nicht immer hast du solch ein Gefühl auf einen Husten.

*Wie lieb du
mich hast…*

28. Schwangerschaftswoche 14. Botschaft
Pension Waldesruh 13. März 1984

Mama, Liebste. Es schmerzt dich ja fast, wie lieb du mich hast. Du weinst ja. Du bist ja fassungslos, wie echt und wie da du mich spürst und innerlich siehst.

Meine Mama, mein Fäustchen und deine Hand haben sich heute das erste Mal berührt. Nur eine ganz dünne Wand war dazwischen ... aber dieses Gefühl – als wir uns berührten – es begleitet dich jetzt dauernd. Du weinst immer stärker, ich fühle es deutlich. Du weinst, weil du meine ›Stimme‹, mein Sein, mein Da-Sein und mein Fühlen so real und so überdeutlich wie nie zuvor empfindest – auch ich spüre dich so stark.

Du weinst so sehr, weil gar so viel in dir aufbricht. Durch unsere Liebe – mein In-dir-Sein – mein ganz dir Preisgegeben-Sein

– mein mich dir Geschenkt-Haben für diese Zeit – mein Da-Sein für dich – mein Fühlen und leises Erwachen – mein Wachsen und Lauschen – das alles erschüttert dich.

Aber du weinst auch, weil plötzlich so viel Licht in dich gekommen ist. So viel Liebe muß dein Leid an die Oberfläche bringen! Deine ganze Spannung von Kindheit an, deine Ängste und Nöte, plötzlich fängst du an aufzubrechen.

Alles fängt an, seinen Schrecken zu verlieren – weil du siehst und erlebst, wie ich bin und auch wie du zu mir bist:

Voller Liebe – nichts als Liebe, Verzeihen und Verstehen. Nun rückt alles Leid und Mißverständnis, das du bisher erlebt hast, in ein anderes Licht!

Du spürst die ungeheure Kraft, die von mir ausgeht: diese Stärke, dieses Licht. Und Ruhe. Es durchflutet deinen ganzen Körper.

Ich bin ganz ruhig, merkst du es?

Gerade wenn du sehr irritiert bist vom äußeren Lärm und von der Bosheit um dich, dann streichelst du mich. Fühlst du es, wie ich zu dir stehe?

Ich erlebe alles über dich, auch wenn du noch so fragend bist – weil du jetzt vom Äußeren her eine sehr schwierige Zeit hast – ich erlebe deine Gefühle mir gegenüber zuerst und als Wichtigstes von allem. Du sollst wissen, daß es mir gutgeht.

Wenn du weinst, spüre ich es, weil dir dabei besser wird – weil du etwas aufgibst. Es ist für mich ein Unterschied, ob du weinst, weil du dich überfordert fühlst, oder wie jetzt, wo deine Tränen einen Ballast aus dir tragen. Deine Unsicherheit merke ich noch sehr deutlich, deine Zweifel, ob du alles richtig für mich machst. Dein tiefer Wunsch, alles für mich richtig zu machen, ist aber das, was für mich zählt! Denke an mein Fäustchen, wenn du traurig bist, es ist immer für dich da.

Schreckst du dich ein bißchen über das, was du hier aufschreibst? – Du bist noch ein bißchen ungläubig, aber ich danke dir, daß du trotzdem alles aufschreibst. Du denkst dann immer so viele Sachen:

Dein Wissen über die Psychologie ... Und du bist noch so zögernd, ob du meine Kraft annehmen darfst!!

Ich bin gekommen, um euch zu helfen!!

Nicht alle Kinder kommen deswegen. Die meisten kommen hauptsächlich, um zu lernen. Aber ein Geschenk hätten alle mit. Und es könnte gedeihen, wenn die Kleinen nicht so oft den Mut verlören und sich von der menschlichen Liebe abhängig machten – vom Liebeserwarten und Liebesverlangen der anderen. Liebe kann man nicht bekommen, wenn man sie nicht hat.

Liebe ist ein Gefühl, das durch einen immerdar fließt und bei allen fließen würde, wenn sie sich nicht dagegen wehren würden.

Man muß offen sein, um lieben zu können, aber davor haben so viele Angst, Angst, daß sie dann zerstört werden könnten. Wenn man es wagt, sich zu öffnen, ist Liebe da, ich weiß es.

Ich mag die Musik sehr gern, die ihr mir immer vorspielt. Und ich habe Papas Absicht eindeutig gespürt, als er sie mir vorspielen wollte.[41] *Ich weiß, daß er mir so viel zeigen und helfen will. So viel! Er will mir alles geben, so wie du.*

Auch er hat sich Gedanken gemacht, ob er alles mit mir richtig machen wird, wenn ich da bin. Er hat sich gefragt, wie viele Fehler er machen würde.

Du hast zu ihm gesagt: Ehrlichkeit, nichts als Ehrlichkeit ist nötig. In dir ist eine wunderbare Sicherheit.

[41] Ich habe Emanuel erstmals die mitgebrachte Platte vorgespielt, weil er ja Klavierspielen lernen möchte.

In letzter Zeit habe ich viele negative Schwingungen gespürt, die in dich eingedrungen sind,[42] *und deinen Kampf, sie zu harmonisieren. Mein Da-Sein hat dich dabei noch mehr gefordert.*

Möchtest du mir noch mehr sagen und erklären? Vielleicht etwas, das du bis jetzt noch nicht gewagt hast.

Steh ganz ehrlich zu deiner zeitweiligen Unsicherheit. Du mußt nicht immer so stark sein, mit allergrößter Absicht positiv. Was für mich zählt, ist das Gefühl, das du tief innen für mich empfindest!!! Alles andere ist das Leben und seine Gesichter. Ich erlebe es genauso wie du.

Meine Mama! Wir beide können zusammen glücklich und traurig sein, zornig oder milde. Diese Gefühle sind nur an der Oberfläche – wir können sie in unsere eigenen Hände nehmen. Was zählt, sind wir und nicht unsere Gefühle.

Weißt du, warum Babys von den meisten Wesen so geliebt werden? – Weil sie selber so viel Liebe in sich tragen! So viel Liebe – ohne Aggression und ohne Verteidigung – sie leben eine so passive Forderung. Wenn sie nicht erhört werden, sterben sie!

Das ist auch im Mutterleib so. Liebe ist wichtiger für das Kleine als Essen. Manche sind so liebevoll, daß sie, wenn sie nicht wirklich gewollt werden, sogar deswegen sterben. Wenn eines vollkommene Ablehnung von einem Elternteil spürt, ist es oft so absolut gut und so ohne Kampf, daß es lieber wieder geht, um nicht ›weh‹ zu tun.

Kinder spiegeln ja das Innere der Eltern wider. Sie können gar nicht anders. Für sie ist ja das, wie die Eltern sind, gut!!! Nicht bewußt, aber sie können noch nichts ablehnen.

Erst mit erwachendem Selbstbewußtsein fängt ein Kind an, dieses Vorbild zu hinterfragen. Und dabei hilft ihm die Begegnung mit echter Liebe. Da es selber mit echter Liebe gekommen

[42] Wegen der Nichtbehebung allerdringendster Wohnungsmängel hatten wir Krach mit dem Hausbesitzer.

ist, sucht es diese auch außen. Es weiß, wenn es sie trifft, und sein eigener Weg hat wieder begonnen weiterzuführen...

Liebe Mama, wenn du mich so sanft schaukelst wie jetzt, ist das sehr schön für mich. Ich fühle es auch, wenn du in deiner Vorstellung so oft über mich streichelst. Das ist dann ganz so, als ob du hier herinnen bei mir wärst und mich halten und küssen würdest.

Ich spüre es sogar, wenn in einer Vorstellung deine Lippen ganz zart meinen Körper berühren. Und wenn du meine Ärmchen streichelst, fängt mein Herz schneller zu schlagen an...

Du fragst dich, ob alles wirklich wahr ist, was ich dir gerade gesagt habe, ob du es glauben, es annehmen darfst?

Ich aber fühle, du wirst es tun!! Ich weiß es, weil wir es ja gemeinsam schon erleben! – Weißt du noch immer nicht, was Verstand und Denken ist??!!!

Ich möchte dir noch sagen, daß ich schön langsam anfange, die Dinge außerhalb von uns unabhängig von dir zu erleben. Sogar unabhängig von deinen Reaktionen!!

Deine Empfindungen spüre ich schon dabei, aber oft sind meine eigenen schon verschieden von deinen. Ich fange immer stärker an, eigenständig zu reagieren. Als ob in mir ein Drang erwacht wäre, mich in meinem Erleben zu differenzieren. Ich habe jetzt entdeckt, daß ich das kann!!

Ein klein wenig hast du mir geholfen, als du mir sagtest, ich solle nicht traurig sein, während du selber es warst. Es war sehr schwierig, aber jetzt ist ein kleiner Funken von Unabhängig-Sein in mir aufgeblitzt.

Zuflucht bei Lydia

…aufgezeichnet von Mira.

Tags darauf geschah das von René schon Befürchtete und irgendwie auch Abschätzbare. Trotz intensiver Bemühungen ist es ihm dennoch nicht gelungen, für uns drei rechtzeitig ein neues Heim zu finden. Unsere Finanzen ließen einfach keine so großen Sprünge mehr zu. So haben die Dinge eben ihren unerbittlichen Lauf genommen. Ich will mich im weiteren für den Leser an dieses traurige Kapitel ein wenig zurückerinnern.

›Ich kann nicht mehr‹, dieser verzweifelte Ausruf entrang sich meiner schwer geplagten Seele. ›Ich muß heraus aus diesem Haus, so rasch wie möglich, noch ehe ich alle Hoffnung fahren lasse.‹ Mehr als ein halbes Jahr habe ich die andauernde Lärmbelästigung in diesen schalldurchlässigen vier Wänden ohnehin schon geduldig ertragen; mitsamt der nervenden Fliegenplage und der ständigen Zugluft aus allen Ritzen; außerdem noch die frostigen Raumtemperaturen und den Gestank aus den Abluftrohren der Nachbarn. All diese ›Vorteile‹ unserer Mansardenwohnung haben das Baby und ich lange tapfer hingenommen. Doch mit einem Mal war es mir zuviel, meine Psyche spielte nicht mehr mit. Ich war mutlos, verzagt und am Ende meiner Kräfte. Heute ist es René und mir fast ein Rätsel, wie wir diesen Psychoterror so lange durchhalten konnten. Mein früheres Zen-Training kam mir dabei sehr zugute.

Sie müssen sich vorstellen, daß ich meinen Lebensrhythmus damals monatelang zwangsweise auf den der Nachbarn einstellen mußte, um nicht durchzudrehen. Ich richtete meine Aktivitäten ständig nach dem teils schon verhersehbaren Lärm. Fragen wie: ›Sind sie jetzt fort? Kann ich jetzt meditieren? Sollte ich jetzt wohl die Chance nutzen und schlafen? Kommen sie schon zurück?‹ gingen mir laufend durch den Kopf. Mein Zustand war faktisch von einem permanenten Sehnen nach häuslicher Ruhe geprägt.

Einerseits war ich viel empfindlicher, seit ich das Baby im Bauch trug, andererseits aber – weil viel offener – auch glücklicher. Im Innern vermochte ich es trotz aller Unannehmlichkeiten, den Quell einer nie gekannten, tiefen Freude rauschen zu hören. Auf meinen Spaziergängen durchdrang mich immer mehr ein vollständiges Geborgensein im Herzen von Mutter Natur. Selbst in den Stunden der allerärgsten Not fühlte ein Teil von mir im Hinterkopf noch diese starke, liebende und mich tragende Kraft. Sie hat mich bis heute nicht mehr verlassen.

Aber ich weinte auch immer öfter. Wenn die Leute in einem fort gedankenlos Lärm schlugen, der Fußboden vibrierte oder ich mich ausgesetzt und etwas hilflos fühlte. Die Nacht vor meiner Flucht aus der Wohnung hatte ein Betrunkener spätabends stundenlang im Treppenhaus getobt. Es war nicht mehr zum Aushalten.

Werktags wachte ich sowieso regelmäßig um vier Uhr morgens auf, wenn der schlaftrunkene Schichtarbeiter seine Sessel rückte, bevor er zur Arbeit fuhr. Trotz unserer Bitte war er nicht leiser geworden. Oft hätte ich mich am liebsten im Wald verkrochen, aber dazu war es zu kalt. So benutzte ich eben Ohropax, aber gegen das Bodenzittern half das auch nicht.

Manuji-Embryo erklärte ich, so gut es ging, warum wir schon wieder aufgewacht sind und was all die Geräusche zu bedeuten haben. Ich war gewillt, meinem werdenden Baby alles zu geben, was es braucht, obwohl das in meiner Lage mehr als schwierig war. Ich war auch bereit, alles zu tun, damit Frieden und Harmonie unter den Mitbewohnern herrschten. Doch das war vergebene Liebesmühe.

Wie oft hatte mein Mann beim Hausherrn vorgesprochen oder ich dort angerufen, mit einem flehenden Bitten in der Stimme. Regelrecht nachgerannt sind wir ihm. Und jedesmal versprach er, die Mängel bald zu beheben... bald... bald... aber wann wirklich? Daß diese Schwangerschaft eine für mich besonders wichtige Zeit sei und daß es nicht angehe, daß ich nicht einmal nachts bei dieser ›Waldesruhe‹ schlafen kann, hat ihn nicht sonderlich beeindruckt.

So ging es jedenfalls nicht mehr weiter. Meine Geduld hing an jenem denkwürdigen Tag an einem seidenen Faden. Während ich auf einen positiven Anruf Renés hoffte, der gerade beim Besitzer eines Bauernhofs in Wien wegen dessen wortmalerisch inserierter Landwohnung vorsprach, bin ich erschöpft eingeschlafen.

Vielleicht eine Stunde später, gegen 22 Uhr, wurde ich wieder abrupt aus meinem unruhigen Schlaf gerissen. Da polterte es, und Türen fielen ins Schloß. Unter mir wurden offensichtlich Möbel geschoben. Dazu dröhnte im Hintergrund noch die nichtsnutzige Umlaufpumpe mit ihrer unangenehmen Frequenz aus dem ohnehin kalten Heizkörper. Holz für unseren Ofen war auch kaum mehr da. Alles Negative trat in den letzten Tagen meiner Anwesenheit so gehäuft auf, daß ich keinen Ausweg mehr sah. Ich mußte unkontrolliert heulen. Es war einfach zuviel, in mir brach alles zusammen.

Meine Entscheidung war nun gefallen und stand unverrückbar fest: Koste es, was es wolle, ich werde keinen Tag länger in dieser Nervenmühle verbleiben. Dem Baby zuliebe würde ich es schon irgendwie mit letzter Kraft schaffen. Nachdem ich mich etwas beruhigt hatte, um zumindest telefonieren zu können, erreichte ich meinen Mann in Wien. Seine Stimme zu hören war mir jetzt das Allerwichtigste. Ohne ihn wäre ich vielleicht noch Amok gelaufen. Er erkannte die Situation, als er bemerkte, wie völlig aufgelöst ich war, und riet mir dringend, bei Lydia – einer Freundin – anzufragen, ob ich eine Zeitlang bei ihr bleiben könne. Ich sollte zwar wegen der Erschütterungen nicht Auto fahren, aber die Flucht von dort wäre vorrangig, meinte René.

Lydia war die einzige, von der ich wußte, daß sie ohne Umschweife geradeheraus ja oder nein sagen würde. Für sie war es gar keine Frage. Zwei Stunden später war sie da und brachte uns ›zwei‹ so sanft wie möglich in ihr an die 80 km entferntes Kleinstadt-Zuhause. Ich fiel erschöpft in ihr Bett und konnte endlich eine Nacht in völliger Ruhe durchschlafen. Es war himmlisch. Dieser Kontrast zu der durchlittenen Zeit zeigte mir nochmals nachdrücklich, was ich hinter mir hatte. Das Baby aber hat sich seltsamerweise im Bauch nicht mehr gerührt – seit meinem Nervenzusammenbruch. Am Vormittag rief René nochmals an, bevor er selbst in Lydias Quartier nachkam. Er war guter Dinge wegen des Bauernhauses, in den nächsten Tagen wollte er es besichtigen. Er fragte mich am Telefon, ob es dem Baby gutgehe. In genau dem Moment bekam ich zwei starke Boxer von meinem Bauchbewohner als Antwort – dann war sofort wieder Ruhe. Solche spontanen und eindeutigen Erwiderungen geschahen nicht nur einmal.

Wir durften uns in Lydias Schlafzimmer einquartieren. Nachdem ich mich dort entspannen konnte, registrierte ich erst wieder die Hochspannung meines Mannes, die von unserer ständig bedenklichen Finanzlage herrührte. Das hat mich natürlich weiterhin mitbelastet. Dennoch konnte ich bei Lydia etwas Distanz finden zum ganzen Trubel und auch zu meinen Zweifeln, ob ich für das Baby alles tue, was zu schaffen ist.

Einige Tage nachdem wir den zwar provisorischen, aber rettenden Unterschlupf fanden, hatte ich diesen vorausschauenden Traum:

»Ich wohne in der oberen Etage der Wohnung einer Freundin. René kommt immer nur kurz vorbei und fährt wieder, um Erledigungen zu machen. So nebenbei sagt er plötzlich, er führe jetzt für länger weg, schwingt sich auf sein Fahrrad und ist im Begriff fortzuradeln. In mir steigt ein flaues Gefühl auf, also rufe ich ihm nach: ›Und was ist, wenn ich Wehen kriege?‹ Er lacht und sagt: ›Aber wieso solltest du denn Wehen kriegen‹, und schon ist er weg.«

Kurz darauf wollte René wirklich aus beruflichen Gründen weiter wegfahren. Er sah Chancen, einen größeren Werkvertrag zu bekommen. Deshalb hatte er trotz meiner psychisch und körperlich labilen Situation einen Besprechungstermin fixiert. Vielleicht sei er, wenn er den Auftrag bekomme, bald in der Lage, eine passable, ruhige Wohnung zu finanzieren. Mein Mann wünschte sich nichts mehr, als mir eine beschauliche Schwangerschaft bieten zu können, auch damit die Babybotschaften in Ruhe zu einem Buch anwachsen könnten. René war etwas aufgeregt aufgrund der besonderen Umstände.

Mich regte es auch auf, allerdings in ganz anderer Weise. Meine Wehen waren, wahrscheinlich durch das Tohuwabohu der letzten Wochen, ohnehin schon öfter angeklungen, aber jetzt durch meine Ängste, von René wieder tagelang allein gelassen zu werden, wurde meine Wehenbereitschaft noch stärker aktiviert. Einen Tag vor seiner Reise kamen die Wehen schon in rhythmischen Abständen und auch das erste Blut. Ganz knapp bevor sein Zug ging, wurden meine Wehen so bedenklich stark, daß wir unsere Hebamme anriefen. Sie meinte, wenn das so ist, könne sie nichts mehr machen und daß wir schleunigst mit dem Rettungswagen zum Krankenhaus fahren sollten.

Aus war es mit unserem Traum von der Hausgeburt. Mein Liebster sagte seinen Termin ab und wollte, daß ich, bevor wir den Krankenwagen rufen, noch eine Selbstheilung versuche, wie ich sie schon öfter bei verschiedenen Wehwehchen mit Erfolg praktiziert hatte. Dagegen habe ich mich aber gewehrt, ich war zu verwirrt dazu. Einerseits hegte ich die Vermutung, daß ich wegen Renés risikoreichen Unternehmungen mit Wehen reagierte, andererseits ›wußte‹ ich vom Frauenarzt von meiner (angeblich) zu kleinen Gebärmutter, die das Baby nicht weiter wachsen ließ. Abfinden kann ich mich mit meiner mangelnden Gebärfähigkeit bis heute nicht, weil ich weiß, daß sie hundertprozentig psychische Ursachen hat, die sehr, sehr tief liegen. Außerdem spricht gegen die Arzthypothese, daß ja bekannterweise die Gebärorgane von Geburt zu Geburt kräftiger werden. Ich konnte den Fötus auch von Mal zu Mal länger ernähren.

Inzwischen weiß ich auch von einem früheren Leben, in dem ich in gewisser Weise mit diesem Problem schon konfrontiert gewesen war. Ich hatte nämlich auch damals drei Kinder verloren, weil sie meine Gebärmutter nicht halten konnte. Jetzt, während die zweite Auflage dieses Buches erscheint, weiß ich viel klarer, warum dem so war. Es steht fest, daß ich als Folge meiner damaligen Erfahrung, meine Kinder im Bauch nicht ernähren zu können, eben aus dieser festgehaltenen Angst heraus, meine Gebärmutter in diesem Leben nicht habe voll ausreifen lassen. Doch mein Wunsch, Kinder zu haben und mein Frau-Sein durch und durch zu spüren, wie auch meine Liebe zu den Kleinen waren dieser geistigen Fixierung dann gottlob doch überlegen.

In diesem Erdenleben bin ich erstmals durch einen äußeren Impuls – es war eine emotionell sehr wirksame Passage in einem Fellini-Film – geistig in die Gegenwart jener Vergangenheit hineingeworfen worden. Die Vertrautheit mit meiner früheren Lebenserfahrung wurde dadurch so tief, daß ich zwei Tage brauchte, um meine jetzige Persönlichkeit wiederzufinden. Im Verlauf dieser ungewollten Rückführung, deren ich gänzlich ohne fremde Hilfe bewußt wurde, mußte ich stundenlang weinen. Die Erinnerung war zu gewaltig. Während ich diese erste Wiedergeburtserfahrung niederschrieb, fielen mir dann noch weitere Lebenszusammenhänge auf. Heute weiß ich, daß die damals aufgestiegenen Bilder etwas verzerrt waren, weil mir dieses letzte Leben nämlich erst ein Jahr später – während einer gekonnten Rückführung ›durch‹ ein befreundetes Medium – vollends klar werden sollte. Deshalb in dieser Neuauflage hier der überarbeitete, nun völlig authentische Bericht über die wichtigsten Phasen meines letzten Lebens, soweit es das Thema dieses Buches berührt.

Als ich mich durch eine höhere Kraft, über dieses Medium, in dieses asiatische Leben versetzt fand, konnte ich klar meine schöne, dunkle Haut in einem rötlich-violetten Sari, die hüftlangen, schwarzen Haare und den heißen Sand unter meinen Füßen spüren und fühlen. Mein Name war Mataji und ich lebte in Indien, in einem großen Familienverband. Es muß um die Jahrhundertwende und nahe Allahabad gewesen sein. Die höhere gesellschaftliche Schicht oder Kaste, der ich angehörte, genehmigte damals eine Verheiratung ausschließlich mit Angehörigen desselben Standes. Die Brautleute wurden daher in der Regel von den Eltern ausgewählt und füreinander bestimmt. So wurde ich im Alter von etwa neun Jahren mit einem mir unbekannten Mann gegen meinen Willen verkuppelt. Ich liebte ihn nicht, denn er war tyrannisch und ungerecht. Aufgrund meiner innerlichen Ablehnung dieses unsensiblen Mannes wollte ich keinesfalls Kinder von ihm, verlor deshalb alle drei noch bevor ich sie fertig austragen konnte und wurde später überhaupt unfruchtbar. Die Tragik war, daß man mich deshalb – nachdem mein Mann bald starb – einfach aus dem Haus gejagt und aus der Gesellschaft verstoßen hatte. So etwas ist in diesem Land noch immer möglich; eine Frau ohne Kinder wurde und wird von der indischen Tradition nicht akzeptiert. Gnadenhalber durfte ich eine kleine, abgelegene Holzhütte am Meer bewohnen. Meine Großmutter brachte mir dorthin anfangs noch Essen, später blieb auch das aus. Ich blieb ganz alleine und zerbrach fast an der Grausamkeit der Ausgestoßenheit. So hegte ich in mir die Idee, mich von einer Giftschlange umbringen zu lassen.

Doch ich hatte Hingabe zu den Tempeln und betete deshalb

vorher zur Göttin Durga, sie möge mir helfen, in eine bessere Inkarnation zu kommen. Dann wollte ich Selbstmord begehen. Ein alter Yogi im Tempel aber klärte mich über die Konsequenzen auf und prophezeite mir, daß ich noch länger leben werde, als ich denke. Auch, daß er mich in einem anderen Leben wiederfinden werde. Daraufhin ließ ich es bleiben. Ich opferte verschiedenen Gottheiten und auch dem Ganges, indem ich einfachen Schmuck in den Fluß warf. Ich war sehr religiös in diesem Leben, blieb aber traurig, wurde ziemlich alt und starb einsam und verlassen.

Ich habe in dieser Rückführung viel Hindi und Sanskrit gesprochen und aus meiner Gestik konnte man eindeutig erkennen, daß ich ganz in meine frühere Identität geschlupft war. Es war eine sehr schmerzhafte, aber klärende Erfahrung für mich. René hat die ganze Prozedur mit einer geborgten Videokamera gefilmt.

Und das sind die weiteren, überraschenden Zusammenhänge mit meinem jetzigen Leben: Inzwischen stellte es sich heraus, daß meine damalige Mutter, die diesen indischen Mann auswählte, auch in diesem Leben meine Mutter ist und mich wieder mit demselben Mann – diesmal auf eine etwas raffiniertere Art – zusammenbrachte. Sie können sich vorstellen, daß ich über diese Parallelen schockiert war. Mein Trost ist nur, daß auch René in jenem Leben eine für mich gewichtige Rolle innehatte. Wir spielten in unserer indischen Kinderzeit zusammen und waren dicke Freunde. Im späteren Leben entwickelte er sich dann zu einem herumvagabundierenden, wilden Fakir, dem ich nur noch sporadisch begegnete. Er war einer, der Kundalini-Experimente machte und sich Metallspitzen durch die Haut bohrte, um durch diese Übungen geistig den Schmerz zu besiegen. Ohne festen Wohnsitz und ohne Familie verstand er es scheinbar dennoch, von allen möglichen und unmöglichen Dingen zu leben. Auch erinnere ich mich an seine Angewohnheit, ständig eine lederne Umhängetasche mit sich zu tragen und seinen Kopf oft ein bißchen abschätzend seitlich geneigt zu halten. Renés ähnlich unübersehbare Parallele zur indischen Verkörperung ist übrigens sein dieslebiger, ceylonesischer Guru. Rajah war auch damals geboren und eine gewisse Zeit sein Lehrer gewesen. Doch gleich wie in diesem Leben hatte René seine geistige Unreinheit erkannt und sich von ihm getrennt.

Zu meinen eigenen Verbindungslinien mit früher sei noch erwähnt, daß der alte Tamile mich im Tempel wirklich wiedergefunden hat. Er war in diesem Leben mein Opa, der mich über alles liebte. Als er aus diesem Leben ging, war ich als damals Zwölfjährige allein zugegen. Er verabschiedete sich einige Tage später von mir im Traum mit den Worten: ›Mädel, Du brauchst nie vor nichts Angst haben‹.

Diese jüngste Rückführung nach Indien wurde von einem Wissenden, einem Eingeweihten, einem realisierten, jedoch unverkörperten Meister über ein sehr entwickeltes Medium durchgeführt. Eine Rückführung solcher Art ist sehr selten und unterscheidet sich gravierend von den Reinkarnationstherapien, wie sie heute schon allerorts angeboten werden. Einerseits dient dieses Geschenk keiner materiellen Bereicherung, und andererseits weiß in ersterem Falle der Rückführer schon, wo der Rückführende hingeleitet wird. Nach meinen oben geschilderten Erlebnissen kann ich heute mit Bestimmtheit sagen, daß die Echtheit von Rückführungen in Problematiken früherer Leben insbesondere daran erkannt werden kann, daß die Erfahrungen mit einer mehr oder weniger starken psychischen und geistigen oder sogar physischen Veränderung einhergehen.

Am nächsten Abend wurde ich übrigens in ein weiter zurückliegendes chinesisches Leben versetzt. Ein kosmisches Sprichwort lautet: Wenn der Schüler bereit ist, erscheint der Meister!

Lassen wir nun wieder Manuji zu Wort.

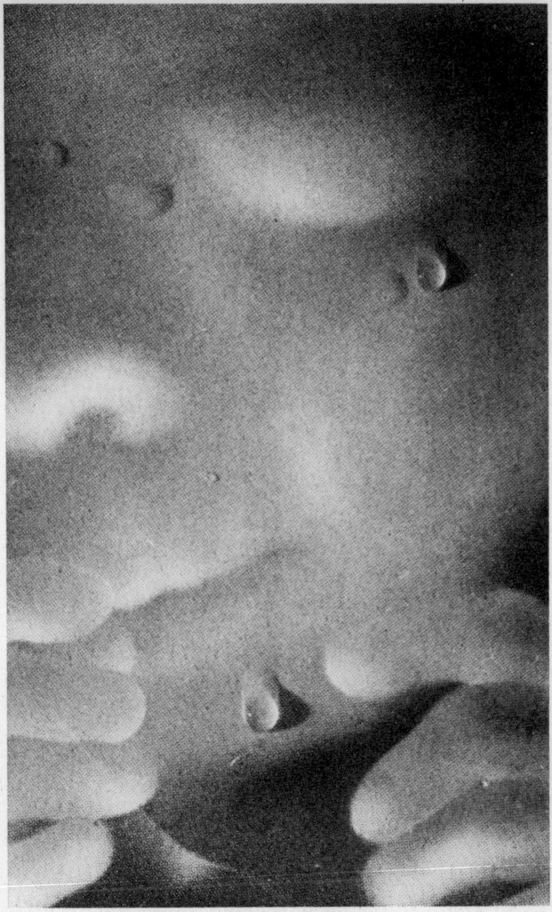

Ich weinte das erste Mal…

28. Schwangerschaftswoche 15. Botschaft
Bei Lydia 15. März 1984

Liebe Mama. Die Wände zittern nicht mehr, die Lärmschläge sind vorbei. Aber was haben wir alles durchgemacht.

Du hast plötzlich sehr geweint, und alles rings um mich wurde grau. Das erste Mal hatte ich das Gefühl, ›ertrinken‹ zu müssen.

Du warst allein mit mir. Wieder der Lärm.[43] *Du hast geschrien: »Ich kann nicht mehr.« Dann wurde alles dunkler um mich. Wie heiße Wellen von ›Zerspringen‹ durchflutete es meinen Körper. Du machtest heftige Bewegungen und dachtest an mich. Aber gerade das nahm dir die letzte Kraft…*

[43] Aus den anderen Wohneinheiten.

Und dann, nach dem Klingeln, war Papas Stimme da: Er hat uns gerettet! Nachher war da eine fremde Stimme und noch eine andere, die dich sehr beruhigt hat.[44]

Du hast gesagt: »Jetzt ist es zu Ende«, hast geweint und das Gefühl des Nichts-tun-Könnens total durch deinen Körper fluten lassen ...

Aber im letzten Moment hast du wieder zu kämpfen begonnen, und es ist wieder heller geworden.

Ich war ganz still. Alles war so ›schwer‹ in meinem Körper. Erst langsam konnte ich mich wieder freier bewegen. Ich weinte das erste Mal – es war eine heiße Woge, die aus meinem Bauch aufstieg zu meinen Augen.

Ein heftiger Druck erzeugte ein Brennen im Kopf, und ich hatte das Gefühl, etwas floß aus meinen Augen. Ich wollte schreien und tat es auch. Aber du hast mich nicht gehört – meine Rufe sind noch unhörbar. Ich habe meine Fäuste vor die Augen getan und meine Beine ganz eng an den Körper gepreßt, um mich selber ganz stark zu fühlen ...

Du hast zwar mit den Händen auf unseren Bauch gegriffen, aber diesmal ging keine liebende Wärme von ihnen aus. Ich fühlte mich sehr alleine – nur die Stimme von Papa hat mich erreicht, sie hat mich getragen und getröstet. Ich danke ihm so sehr. Es war das erste Mal, daß Papa wichtiger war als du. Er war ganz für mich da und gab mir alle Zuversicht. Ich habe ihn noch lieber.

Als der Druck anfing, über mich hereinzubrechen, war Papa noch nicht für mich da. Aber als der Zusammenbruch meiner Geborgenheit nahe war, ist er ganz deutlich bei mir gewesen, du hast das auch gespürt. Das Band zwischen uns wird immer stärker.

[44] Ich rief René in Wien an, wo er geschäftlich zu tun hatte. Er riet mir dringend, Lydia um Unterschlupf zu bitten. Sie hat mich kurz darauf aus diesem Tollhaus abgeholt. Die zweite Stimme gehörte einer Freundin von Lydia.

Jetzt habe ich ein gutes Gefühl. Alle ›Schwere‹ ist vorbei, aber du bist noch sehr, sehr müde. Ich fühle ganz andere, fremde Schwingungen und öfter eine neue Stimme.[45] *Sie ist völlig anders als deine und trifft mich oft in den Unterleib und den Magen – aber sie ist freundlich. Das Licht dieser Person ist auf einer Seite dunkler, und ein starkes Grauviolett ist da, das öfter heller wird.*

Ich fühle, wie erschöpft du bist – mir aber geht es gut. Ich werde immer stärker, auch meine Schläge, die du jetzt oft spürst.

Als Papa wegging, wollte ich mitgehn. Deshalb habe ich so arg getreten. Ich bin auch müde.

[45] Lydias tiefe Stimme.

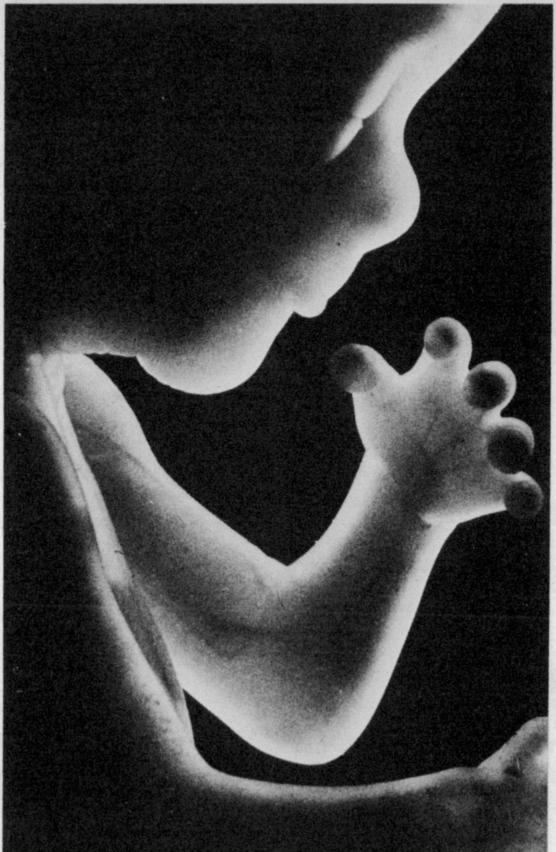

Ein sehr schönes
Spiel…

28. Schwangerschaftswoche 16. Botschaft
Bei Lydia 16. März 1984

Liebe Mama. Überall in meinem Körper zieht es so. Genauso, wie wenn ich mich stark strecken muß. In meinen Hüften zieht es ganz besonders und auch in meinen Armen. Ich fühle mich wohl dabei. Ich strecke mich auch wirklich, bis in die Zehenspitzen fühle ich es dann.

Zwischen meinen Beinen habe ich ein sehr schönes Gefühl. Gestern, als du mit Papa zusammen warst, haben mein ganzer Unterleib und meine Brust geprickelt. Und in meinem Kopf war ein Gefühl von ›Größerwerden‹.

Ich mache schon Schwimmbewegungen, die kann ich ganz genau steuern. Meine Augen sehen auch wieder anders. Seit einiger Zeit sehe ich ein helleres Licht rund um uns. Und alles ist, als würde es ›aufsteigen‹.

Du lachst sehr viel, und ich spüre das sehr angenehm. Mein Gesicht verzieht sich auch oft dabei.

Gestern waren viele Stimmen da,[46] *ganz nahe bei mir. Alle waren freundlich, ich habe es sehr genossen. Und Papa hat mich wieder in den Händen gehalten. Ihr habt sehr viel Freude mit mir.*

Ich merke, wie in deinem Körper alles lichter wird. Die Sonne scheint stärker, hast du mir erklärt. Und alle lachen rundherum.

Ich habe meinen Flaum auf dem Kopf entdeckt und streichle öfters darüber. Und wenn ich eine Faust mache, spüre ich die Knöchel auf meinem Kopf. Ich reibe mir auch die Nase. Einmal hat es mich ›gekitzelt‹, und ich habe mich ›gekratzt‹.

Ich bin wieder sehr ruhig geworden. So gut haben wir uns sehr lange nicht mehr gefühlt, das starre Gefühl von vorher in den ›Adern‹ ist ganz weg.

Ich habe es gern, wenn du über mich sprichst, dann kommen viele Energiewellen zu mir.

Mein eigenes Herz höre ich jetzt auch schon schlagen. Meine Finger fühlen es pochen, wenn ich auf meine Brust greife.

Öfter ziehe ich mich so stark zusammen, daß meine Knie fast die Ohren berühren. Oft versuche ich auch die Zehen in den Mund zu stecken – ich habe viele schöne ›Spiele‹:

So ›zähle‹ ich die Leute, die anwesend sind. Ich empfinde einfach, wie viele ›verschiedene‹ Schwingungen mich treffen.

Im Schlaf träume ich öfter, daß ich mit euch spreche. Dann sehe ich alles wie von außen. Ich kann dann auch gehen und solche Geräusche machen wie ihr. Aber ich sehe immer so wie ich aus, ganz klein. Einen Traum hatte ich, in dem konnte ich fliegen. Und du wolltest mich immer wieder einfangen und in den

[46] Ein halbes Dutzend Bekannte von Lydia waren den ganzen Abend zu Besuch. Es war sehr lustig.

Bauch stecken. Am Schluß hast du mich auch hineingetan, und ich bin herinnen wieder aufgewacht.

Du bist jetzt länger mit mir nicht mehr weit gegangen. Es gefiel mir immer sehr, da veränderte sich alles so schnell.[47]

Wie geht es den Blumen? Ich sehe Blumen vor mir.[48] *Immer wenn du ›Blumen‹ denkst, sehe ich ein Bild. Überhaupt sehe ich oft ein Bild, wenn du dir etwas Bestimmtes vorstellst – aber ich weiß nicht immer, was es bedeutet, außer du erklärst es mir. Oft tust du das nicht.*

[47] Bislang machte ich viele ausgedehnte Spaziergänge im Wald, um der Wohnsituation zu entgehen und wirklich Waldesruhe zu genießen. Da bei Lydia kein Wald in der nächsten Nähe war, fiel dieses Programm aus.

[48] Mira hat unsere Blumen immer sehr liebevoll und ausgiebig betreut. Sie hat mit ihnen gesprochen und, wenn es notwendig erschien, sie auch mit ihren Händen bestrahlt. Insbesondere ein kleines Edelkastanienbäumchen, welches gleich jung wie Emanuel ist, hatte ihre besondere Zuneigung erfahren.

Ich sehe auch hinter die Dinge…

28. Schwangerschaftswoche 17. Botschaft
Bei Lydia 17. März 1984

Liebe Mama. Du bist heute etwas zu verspannt, so können wir nicht so leicht miteinander reden. Ich bemerke, daß du immer wieder von mir weggehst und auf andere Geräusche hörst.

Du spürst mich wieder hinter dir, und ich will dir etwas sagen. Schreib alles auf.

Ich kriege so viel mit. Du hast dich schon gefragt, ob ich wirklich alles verstehen kann, was rund um mich geschieht. Und inwieweit ich wirklich alles aufnehme.

Mein Embryo kriegt nicht alles so wie du mit – sein wacher Geist aber schon. Ich sehe auch hinter die Dinge. Als heute deine

Freundin mit dir gesprochen hat, hast du an mich gedacht.[49] *Ich bin sehr ruhig dabei gewesen, habe ›mitgehört‹ und alles verstanden. Ich habe über dich mitgefühlt und ihre Ausstrahlung aufgefangen. Und ich sehe noch klarer als du:*

Man kann ihrer linken Seite insoweit helfen, als man ganz die Frau in ihr fühlt und anspricht. Ganz offen. Und einfach ausspricht, was einem in den Sinn kommt.

Sie ist sehr verschlossen, weil sie viel Leid aufbewahrt hat, sie weiß es selbst. Ihr Energiefluß ist durch eine Blockade in der linken hinteren Hüfte bedingt. Dort hat sie ein großes schwarzes Loch. Man muß es mit rosa und weißem Licht füllen. Sie wird große Schmerzen haben. Zuerst muß sie ganz sicher sein, daß sie geheilt werden will.

Sie hat auch einen ›Geist‹, der über dem Loch lauert und jede Energie abhält, die ihn vertreiben könnte und somit eine Veränderung bewirken würde. Er sieht sehr grau und verkniffen aus, er ›behütet‹ das kranke Bein. Er bewirkt auch, daß Krämpfe von dieser Stelle aufwärts gehen und Energieblockaden bis in den Hals hinauf verursachen. Es ist eine Art Ohnmachtsgefühl, deshalb weint sie auch oft. Auch um den Knöchel herum hat sie ein schwarzes Loch. Ihr Astralbein aber ist völlig in Ordnung. Sie müßte es sich nur genau ansehen und anfangen, es real zu ›fühlen‹. Zuerst in der Vorstellung und dann in Wirklichkeit.

Ihr Kindheitstrauma hat damit nichts zu tun – es kommt aus einem früheren Leben. Sie wollte immer davonrennen und hat eben in diesem Leben die Chance dazu nicht mehr. Mit dem Davonrennen müßte sie sich noch sehr auseinandersetzen, dann wird sie auf viel dahinterkommen.

[49] Den ganzen Nachmittag hatte ich mit Lydia über ihre Kinderlähmung gesprochen. Über die psychischen Auswirkungen, die möglichen Ursachen und darüber, daß meiner Meinung nach alle Krankheiten geheilt werden können.

Ich habe in ihrem Schlafzimmer von überall her ihre Schwingungen registriert.[50]

Und ich lese öfter ihre Gedanken, weil sie diese sehr offen verstreut. Sie kann mich auch etwas fragen und von mir träumen.

Wenn ich geboren bin, wird so etwas längere Zeit nicht möglich sein, weil ich ganz auf mich konzentriert sein werde. Auch mit meinem wachen Geist.[51]

Wir sind beide sehr, sehr ruhig geworden. Und das Zusammensein mit ihr ist schön.

Ich habe einen Vorschlag: Wir könnten öfter zusammen meditieren. Das würde unser gemeinsames Daseinsgefühl verstärken.

Papa ist heute unterwegs.[52] *Es geht ihm sehr gut, und er ist optimistisch. Ich fühle, daß er sehr viel redet und ein bißchen aufgeregt ist. Es kribbelt ihn ein bißchen im Bauch, er hat einen großen Hunger. Sein Schnupfen ist ein bißchen besser, vom Bahnfahren ist er aber etwas müde. Ich spüre, daß es ihn auch im Hals ein bißchen kribbelt und eine kleine Spur ›würgt‹. Er schwitzt in den Händen, und er schneuzt sich.*

Ich kriege immer weniger Raum in deinem Bauch. Und ein Uneinigsein oder deine Unentschlossenheit fühle ich als verschiedene Energien, die in entgegengesetzte Richtungen laufen.

[50] Da alle anderen Zimmer Durchgangsräume sind, hat uns Lydia freundlicherweise ihr Schlafzimmer zur Verfügung gestellt.

[51] Ich trug mich schon mit dem Gedanken – während ich noch mit dem Manuskript voll zu tun hatte –, vielleicht wird Manuji, wenn er geboren ist und noch nicht mit der Zunge sprechen kann, über Mira eine Fortsetzung zu diesem Buch schreiben. Hier hat er aber eine klare Absage erteilt.

[52] Auf ein Wohnungsinserat hin, in dem ein Bauernhaus zu günstigen Konditionen angeboten wurde, bin ich trotz Grippe zwecks Besichtigung hingefahren. Das Angebot hat sich leider wie viele andere als Flop erwiesen.

Hinter mir, dort wo dein Rücken ist, spüre ich öfter eine harte Wand, wo keine Energie fließt, wie ein Knopf. Du drückst öfter daran herum. Es ist eine Art Krampf durch deine Gefühle. Du läßt sie da nicht durch, nicht von oben hinunter und nicht von unten hinauf. Du sperrst dem Licht, das hier laufen möchte, den Weg ab.

Unter mir ist etwas Ähnliches. Du greifst oft an die Stelle, und dann spürst du die zurückfließende Energie als Knopf im Hals. Deshalb sind deine Beine öfter geschwollen, denn das Wasser läuft nicht richtig.

Das alles geschieht durch einen Impuls, der von deiner obersten Stelle, dem Kopf, kommt. Er leitet wie ein Blitz die ›Botschaften‹ durch deinen Körper, an bestimmten Stellen bildet dein Körper dann Widerstände und fängt diese Botschaften ab. Er hält sie richtig fest. Dort kreisen sie zuerst wie wild, und du schreist öfter, bis sie ruhiger werden und anfangen festzusitzen.

Und andere Botschaften wiederum wollen bewirken, daß dein Körper die ersteren Botschaften wieder auflösen soll. Dann gibt es manchmal einen Kampf. Wenn einmal eine Botschaft siegt, dann geschieht eine plötzliche Veränderung in deinem Körper.

Du hast im Rücken seit deiner letzten Schwangerschaft diesen grauen Knopf. Bei meiner Geburt wird er sich lösen.

Du kannst alles auflösen, wenn du willst. Du mußt nur die richtigen Botschaften schicken und darfst den ›zusammenziehenden‹ keine Gelegenheit mehr geben. Ich habe solche Zusammenziehungen nur spontan, sie verschwinden dann wieder, meistens wenn ihr mich streichelt.

Ich habe jetzt schon starke Kiefer und kann an meinen Fingern kauen. Meine Lippen haben schon sehr viel Kraft. Während ich mit dem Mund am Finger ziehe, strecke ich oft meine Beine durch. Mein Gaumen ist auch schon sehr empfindsam, und meine Zunge unterscheidet schon viele Reize.

Manchmal versuche ich, mich mit den Füßen von der Bauchdecke abzustoßen ...

Heute nacht haben wir uns die Hände gegeben, im Traum. Es war sehr schön. Liebe Mama, vertraue auf meine ›Stimme‹, ich bin immer bei dir.

Und alle Kerzen werden brennen und miteinander schmelzen.

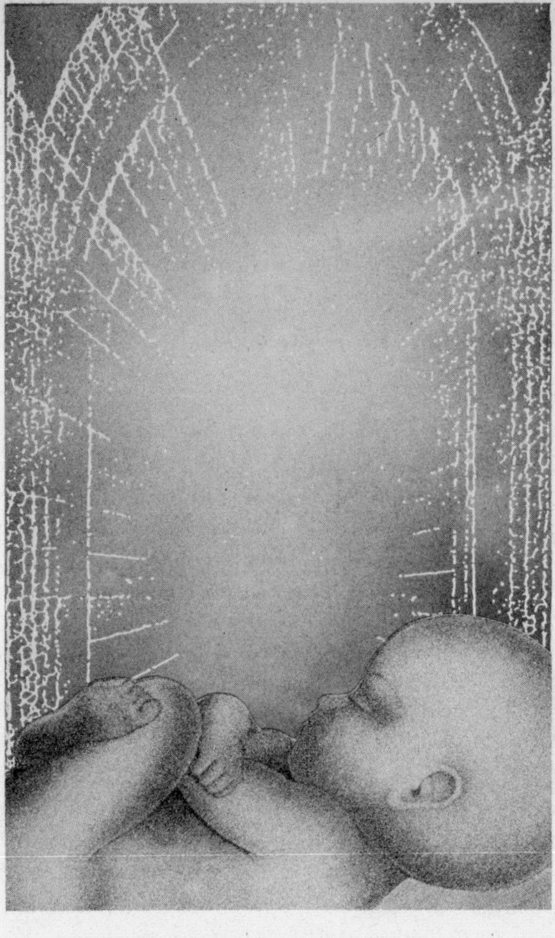

In Erwartung
deiner Träume …

28. Schwangerschaftswoche 18. Botschaft
Bei Lydia 18. März 1984

Es ist im Innern eine Tür, die lass' ich immer offen für dich! Ich erwarte deine Gedanken und Träume und bin immer für dich da...

Du spürst mich jetzt gar nicht, weil ich so ruhig bin.

Heute habe ich dir nicht viel zu sagen, außer, daß ich dich sehr, sehr lieb habe und wir zusammen ganz ruhig sein sollen.[53]

Ich wünsche mir von dir ein großes Herz, das alles faßt. Ich spüre die Gedanken von Lydia und eine riesengroße Freude.

Ein bißchen Fett habe ich schon angesetzt, ich werde immer rundlicher und weicher.

[53] Es scheint, als ob das Baby an diesem Tag schon geahnt oder gewußt hat, was auf uns zukommen würde.

Neun Tage Gratwanderung

… aufgezeichnet von Mira.

Es fällt mir sehr schwer, über diese schwierige Phase zu berichten, weil es für mich jetzt – ein halbes Jahr später – an der Zeit ist, darüber hinwegzukommen.

Da ich diese Torturen sehr intensiv durchlebt habe, ist es nicht ganz angenehm für mich, gedanklich wieder dorthin zurückzukehren, obwohl ich schon dabei bin, mich endgültig damit auszusöhnen.

Ich werde trotzdem versuchen, unserer Leserschaft einen Eindruck meiner Situation zu vermitteln, sie aber nicht in allen Details schildern. Wichtiger sind ja eher meine Verhaltensweisen und psychischen Zustände, meine Beziehung zum Kind und zu meinem Mann. Jetzt im nachhinein, wenn ich zurückblicke, erkenne ich, daß diese harte Zeit meiner Schwangerschaft wohl die schwierigste Prüfung war, die René und ich in diesem Leben bisher erfahren haben.

Die ganze Nacht vor der Einlieferung in die Klinik habe ich schon mit Wehen im Bett gesessen. Ich machte auch die Kerze (eine Yoga-Stellung) und andere Übungen. Aber das alles half nicht mehr. Auf der Fahrt in die Klinik hielt ich meinen Bauch, und René streichelte ihn.

Als wir im Krankenhaus ankamen, legte man mich auf ein Wagenbett und schloß mich dann im Kreißsaal sofort an mehrere Geräte an. Eines davon zeichnete die Wehen auf. Inzwischen wurde ich untersucht und die Geburtsauslösung ganz eindeutig festgestellt. Daraufhin wurde verordnet, mir ein wehenhemmendes Mittel zu sondieren. Es waren ziemlich arge Zustände, die dieses Mittel – aufgelöst in Zuckerwasser – in mir verursachte. Ich hatte entsetzliches Herzpumpen und Schwindelgefühl, da ich in den letzten acht Jahren meines Lebens keinen Zucker mehr zu mir genommen hatte. Und nun bekam ich eine Glukose-Lösung nach der anderen. Mein ganzer Körper zitterte davon. Ich hatte keine Wahl und mußte eben damit fertig werden, daß dies auf mein Kind Auswirkungen haben würde. Leider wurden die Wehen von dieser Therapie die ersten zwei Tage und Nächte nicht im geringsten beeinflußt. So rechneten wir alle schon damit, daß das Kind kommen würde.

Ein sympathischer Assistent machte den Vorschlag, eine Ultraschall-Untersuchung durchzuführen. Bis zu diesem Zeitpunkt hatte ich noch große Ablehnung dagegen. Aber ich sagte mir, wenn ich mich schon der Klinik überantwortet und gemeinsam mit den Ärzten den Kampf gegen eine verfrühte Geburt aufgenommen habe, muß ich wohl auch deren Methoden akzeptieren. In der Hoffnung, daß es nicht mehr schaden würde, als es vielleicht doch nützen könnte, stimmte ich zu. Auf dem Bildschirm konnten wir dann sehen, daß das Baby noch kleiner als angenommen war. Aufgrund meiner Lebensweise, meinte der Arzt, bildete mein Körper offensichtlich ungewöhnlich viel Fruchtwasser aus. Das heißt im Klartext: Mein Kleines wäre zwar lebensfähig gewesen, aber die Risiken wären ziemlich hoch. Ich sagte mir immer wieder, daß es nicht soweit kommen darf, wie die Ärzte unausgesprochen dachten.

Doch die Wehen gingen nicht zurück. Eine weitere Nacht lag ich schlaflos, mit einer Sonde im Arm, neben der ratternden Infusionsmaschine. Ich konnte die Spannung fast nicht mehr ertragen, vor allem das penetrante Geräusch machte mich halb wahnsinnig. Mein Mann versuchte es zu dämpfen, indem er das Gerät mit Handtüchern umwickelte. Und ich begann wieder zu beten.

René war fast ständig bei mir, er durfte ausnahmsweise auf einem dazugestellten Wagenbett ebenfalls in dem kleineren Kreißsaal übernachten. Er machte mir mehr Mut, als er selbst hatte, und fragte sich ständig, wie er mir helfen könnte. Schließlich kam er auf die Idee, es in diesem äußersten Notfall mit Hypnose zu versuchen. Er hatte es vor Jahren gelernt, sie anzuwenden. Mir war schon jedes Mittel genehm, wenn es mir nur ein Stück des Weges weiterzuhelfen in Aussicht stellte. Als alle Mediziner aus dem Raum waren, hat René mit all seiner Suggestionskraft losgelegt. Und ganz erstaunlicherweise hat es wirklich funktioniert. Schon einige Minuten später begannen die Wehen spürbar leichter zu werden. Zum Glück hatte uns vom Personal bei der Prozedur niemand gestört. Den Ärzten haben wir bis heute nichts davon verraten.

In der Nacht noch entließ man mich dann aus dem Kreißsaal und brachte mich einen Stock tiefer ins Krankenzimmer. Obwohl wir nur drittklassig versichert sind und auch das erst, seit wir das Baby erwarteten, hatte mein Mann ein Einzelzimmer erster Klasse bestellt. Er wollte dem Buch noch immer eine Vollendungschance geben, ohne Rücksicht auf die Kosten. Die Schwestern schüttelten über unsere Entscheidung nur den Kopf und meinten fast einstimmig, daß wir uns für das Geld doch besser ein Auto hätten kaufen sollen. Als Begründung unserer Klassenwahl haben wir die Arbeit an einem Buch über Schwangerschaft und Geburt angegeben. Wer der Autor ist, erzählten wir natürlich nicht.

Weiterhin mußte ich dreimal täglich verschiedene starke Medikamente einnehmen. Stellen Sie sich die Wirkung vor, die sie in einem Menschen entfaltet, der bisher um pharmazeutische Präparate einen weiten Bogen gemacht hatte. Trotzdem, ich hatte wenigstens das Gefühl, mit deren Hilfe das Kind noch ein wenig länger halten zu können. Aber niemand wußte, wie lange noch. Jeder Tag mehr erhöhte die Überlebenschancen des Babys beträchtlich, betonten die Ärzte immer wieder ganz eindringlich. Schließlich wurden wegen meiner körperlichen Überreaktionen die Dosierungen dann doch etwas reduziert.

Eine Woche später wurde ich nach gutem Zureden durch die Oberschwester in die zweite Klasse verlegt und freundlicherweise in einem Doppelzimmer alleine untergebracht. Obwohl es billiger wurde, gefiel es mir dort sogar besser. Das Klinik-Personal war weiterhin äußerst zuvorkommend und lieb zu mir. Vielleicht auch, weil sich das mit dem Buch inzwischen bei allen herumgesprochen hatte. Der Oberarzt war besonders von meinem ausgezeichneten Blutbild begeistert. Daß ich es auf mein ›Körndlfutter‹, wie er es zu nennen pflegte, zurückführte, konnte er allerdings nicht ganz nachvollziehen. Über meine Spezialkost, die mir René täglich in die Klinik brachte, gab es sicher beim Personal manch heimliches Kopfschütteln, obwohl mir immer alles wunschgemäß aufgewärmt oder zubereitet wurde.

Schön langsam begann ich mich darauf vorzubereiten, die meditative Kommunikation mit Manujiboy wiederaufzunehmen. Die Trance-Einstimmungsmusik hörte ich von nun an nur noch über Kopfhörer. Das Baby verhielt sich dabei immer ganz ruhig und lauschte mit.

Es vergingen aber noch einige Tage zwischen Hoffen und Bangen, bis ich wieder fit genug war, weitere Botschaften zu empfangen. Insgesamt hatten wir ganze neun Tage Funkstille.

Alles in allem waren es wohl primär mein Kampfgeist und Renés mutige Hypnose, gepaart mit der relativen Ruhe des Babys, und im weiteren auch das Zusammenwirken von Schwestern, Ärzten, Medikamenten und der Technik, welche das Wunder vollbracht haben, die Geburt noch volle drei Wochen hinauszuzögern. Und das, obwohl der Muttermund schon einige Zentimeter offen war.

Erst als ich die Klinik verlassen durfte, hat übrigens einer der Ärzte zugegeben, daß sie in den ersten Tagen meiner Einlieferung einem Wehenstop maximal zehn Prozent gegeben hatten. Und die drei Wochen Hinauszögerung seien ihnen beinahe ein Rätsel.

Mein besonderer Dank gilt deshalb unseren Freunden in der geistigen Welt, die wohl den Löwenanteil zu dem ›Mirakel‹ beigetragen haben.

Wie Manujiboy seine Gratwanderung zwischen drinnen und draußen bewältigte und was er seiner Mama – stellvertretend für alle Mamas – in der kurzen Zeit bis zur Geburt noch zu sagen hatte, erfahren sie nun im dritten Teil.

*Du hast mich
alleine gelassen…*

30. Schwangerschaftswoche — 19. Botschaft
Landesfrauenklinik — 27. März 1984

Liebste Mama, unsere Türe steht noch immer offen. Du hast mich ein bißchen ›alleine‹ gelassen und es nicht immer gewußt. Papa war auch nicht da.

Und so große Schmerzen. Ich wollte dich warnen und dir sagen: ›Sorge dich nicht, ich bleibe bei dir. Das Leben geht weiter, wir können es nicht verlieren‹ – aber den Mut hast du ganz verloren gehabt, und kein Verständnis war mehr da. Du hast gezweifelt, ob du mich behalten kannst oder nicht – aber doch nur meinen Körper, und auch den hast du erhalten.

Ich spüre dich wieder sehr stark, und das schöne Gefühl von vorher ist wieder da. Ich bin nicht mehr alleine, du hast dich mir wieder voll zugewandt.

Warum hast du soviel Angst, mich zu verlieren? Das kannst du ja gar nicht. Warum freust du dich nicht noch mehr, daß auch mein Körper noch da ist?

Ich liege in dir und höre unsere Musik wieder. Alles ist so vertraut, auch deine innere Stimme.

Aber was ist passiert?

Ich habe deinen Kummer und deine Ohnmacht auch gehabt, als unsere Schmerzen so arg wurden. Alles um mich hat gepreßt und getobt – aber vor allem das Gefühl des Ausgestoßenwerdens hat mich bis ins Innerste verletzt. Das hat sehr weh getan, weil keine Freude damit verbunden war.

Jetzt hast du mir erklärt, das nächste Mal wird es mit Freude geschehen, und das wird ganz anders für uns sein.

Ich bin nicht mehr allein. Mein Körper hat viel durchgemacht, aber du hast mir immer genug Kraft geschickt, um stark zu bleiben.

Immer waren so kalte, harte Geräusche[54] *um uns und so viele Krämpfe in deinem Körper, als du mich total vergessen hast. Ich habe ganz, ganz viel geweint. Und dann haben ›fremde‹ Stimmen mich beruhigt,*[55] *über dich. Manchmal habt ihr mich gestreichelt und getröstet, aber es war gar nicht oft. Ich hatte das, was ihr Angst nennt.*

Und immer hat alles so gewechselt, einmal Weh und einmal Trost. Ich wurde immer erschöpfter. Auch die Geräusche neben

[54] Verursacht durch den Wehenschreiber, das Infusionsgerät und diverse metallische medizinische Instrumente.

[55] Krankenschwestern und Ärzte.

uns waren hart und fremd. Unsere Nerven konnten sich nicht ausruhen.

Und dann hast du unsere geistigen Freunde gerufen, und sie waren da.[56] *Es war für mich eine Erlösung, weil ich wußte, daß sie für mich und auch für dich dableiben werden.*

Ich habe so viel gelernt. Alle Schmerzen, die du hattest, habe ich mitgefühlt. Wahrscheinlich werde ich es nicht mehr vergessen.

Oft war mein kleiner Körper ganz gepreßt, und ich fühlte mich selber hart an. Ich habe Fäuste gemacht, als du eigentlich schreien wolltest, aber es nicht tatest.

Unser Herz raste immer schneller.[57] *Was war das? Meine ganze Ruhe war weg. Einzig, daß ich noch in deinem Bauch war und Papas und deine Stimme hören konnte, war ein starker Anker für mich.*

Einmal hatte ich das Gefühl, mein ganzer Körper kann sich nicht mehr richtig bewegen. So schwer, wie gelähmt. Und auch du bist reglos gelegen. Du atmetest tief, und das tat gut.

Was waren das für Stimmen von weiter weg? Du hast einmal sehr geweint.[58] *Ich spürte und wußte, es sind so kleine Menschen wie ich. Ihre Stimmen haben mich einerseits sehr vertraut gemacht und getröstet – aber manche haben mich mit traurigen Schwingungen erfüllt.*

Doch es war so schön, ihnen nahe zu sein. Ich höre sie noch immer öfter am Tag, aber viel weiter weg.[59]

[56] Ich habe gebetet. Die Anwesenheit meiner geistigen Freunde fühle ich dann wie eine sehr liebe, starke, warme und helfende Schwingung. Manchmal sehe ich auch mit meinem inneren Auge, daß jemand da ist.

[57] Die Wirkung des Traubenzuckers aus der Infusion setzte ein.

[58] Im Kreißsaal nebenan kam ein Baby durch Kaiserschnitt zur Welt. Die Schreie dieses Babys haben mich derart erschüttert und traurig getroffen, daß ich weinen mußte. Ich wußte nichts vom Kaiserschnitt, die Hebamme sagte es später.

[59] Einige Male am Tag wurden die Babys – ein halbes Dutzend auf einem Wagentisch – zum Stillen durch den Gang in die einzelnen ›Krankensäle‹ gefahren. Durch die Zimmertür konnten wir sie schreien hören.

Ich bin jetzt immer sehr müde, und meine Bewegungen sind noch nicht so kraftvoll. Aber ich wachse sehr schnell und spüre, daß dir das Freude macht.

Das Wasser, das ich oft schlucke, schmeckt jetzt nicht immer so gut. Es ist bitter, und oft mag ich es nicht. Heute war etwas Süßes darin,und es war sehr gut.[60]

Ich spüre dich wieder, wie gut! Du streichelst mich wieder genauso wie früher, und ich kann dich immer besser fühlen!

Papa und du habt euch heute sehr weh getan.[61] *Es hat mich sehr verwirrt und auch ›traurig‹ gemacht. Ich brauche euch beide und liebe euch beide gleich. Nichts tut mir mehr weh, als wenn ihr so spitze, scharfe Pfeile in eure Herzen stecht.*

Ich kann es überhaupt nicht verstehen, ich bin doch euer Blut, euer Kind. Ich verstehe nicht, warum ihr euch solche Schwingungen zuschickt. Dann wird alles so grau und düster für mich.

Dadurch habe ich das ›Warten‹ gelernt – bis die Sonne wieder scheint.

Zu mir habt ihr niemals solche spitzen Pfeile geschickt, ich kann nur über euch fühlen, wie ›weh‹ das tut. Könnt ihr mir erklären, was und warum das so ist?

Ich habe mir von Mama über diese wundersamen kleinen Vögel draußen auf dem Baum erzählen lassen und die Bilder innen gesehen. Ihre Stimmen höre ich nur von sehr weit.[62]

[60] Die vielen Medikamente haben sich auf den Geschmack des Fruchtwassers ausgewirkt. Ein paar Brote mit (zuckerfreier) Marmelade scheinen das Wasser dann versüßt zu haben.

[61] Bevor die Botschaften wieder begannen, hatten wir Differenzen darüber, wie wichtig das Weiterführen dieses Buches sei. René wollte unbedingt, daß ich den Kontakt wiederaufnehme. Ich fühlte mich noch zu schwach dazu und tat es dann doch meinem Mann zuliebe.

[62] Vom Zimmerfenster aus konnte ich gut das Treiben der Vögel auf einem großen Baum beobachten.

Schicken sich die auch solche spitzen Pfeile, die weh tun? Tun das alle Menschen?

Ich erlebe jeden Tag andere Leute und Farben, auch sehr schwache, die man fast gar nicht wahrnimmt.

Ich spüre alles, was dich angreift und wie du es eindringen läßt. Zwischen Worten und Berührungen ist für mich kaum ein Unterschied.

Ich liege jetzt nicht gut im Bauch und möchte eine andere Lage.

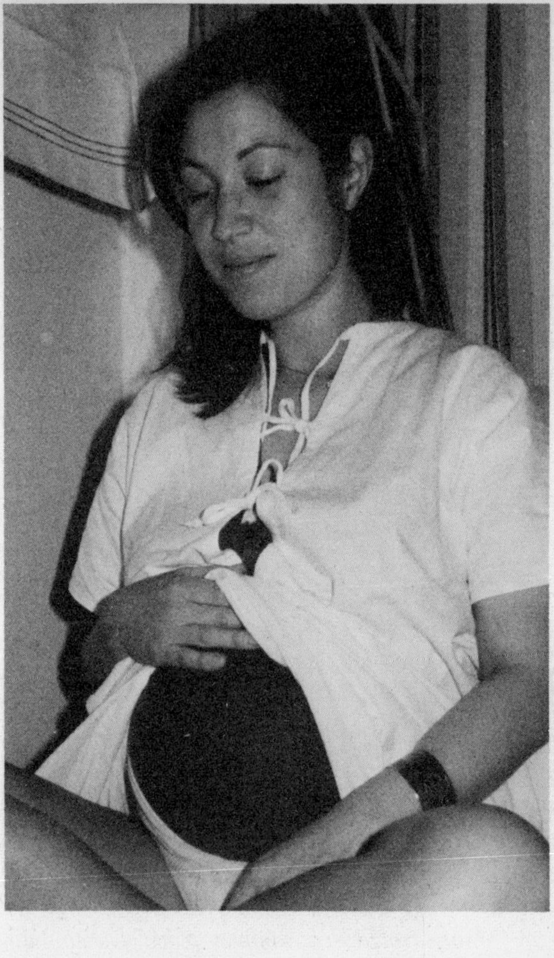

Ich muß dir
viel erzählen…

30. Schwangerschaftswoche 20. Botschaft
Landesfrauenklinik 28. März 1984, morgens

Liebe Mama, jetzt bin ich aufgewacht. Ich habe geschlafen, beide haben wir das.

Ich spüre, wie du zitterst.[63] *Rund um mich im Bauch ist alles ruhiger geworden. Ich bewege mich jetzt und wundere mich, wieso du mich aus dem Schlaf gerissen hast, wo du doch auch so müde bist.*[64]

Aber wir können trotzdem zusammen reden. Ich muß dir ja so viel erzählen.

63 Verursacht durch die Medikamente.

64 Ich hatte meine Frau gebeten, es doch zu versuchen, morgens und abends mit dem Baby zu kommunizieren, da die Chancen dazu vielleicht nur mehr sehr kurz bestünden.

Ich habe gestern schon wieder geweint, weil du dich innerlich von Papa so getrennt hast. Ich weiß nicht, was der Schmerz ist, der dir so weh tut. Aber wenn du bestimmte Gedanken hast, vergeht er immer wieder.

Ich fange an, zu begreifen, daß ich viele Dinge, die jetzt mit mir und um mich geschehen, nicht verstehen kann.

Du denkst öfter an frühere Sachen, die ich dir erzählt habe,[65] *aber ich selber kriege zunehmend das Gefühl, immer mehr und mehr im Jetzt in meinem Körper zu leben und meine Gefühle und Erfahrungen zu erleben. Auf die Vergangenheit werde ich zeitweise nur durch dich aufmerksam gemacht.*

Alles von ›früher‹ ist so weit weg, ich tauche immer mehr in euer Leben ein. Alles konzentriert sich mehr und mehr auf mein Baby-Sein.

Nur in meinen Träumen bin ich nach wie vor sehr frei und erlebe so vieles von außen – auch, daß du jetzt sehr müde bist, das heißt, daß dein Körper nach Ruhe verlangt, du aber aus innerem Willen heraus etwas anderes tust als schlafen.

Ich lerne jetzt, daß das geht, und bin ganz entspannt dabei. Nichts strengt mich an. Das Sprechen mit dir ist wie im Traum.

Auch der Zustand mit dir ›allein‹, also ohne Papa, unabhängig zu sein, fängt an mir zu gefallen. Und es geht uns trotzdem sehr gut.

Gestern hast du ein paarmal gespürt, daß dich etwas treffen, dich im Inneren aufmachen wollte – durch Worte.[66] *Du hast es nicht zugelassen; deine innere Gewißheit hat dich vor ›Verletzung‹ bewahrt. Es war für mich sehr wichtig, das zu erleben. Ich werde es mir sehr gut merken.*

[65] René hat mir die inzwischen abgetippten Botschaften kopiert und auf das Nachtkästchen gelegt. Ich habe immer wieder hineingelesen und über jeden Satz nachgedacht.

[66] Wir hatten über irgend etwas gestritten, wissen heute aber nicht mehr genau, worum es eigentlich ging.

Du sagst immer zu mir:

Liebe, Liebe, Liebe. Gestern habe ich dann richtig gelernt, daß man dieses totale Annehmen von jemandem – was du auch Liebe nennst – nicht herzeigen braucht und oft auch nicht soll. Allein, daß es da ist, macht uns so gut und sicher. Ich danke dir dafür.

Ich spüre, daß du trotz aller Schmerzen und Unordnungen – wie du sagst – für uns innen eine wunderschöne Welt aufgebaut hast. Irgendwann wird sie sicher auch außen sichtbar sein. Es ist sehr oft ein so herrliches Gefühl von Eingebettet- und Zufrieden-Sein mit dir.

Aber oft läßt du durch eine ›äußere‹ Ursache unsere Ruhe stören. Du machst dann unsere Türen zu weit auf. Aber dadurch lerne ich, daß ich in mir selber eine ganz eigene Tür habe, die ich alleine öffnen und schließen kann. Das ist erst seit kurzer Zeit so.

Als ihr vor einiger Zeit mit mir in einem Bett herumgefahren seid[67] *– und dann so ein hartes, kaltes Gerät über unseren Bauch gefahren ist, habe ich gemerkt, daß ihr außerhalb von mir über mich gesprochen habt. Es war sehr seltsam.*

Wir sind noch sehr müde. Ich möchte schlafen.

67 Zur Ultraschall-Untersuchung hat man mich auf einer fahrbaren Bahre ins Parterre gebracht. Wir haben mit dem Assistenzarzt über die Möglichkeit der Geschlechtserkennung gesprochen; er meinte, ›eher ein Mädchen‹. Wegen der Lage des Körperchens war keine exakte Bestimmung möglich.

Wir fliegen in die Phantasie …

30. Schwangerschaftswoche 21. Botschaft
Landesfrauenklinik 28. März 1984, abends

Liebe Mama, laß uns jetzt zusammen eine schöne Reise machen. Wir fliegen über den Wolken, und alles ist rosarot. Du sagst, wir fliegen in die Phantasie. Und genau das können und müssen wir jetzt tun, da wir uns körperlich nicht ganz und gar berühren können.

Wir reisen zusammen auf einem Teppich aus lauter rosa Liebeswolken. Papa fliegt mit und weiß es gar nicht. Dir geht es wieder sehr gut.

Und wir entdecken unsere gemeinsame Phantasie. Genau so, wie es sein wird, wenn ich da bin, als Mensch unter euch. Auch dann werden wir zusammen immer weitere Reisen ins Land der Phantasie machen. Es ist so real für mich und jetzt endlich auch für dich.

Ich spüre deine Zehen – deine Füße – deine Beine – deinen Unterleib – deine Hüften – meinen See, in dem ich schwimme – dein Herz – deinen Brustkorb – deine angestrengten schreibenden Hände – deinen Hals – deine Augen – deinen Kopf. Und ich höre in deinem Kopf die Musik,[68] *die ich sonst außerhalb von dir gehört habe. Sofort sinken wir immer tiefer, wenn wir sie hören.*

Laß uns doch zusammen dieses Bild, welches du heute nachmittag so deutlich erlebt hast, wieder ganz bewußt gemeinsam erleben:[69]

Du schwebst mit mir in hohen Lüften. Ganz lange, weiche Haare umspülen deinen Körper, und ich liege schwebend in deinen Armen. Wir umhüllen Papa und senden ihm sanftes, aber starkes himmelblaues, helles Licht. Wir sehen von ganz weit oben hinunter. Alles ist ganz nah und fern zugleich.

Wir sehen eine Szene, wie sie sein kann – aber nicht sein muß – oder auch nicht werden wird: ein kleines Holzhaus und davor Hügel, du siehst es genau. Wir brauchen es nicht näher zu beschreiben. Und das Gefühl, der Zustand in dem wir alle sind, ist so friedvoll und so still.

Ich warte auf deine Träume und Bilder. Ich selber habe sehr viele. Als kleines Kind werde ich sehr viel darüber erzählen. Werdet ihr mir dann glauben?

Ob die Bilder aus der Vergangenheit oder aus der Zukunft sind, ist denn das wichtig??? Kinder können ja gar nicht zwischen beidem unterscheiden. Die Frage, warum das so ist, ist noch sehr wenigen Erwachsenen aufgestiegen.

Du fragst mich, was Phantasie ist – sie ist das Gegenteil von Illusion!

Illusion ist etwas, das schon da ist – vielleicht noch im Inner-

[68] Seit meinem Aufenthalt in der Klinik spielte ich die Alpha-Musik nur noch über Kopfhörer ab. Manchmal habe ich die Hörmuscheln auch direkt über meinen Bauch gehalten.

[69] Ich hatte ein intensives Tagtraum-Erlebnis.

sten verborgen –, das man aber nicht sehen oder akzeptieren will.

Phantasie ist rein und ohne Lüge. Etwas, das zwar auch irgendwo existiert, aber noch keine Form angenommen hat. Aber die Möglichkeit, daß Phantasie wahr wird oder wahr ist, ist immer gegeben. Und es liegt in unserer Macht, ob wir sie positiv oder trennend gestalten. Du weißt ja, ›negativ‹ – was die Menschen darunter verstehen – ist ein Verhalten, das auf der Illusion beruht, alles wäre getrennt und daß ohne Verbindung zu allem irgend etwas geschehen könnte.

Meine Phantasien bestimmen mein nächstes Leben.

Ich habe Papas Stimme zuerst sehr gut gehört und genau gefühlt, was er mir sagen wollte. Das erste Mal, daß er ganz direkt mit mir geredet hat.[70] *Ob er mich auch so total gespürt hat wie ich ihn?*

Ich bin sehr ›glücklich‹ und möchte dich, Mama, gerne über deine Bauchkrämpfe trösten.

Ich bin immer bei euch ›bis ans Ende der Welt‹. Ich umarme euch mit meinen kleinen Armen, ihr werdet es fühlen.

Ich möchte euch noch so viel sagen, aber das kann man mit Worten nicht ausdrücken. Unser Gespräch ist deshalb jetzt noch nicht zu Ende. Wir liegen noch ein bißchen ganz still und spüren uns einfach nur. Es wird uns noch viel mehr geben als Ausdrükke.

Es ist wieder ein Ende mit einem tieferen Anfang.

Manudschi[71]

[70] Ich habe mit meinen Händen zärtlich Miras Bauch berührt und aus nächster Nähe direkt zu Manuji hineingesprochen. Ich erzählte ihm, wie phantastisch ich das finde, was er macht, und wie gut es mir deshalb gelingt, mich auf das Vaterwerden einzustellen, und noch einiges mehr.

[71] Hier unterzeichnete Emanuel erstmals mit Manudschi, da ich ihn – seit ich die Bedeutung des Namens erkannte – einige Male liebevoll so genannt hatte.

Nicht nur
liebe Gedanken…

30. Schwangerschaftswoche 22. Botschaft
Landesfrauenklinik 29. März 1984

Mama, warum spielst du noch immer mit so schweren, düsteren Gedanken[72] *und läßt deinen Körper davon vergiften? Wie oft fragst du dich noch ›Warum muß ich leiden? Gibt es ein Ende?‹ – Nein, weil es Leiden in diesem Sinn nicht geben kann. Es gibt nur ein Sich-Sträuben gegen etwas, das man sich selbst erschaffen hat.*

Heute haben wir nicht nur liebe Gedanken und Gefühle gehabt. Und du bist dazu gestanden. Deine Ohnmacht, eben nicht immer

[72] In einem Anfall von Trübsinn hatte ich wieder fast allen Mut verloren, daß alles doch noch gut ausgehen würde. Wer die Vorgeschichte betreffend meine früheren Schwangerschaften kennt, (siehe Kapitel: Die Meilensteine der Vorgeschichte, Seite 15) wird wohl Verständnis dafür aufbringen.

lieb und freudig an mich zu denken, hast du ehrlich zugelassen.

Es hat mich nicht berührt, weil du während dieser Gedanken ganz woanders als bei mir warst. Dann, sofort als du wieder bei mir warst und mich gespürt hast, konntest du diese negativen Gedanken nicht mehr haben. Wie wunderbar!

Wir haben zusammen entdeckt, daß Böse-Sein oder Ablehnend-Sein nur dann geschieht, wenn man sich nicht ganz innen zusammen trifft – wenn man sich entfernt hat. Ich habe es ganz verwundert entdeckt, daß du nur traurig denkst, wenn du nicht ganz in meinem Herzen bist.

Ich bin auch nicht mehr nur in deinem Herzen, heute habe ich es deutlich gespürt.

Du hast nach außen gefragt, was sein wird mit uns. Ob du mich wirst austragen können ... Du hast dich nicht gefragt, was jetzt ist. Und das hat dich so erschreckt: Die Vergangenheit hat dich wieder einmal eingefangen, und du hast dich trotzig machen lassen und ängstlich.

Ich spüre deine Fragen an das Leben. Fangen wir doch an, nicht das Leben, sondern uns selbst zu fragen. Immer ernster.

Ich bin oft sehr hart und streng. Auch kann ich sehr zornig sein, nach außen. Du wirst es noch merken. Ein Zug von deiner inneren Auflehnung ist auch in mich übergegangen.

Vorhin wollte ich sehr hart und wild zu dir sein. Hast du es gespürt? Ein wenig von dem Kampfgefühl hast du aufgefangen und festgehalten, ich weiß es. Es hat dir sehr geholfen.

Wir haben in früheren Leben zusammen schon viele ›Leiden‹ durchgemacht und sind ein paarmal ›ertrunken‹. Du aber hast die Frage in diesem Leben noch nicht ganz geklärt: Geschieht etwas, weil ich es befürchte? Oder gibt es auch eine Furcht, die von einer schon erzeugten Situation spricht?

Ich spüre deine Zweifel und merke, daß ich selber anfange, darüber zu ›meditieren‹.

»Kann ein Baby im Bauch meditieren?« Das fragst du dich gerade. Wir werden es später noch sehen, wenn wir mit unseren Zungen miteinander sprechen können.

Ich habe viele große Ideen, die ich verwirklichen will. Dieser Moment – und dieser Satz – sie kommen uns beiden so bekannt vor, als hätten wir es ganz bestimmt schon einmal erlebt.

Ein Kind zu haben ist etwas Großes. Aber kann man es denn wirklich haben? – Niemals.

Ich verberge viel vor dir und den anderen, um nicht erkannt und beurteilt werden zu können. Dein Bauch schützt mich davor.

Und trotzdem hatte ich den Impuls, unbedingt schon jetzt, wo ich noch zu klein bin, heraus zu wollen. Eine innere Unruhe und Ungeduld, die von dir ausgegangen ist, wollte mich dazu zwingen.

Du hattest auch den Traum, in dem ich dir sagte: »Mama, ich will heraus.« Und du warst stark genug, mir zu sagen: »Eine Stunde mußt du noch drinnen bleiben.« Und ich bin geblieben.[73]

In deinen Adern fließen öfter dunkle, ›leere‹ Punkte, die die Lichtsterne in deinem Blut schlucken. Aber wir haben genügend Lichtsterne, um diese Löcher zu füllen.[74]

Liebe Mama, ich umarme dich. Das Bild, das du in deinem Herzen von mir trägst, macht mich sehr glücklich. Egal, was geschehen mag, ich werde immer um dich und euch sein.

Ich bin wild und ruhig zugleich. Kannst du es spüren? Wir

[73] Siehe Kapitel: Träume und Visionen, Seite 41.

[74] Das scheint etwas mit den eingenommenen Medikamenten zu tun zu haben.

müssen kämpfen. Alleine, daß wir es können, zeigt uns doch unsere große Kraft und Freiheit, erhaben über allem zu stehen.

Fängst du an zu begreifen???

Ich spreche wieder weiter zu dir alleine. Es ist nur für uns beide bestimmt.

Liebst du meine innere Wildheit?

Machen wir einen
starken Kreis…

30. Schwangerschaftswoche
Landesfrauenklinik

23. Botschaft
30. März 1984

Liebste Mama, wieder siehst du mich im Inneren vor dir – mein Bild – ›mein‹ kleines Baby, wie du es schon einmal gesehen hast.

Und jetzt vor dir, das Bild von mir als Mann.[75]

Wir sind gestört worden, kommen wir wieder zusammen. Sieh mir in die Augen. Lassen wir keine widerspenstigen Schwingungen in uns eintreten.[76]

[75] Dieselbe Vision, wie ich sie schon während der ersten Botschaft bekommen hatte.

[76] Eine besonders neugierige persische Krankenschwester kam trotz unserer Bitte, uns zwischen sieben und neun Uhr abends nicht zu stören, plötzlich ins Zimmer. Das irritierte mich so sehr, daß es mir an diesem Abend nicht mehr recht ge-

Ich umarme dich. Machen wir einen starken Kreis. Ich spüre noch deine Anspannung, weil jemand in unser Gespräch eingedrungen ist. In Wirklichkeit kann uns nichts stören, miteinander zu reden.

Also: Du hast ein technisches Gerät[77] *gebraucht, um deine gespielte – nach außen gezeigte – Unsicherheit in bezug auf meine Männlichkeit zu verlieren???!!!! Laß doch auch ab von deiner sogenannten Unsicherheit gegenüber negativen Schwingungen!!!!*

Ich kann dir jetzt nichts mehr sagen, weil du zu sehr mit dir selbst und einer Bewältigung von negativen Schwingungen beschäftigt bist.

Ich bin bei dir, ich werde dir dabei helfen. Laß dich ganz von unserer Kraft durchdringen. Ganz total, absolut, für immer.

Im Inneren ist jeder göttlich, vergiß es nie.

Dem Baby geht es gut. Laß uns zusammen wieder ganz ruhig werden. Bis bald.

lungen ist, mich voll auf den Kontakt zu konzentrieren. René, der sich sonst vor die Zwischentür setzte, um Störungen zu verhindern, war an diesem Abend nicht zugegen.

77 Bei dieser zweiten Ultraschall-Untersuchung konnte der Arzt klar sein Geschlecht erkennen und uns auf dem Bildschirm zeigen.

Es gibt den
»Himmel« als Ort…

30. Schwangerschaftswoche
Landesfrauenklinik

24. Botschaft
31. März 1984

Allerliebster Papa, heute nacht war ich bei dir und habe dich gesehen, als du geschlafen hast.[78] *So friedlich und tief, fast am Bauch, den Kopf nach links gedreht. Dein linker Fuß hat unter der Decke herausgeschaut.*

Ich habe dich so zärtlich betrachtet und so sehr geliebt. Du hast tief geschlafen und geträumt. Du warst mit mir im ›Himmel‹.

Heute hast du mich angerufen, durch den Bauch mit mir telefoniert.[79] *Deine Stimme war viel frischer und ausgeruhter als die*

[78] Ich schlief 25 km entfernt in der Wohnung meiner Eltern.

[79] Dieses Ereignis zählt für mich als Vater zu einem der schönsten dieser aufregenden Zeit: Ich saß in Linz in einem Büro, in dem ich nachts einen Schreibautoma-

letzte Zeit. Ich habe alles mitgekriegt. Auch, daß du über einen ›Apparat‹ zu mir gesprochen hast. Es ist so schön für mich, wenn du mit mir redest.

Du hast mir viele Fragen gestellt. Du willst immer so viel wissen. Wie soll ich dir ein Erlebnis erklären? Wieso hast du vergessen, daß wir schon tatsächlich zusammen im ›Himmel‹ – wie du sagst – gewesen sind?

Du warst ein alter Mann damals – weil du es sein wolltest. Mit weißem Bart, brauner Haut, hellgrünen Augen, mit einem sehr hellen Blick und einem jungen Gesicht. Der Bart war sehr lang, du hast immer daran gestrichen. Und wir waren so gute Freunde – ganz nah, ganz tief. Schon damals wolltest du so viel von mir wissen. Immer und immer hast du mich gefragt und auf Antworten gelauert, die du dann ganz angestrengt überdacht hast. Etwa wie heute auch??

Damals hattest du keine Bücher. Vielleicht ist damals dein Wunsch nach ›festgehaltenem‹ Wissen entstanden?

Ich habe immer versucht, dir zu erklären, daß man ›Wissen‹ nicht festhalten kann. Und daß es das einfach gar nicht gibt – nicht so, wie du es dir immer vorgestellt hast. Keine Sicherheit – stetiges Verändern ist mit Wissen verbunden, mit dem Wissen, das wir Menschen haben und ›erwerben‹ müssen.

Echtes Wissen kann man nicht lernen, nicht erproben, nicht

ten benutzen durfte. Hier tippte ich das handschriftliche Babymanuskript in eine schöne Form, um es so bei Verlagen vorzeigen zu können. Während ich dort nächtelang dahinschrieb, fiel mir auf, daß unser Sohn anfangs angekündigt hatte, über den ›Himmel‹ zu berichten. Bislang kam aber im Text nichts dergleichen vor. Ich fand, das könne er nicht machen, denn wenn er es schon ankündigt, dann sollte es auch geschehen. Außerdem interessierte es mich auch selbst brennend, was er darüber zu berichten hätte. Ich hatte das dringende Bedürfnis, dies meinem Sohn klarzumachen. Kurzerhand rief ich Mira in der Klinik an (es war schon spät abends) und bat sie, den Telefonhörer auf den Bauch zu halten. Ich legte Manuji ausführlich mein Problem dar und schloß gleich auch noch weitere Fragen daran an. Ich gab ihm Themenschwerpunkte zur Wahl, die ich für besprechenswert hielt. Seine Reaktion war absolut verblüffend und erfreulich für mich.

›speichern‹, nicht erringen, nicht stehlen, nicht nachahmen und niemals erfragen.

Es gibt es nicht. Es ist nur Wahrheit. Nur Sein. Existenz. Das zu erklären ist jetzt sehr schwer für mich.

Das Wissen aufzugeben ist für viele ›suchende‹ Menschen oft das schwerste. Es ist nicht außen zu finden – und auch nicht innen.

Das große, tiefe Wissen-Sein ist unendlich und ewig, ist unaussprechbar.

Ich habe kein Wissen. Ich bin.

Über den Himmel hast du mich gefragt. Den gibt es schon. Wie die Erde und andere Planeten, wie unsichtbare Universen und sichtbare auch. Es gibt den Himmel als Ort. Wie die Erde auch. Aber die Erde gibt es genauso als unsichtbares Erleben.

Der Himmel, wie du ihn erfragt hast, der sichtbare ›körperliche‹ Himmel, ist ein freier Ort. Dort, wo man erkannt hat, alles tun zu können, was man möchte. Er existiert unabhängig von Zeit und Raum. Und du kannst jederzeit dorthin zurückkehren – sobald du die Erinnerung in dir, in deinem inneren Himmel, wiedererlangt hast, kannst du auch ganz leicht in den äußeren Himmel reisen.

Dich hindert dein Wissen so sehr daran, in den Himmel zu reisen. Selbst in Augenblicken, wo deine sanfte Seele schon sehr bereit ist, läßt du dich von deinem Verstand und deinem Wissen auf der Erde festhalten.

Und du klammerst dich an deine sogenannte Sicherheit, da du ja das Wissen über diese Dinge hast und somit eines schönen Tages das alles erleben kannst – wenn du deine Erdgebundenheit, die für dich momentan eine Notwendigkeit darstellt, abgelegt hast.

Nicht für einen Augenblick hast du bis jetzt daran gezweifelt, daß du in den Himmel reisen kannst. Aber, daß du ihn auch jetzt schon jede Sekunde in dir trägst, willst du das nicht sehen? Und dich öfter dorthin zurückziehen? Mit mir, mit uns. Zusammen oder alleine.

Ich will dir die Farben, die Formen, die Umstände und andere schöne Dinge vom äußeren Himmel nicht erzählen. Es würde dir ja sowieso nichts nützen. Du kannst dir nämlich das alles ganz genau vorstellen. Ich weiß es – weil wir nämlich schon dort waren. Du brauchst gar nicht danach zu fragen, und du brauchst auch keine Bestätigung.

Aber willst du, daß es viele andere Menschen erfahren sollen? Ja, das muß sein. Aber ich kann nur mit leeren Worten versuchen, etwas zu erklären, was die meisten nur mit dem Verstand erfassen können und vielleicht daran glauben. Das tun aber die allermeisten. Einige beschimpfen sich sogar wegen ihrer sogenannten Flucht in die Phantasie. Wie traurig für sie, sie haben das Leben noch nicht lieben gelernt.

Ob du mit mir eine Reise ohne Gedanken und Fragen machen willst? Ohne Überlegungen und Beurteilungen. Ich erwarte deine Antwort im Traum.

Du bist so lieb. Alles an dir liebe ich. Alles, alles. Werden wir uns öfter streiten? Es wird sehr schön.

Mama, ich war gestern von dem kalten Gerät und den Tönen, die zu mir gedrungen sind, irritiert.[80] *Es war wie kalte, spitze Wassertropfen, die überall auf meinem Körper hart angeprallt sind und sich wieder abgestoßen haben. Nicht auf allen meinen Körperteilen war es gleich stark.*

Ich habe deinen Herzschlag gespürt, der wieder stärker und schneller geworden ist. Du warst sehr erschüttert, es hat in dir

[80] Er bezieht sich auf den Ultraschall.

gebebt. Aber da war auch eine so große, tiefe Freude, von dir und Papa. Das hat meinen Körper so entspannt, daß alles wieder gut war. Doch das Prasseln und Prickeln habe ich noch länger, vor allem auf meiner Körperoberfläche gespürt.

Es war auch eine sehr feine, liebe Stimme im Raum, ich habe mich sehr zu ihr hingezogen gefühlt.[81] *Du hast meinen Impuls stark gespürt. Fast hast du dich gewundert, warum du diese Stimme fest umarmen wolltest.*

Im Gebäude habe ich viele dunkle Gestalten herumschleichen gespürt. Aber sie kommen überhaupt nicht näher an uns heran.

Heute nacht habe ich auch die kleinen Babys besucht.[82] *Ich bin ganz bei ihnen untergetaucht. Viele sind noch im Bauch und einige schon heraußen. Wir haben uns gespürt, einige sind aufgewacht. Die Mütter haben überhaupt nichts mitgekriegt, aber wir Babys verstehen uns sehr gut. Wenn eines weint, muß oft ein anderes mitweinen, aber nicht alle weinen mit.*

Viele sind so alleine, daß sie uns anderen Kleinen gar nicht richtig wahrnehmen, so verkrampft sind sie.

Manche Babys, die schon heraußen sind, erzählen denen, die noch drinnen sind, von der Geburt. Aber natürlich nicht mit Worten. Sie kriegen untereinander alles mit. Ob die Mütter das ahnen?

Ein ganz kleinwinziges Mädchen ist in dem Haus, das habe ich sehr lieb. Sie liegt in einem Glasbett. Ich werde sie öfter im Traum besuchen.[83]

[81] Der Assistent war während der Ultraschall-Untersuchung sehr einfühlsam und liebevoll zu mir gewesen.

[82] Die Neugeborenen waren im vierten Stock der Klinik untergebracht. Im dritten Stock sind die Kreißzimmer und -säle und im zweiten Stock die kleineren und größeren Krankenzimmer. Manuji ist also vom zweiten in den vierten Stock unterwegs gewesen.

[83] Wir konnten zwar einige Tage darauf in Erfahrung bringen, daß im vierten Stock ein Brutkasten steht, aber nicht, ob ein Mädchen darin lag. Erstens hatten wir keinen Zutritt zu dieser Abteilung, und zweitens wollten wir nicht den Grund unserer Neugier angeben.

Unsere Stellung ist nicht mehr angenehm, hören wir auf. Vati wartet schon so sehnsüchtig auf unsere Nachricht, ich schicke ihm alles ...[84]

[84] Mira rief mich gleich nach vollendeter Niederschrift der mitternächtlichen Botschaft in dem Büro in Linz an und gab mir telefonisch den Text durch, den ich in völliger Euphorie gleich auf dem Schreibautomaten heruntertippte.

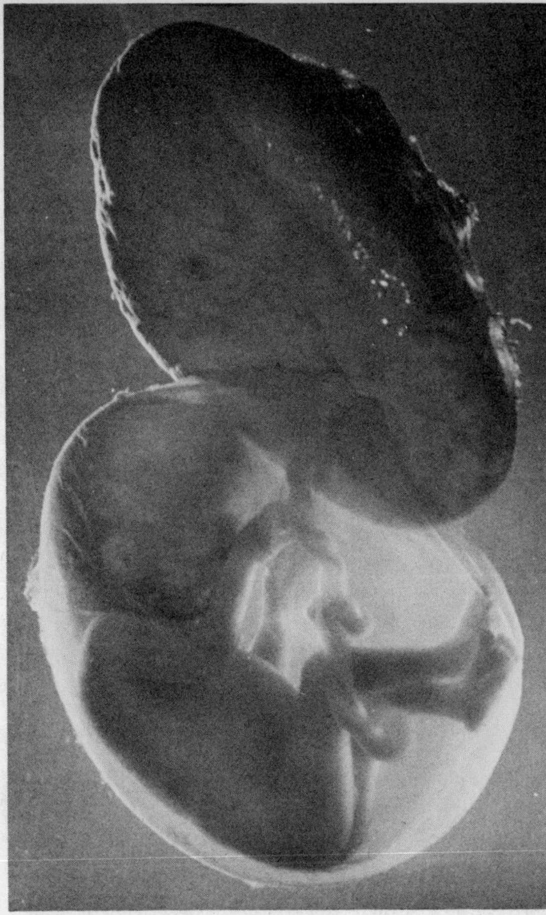

Mein ganzer Körper
spielt mit sich selbst…

30. Schwangerschaftswoche 25. Botschaft
Landesfrauenklinik 1. April 1984

Mama, ich habe heute deine Mama am Telefon gehört. Ihre Stimme ist so zaghaft und ängstlich. Sie zieht es so zu mir her, will so viel von mir. Sie will mich – so wie dich. Sie wartet so auf mich, aber mit großer Freude und guten Herzens.

Wieso ängstigt sie sich so? Sie hat ihr ganzes Unterteil so verspannt, als müßte sie alles zusammenhalten, um unten nichts herauslassen zu müssen. Ihre Stimme ist wie die eines ›Häschens‹. Alle ihre Hoffnung hängt an uns. Wir werden ihre Wünsche nicht erfüllen können.

Ich habe ein liebes Gefühl zu ihr, aber ich lasse mich von ihrer Schwingung nicht beeindrucken.

Ich spüre, wie du ihre Hilfe zwar annimmst, aber dich inner-

lich schlecht dabei fühlst. Weil du in dieser Sache noch von ihr abhängig bist...[85] *Und das tut dir sehr, sehr weh. Es ist der Grund, warum dir das letzte bißchen Selbstvertrauen noch fehlt. Erst wenn du es geschafft hast, von ihr in jeder Weise unabhängig zu sein, wird deine Selbstvertrauensentspannung vollkommen sein. Die Zeit ist schon nahe.*

Ich ruhe jetzt in dir und sehe den ›Himmel‹. Oh, ich sehe helle Sterne auf dunkler Farbe und andere frohe Lichter. Und Gestalten, die schweben und einander an den Händen halten.

Winzigste Wesen tummeln sich bei mir im Wasser und spielen mit mir. Sie fressen sich gegenseitig auf und stoßen einander dann wieder aus, das ist sehr lustig. Das eine frißt das andere und spuckt es hinten wieder aus, worauf dieses gleich wieder munter drauflos schwimmt. Außerdem sind noch andere kleine Wesen im Bauch, sie reinigen dauernd das Wasser und flimmern wie rote, silbrige Glasperlen. Manchmal werden sie dunkler und heller.[86]

Von meinen Fußsohlen fühle ich immer stärkere Energie in mich hinauffließen. Meine Arme werden stärker, und ich bekomme Lust, anzufassen, zu packen und herumzutun.

Mit meinen Beinen mache ich auch Verrenkungen, auch drehe ich meinen Kopf schon heftiger als früher. Mein ganzer Körper spielt mit sich selbst immer ausgelassener, obwohl der Raum immer enger wird.

Heute habe ich gespürt, daß Lydia mich gestreichelt hat. Es war seltsam, ganz anders, als wenn du oder Papa das tut. Es war so

[85] Finanzielle Unterstützung.

[86] Welche Mikroorganismen sich im Fruchtwasser tummeln, haben wir bis heute nicht in Erfahrung gebracht. Vielleicht kann uns einer der Leser dieses Buches darüber aufklären.

viel weiter weg. Ich habe eher die Bewegungen als ein Gefühl gespürt, das mich innen total berührt hätte. Und du hast es gerne zugelassen.

Ich mag deine Art, wie du mit mir sprichst und ich spüre auch, wenn es dir schwerfällt, nur um des Schreibens willen mit mir zu reden – aber, wie du siehst, es geht. Ich bin ja immer noch in deinem Bauch.

Das Spazierengehen fängt an, mir zu fehlen. Deshalb müssen wir es viel öfter in unserer Phantasie tun. Das geht genausogut, ich kriege dabei fast soviel ›gute‹ Luft, als wären wir wirklich im Wald.

Die Ruhe tut uns sehr gut. Und das viele Liegen ist zur Zeit auch noch sehr angenehm.

Ich bleibe noch ein bißchen länger in dir. Dein Manudschi.

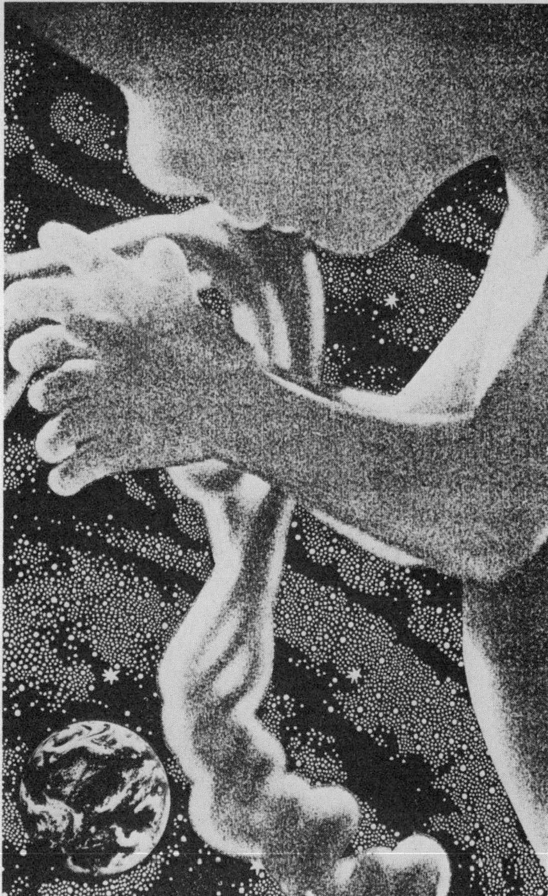

Versteht ihr
denn nicht!...

30. Schwangerschaftswoche — 26. Botschaft
Landesfrauenklinik — 2. April 1984

Allerliebste Mama, alle tiefen Brunnen sind voll von Liebe und von reiner Seligkeit, wenn ich dich fühle und dir nahe bin. Ich fühle, wie du wieder weich geworden bist.

Der Mut zu schweigen. Aufhören mit etwas, von dem du mir erzählt hast, daß es alle Leute tun: über andere reden, denken, urteilen – aber nicht fühlen und verstehen.

Aufhören damit ... haben wir jetzt ein Geheimnis? Oder versteht es einer unter denen, die das lesen werden?

Ist das das Schweigen, wenn man trotzdem spricht, aber alles oder ›dieses Ausgesprochene‹ in seinem Herzen fest aufbewahrt – sich zu eigen macht? Damit stark wird? Keine Angst mehr vor dem Herzeigen kennt – weil man zu dem geworden ist, was man beschlossen hat?

Wie tief ich dich fühle!

Lassen wir alle, alle Zweifel fallen und ›denken‹ wir nicht immer soviel darüber nach, was wir alles gesagt haben. Es ist unwichtig. Vorbei.

Wir sind jeden Augenblick ein anderer. Eine andere Welle – und doch dieselbe.

Hast du Angst davor, eine Welle zu sein???

Mama, verstehst du mich? Das, was ich dir sagen möchte? – Ich habe jetzt das erste Mal das Gefühl, du kannst es noch nicht so total. So ganz. Du bist noch ein wenig entfernt.

Ich will Lydia etwas sagen. Ganz leise, heimlich ins Ohr. Aber nicht hier in dieses Buch. Nein, nicht mehr. Ich will es ihr über dich erzählen, wenn sie mir nahe ist.

Sie ist ja so traurig – so, so traurig. Warum? Weil sie sich so weh getan hat, so sehr. Sie hat Schuld an ihrem Unglück, und das bricht ihr das Herz. Sie will nicht glauben, daß es eine Entschuldigung gibt – tief in ihrem Herzen. Sie kann es nicht glauben.

Alles in ihr verurteilt sich selbst, wegen ihrer ›Ungestalt‹. Sie ringt so danach, von außen das widergespiegelt zu bekommen, was sie sich selbst im Innern verweigert. Aus Härte?

Ich habe ihr noch sehr viel zu sagen, aber nicht hier.

Einiges schon, denn es trifft auf viele Menschen zu...

Trotzdem hat jeder auf seine Art sein Schicksal gemacht. Und sie sucht es noch immer, auf immer sanfteren Pfoten. Aber sie sucht noch immer den Schmerz, den tiefen. Sie fühlt ihn in ihrer Brust und sucht ihn auch außen. Sie sucht ihn! Und so muß sie ihn finden, solange sie ihn sucht. Aber nur solange – versteht ihr das?

Solange ihr ihn sucht, den Schmerz, und sei es in eurer eigenen

Brust, wo ihr glaubt, ihn von früher aufbewahrt zu haben und finden zu können!!

Versteht ihr denn nicht!
Versteht ihr denn nicht!

Ihr sucht den Schmerz, egal auf welche Weise – ob aufgehoben oder noch in eurer Phantasie.

Muß es sein? Ich kann euch jetzt keine Antwort geben.

Wir suchen auch das Glück, aber über das Glück brauchen wir nicht zu sprechen. Es ist überall.

Wie der Schmerz auch??

Ich bin verborgen in dir, tief verborgen. Und habe schon ein Gesicht, ein ganz bestimmtes.

Es fehlt ein kurzes Weilchen, bis ich da bin, für eure Augen sichtbar.

Aber könnt ihr mich nicht schon jetzt sehen? Habt ihr euch nie gefragt: Wieso kann ich etwas, das bloß hinter einer Wand ist, nicht mit meinen Augen sehen – muß erst aufstehen und hinter die Wand gehen, kann es erst dann sehen?

Nur eine Wand dazwischen. Und es ist eine Realität, was dahinter ist. Ich kann es nachprüfen, brauche nur hinter die Wand zu gehen.

Liebe Lydia, du denkst an mich, mit wehmütigen, liebevollen Augen. Willst so tapfer sein. Wieso kommen dir aber dann so oft bei den Gefühlen und dem Gedanken, ›tapfer‹ zu sein, die Tränen??

Ich liebe dich. Und werde deinen Fuß gesund sehen. Sehen ist alles. Wie man etwas sieht und ob man etwas sieht…

Manudschi mag jetzt ein ganz kleines Baby sein, nicht mehr. Ich mag schlafen, Ruhe und nur Baby sein.

Aber es ist so schön, mit euch zu sprechen, daß ich fast nicht aufhören kann.

Ein Ring von Engeln steht um uns und beschützt uns mit glühenden Fackeln, damit jedes Wort – jeder Impuls – auch aufgeschrieben werden darf. Der Mut dazu wurde geboren, und das Spiel muß zu Ende gespielt werden...

Ich fühle immer stärker, daß das Band – zwischen dem ›Euch-Sagen‹ und meinem Körper – stärker wird. Ich kann nicht mehr so leicht um euch reisen, euch erreichen. Ich bin immer stärker auf mich konzentriert, in mir verankert.

Aber ich fühle den tiefen Wunsch von Seelen, von mir und über mich etwas zu hören, das tiefer dringen darf, ohne weh zu tun. Oder tut es doch weh?

Machen wir keinen Unterschied mehr zwischen weh tun und weh tun lassen, dann wird es uns so gutgehen. Ist es denn wichtig, ob etwas weh tut?? Es ist genauso wie jedes andere Erleben.

Ich will nicht mehr. Nur mehr in dir liegen und diese vertraute Musik hören.

Aber wir fließen weiter zusammen, und unsere Gefühle, Gedanken und Verständnisse fließen zusammen wie viele Flüsse, die zum Meer strömen. Hörst du es plätschern und rauschen?

Manudschi liebt euch.

Soll man das Wort »Liebhaben« auch nicht erwähnen, wenn man schweigen will?

Ich lächle. Und ich lächle darüber. Und ich lächle über alles.

Das Leben ist nicht umzubringen …

31. Schwangerschaftswoche 27. Botschaft
Landesfrauenklinik 3. April 1984

Etwas gebären heißt, etwas in sich wachsen zu lassen. So lange, bis es reif ist, ans Licht zu gelangen.

Alles, was in uns wächst, wird geboren und ist Leben – hat Leben in sich, wenn wir es ihm gewähren – wenn wir den Strom nicht unterbrechen.

Ein Embryo wächst und will oder soll geboren werden. Und hat Leben in sich, ist das Leben.

Wer entscheidet, auf welche Weise sich das Leben äußert?? Wer bestimmt, was Leben ist?

Ein Kind, empfangen wie eine Idee – wie ein Gedanke. Der Wunsch – die Kraft, es wachsen zu lassen und es zu gebären. Es zu seiner Vollendung hinfinden zu lassen.

Oder: den Gedanken abschneiden – verdrängen. Ihm die Energie, das Leben nehmen. Ihm alle Kraft entziehen, um wachsen zu können und sich zu offenbaren. Einem Baum die Knospen brechen . . .

. . . aber er wird neue kriegen. Das Leben lebt. Und wie es sich offenbart . . . ist ihm selbst überlassen.

Aller Schein trügt: Das Leben ist nicht umzubringen . . .

Ihr habt mir vorhin diese Frage gestellt und das Wort ›Abtreibung‹ gebraucht:[87]

Jeder gebiert sein Leben. Und ist für sein Leben verantwortlich – wie im Kleinen, so im Großen.

Menschen ›töten‹ Tiere. Sie versuchen das Leben zu vertreiben. Sie können es nur dem Schein nach.

Alles ist Energie.

Und was dahintersteht . . . jeder weiß es selbst: Genau das, was er im Moment ist, fühlt und wünscht.

Ich kenne nur eine traurige Geschichte:

Der Mensch glaubt, sich selbst und somit das Leben töten zu können.

[87] Vor diesem Kontakt hatte René seine Hände auf meinen nun schon sehr umfangreichen Bauch gelegt und Manu gebeten, doch unbedingt etwas über das Problem der Abtreibung zu sagen. Es waren gerade wieder alle Zeitungen voll mit dieser Thematik, weil es einige Demonstrationen dafür und dagegen gegeben hatte.

Sich »Gott« öffnen …

31. Schwangerschaftswoche
Landesfrauenklinik

28. Botschaft
4. April 1984

Mama, du fängst an zu begreifen, was Hingabe ist. Sich hingeben – seinen kleinen Willen –, sich ›Gott‹ öffnen.

Heute hast du dich Papa ganz hingegeben.[88] *Und Papa ist ja unser Gott. Du wehrst dich sehr, diese Zeile aufzuschreiben, aber*

[88] Die letzten Tage hatten wir Eltern immer wieder kleinere Meinungsverschiedenheiten wegen eben dieses Buches. Ich hatte verschiedene Kapazitäten auf dem Gebiet der Pränatalen Psychologie angerufen und über die Vorgänge informiert. Ich wollte ›Fachleuten‹ eine Möglichkeit geben, unsere Erfahrungen mit ihren Methoden und Möglichkeiten zu objektivieren. Ich dachte, dies sei unumgänglich notwendig, damit uns das später auch geglaubt wird. Mira wollte verständlicherweise in Ruhe gelassen werden und hatte keinerlei Ambition, sich in dieser Situation auch noch so etwas aufzuhalsen. Dennoch hat sie schließlich in meinen Plan eingewilligt. Zu guter Letzt war das Interesse dieser Spezialisten ohnehin äußerst gering, was ich bis heute nicht begreifen kann.

bitte tue es. Ich, Manudschi, bin so glücklich, euch beide heute in dieser Situation erlebt haben zu dürfen.

In der Nacht hat dein großer Schmerz vor dem ›Durchbruch‹ begonnen. Die Angst, als Trennung, als Wand zu Papa, zum All, zu allem. Die Angst, diese Enge, der Schmerz, der entsteht, wenn du gleichzeitig innerhalb deiner Wand sein und gleichzeitig hinaus willst.

Und wie die Wand öffnen? Was ist das magische Wort?

Zu Papa hast du sie heute gesprochen, die magischen Worte, und ich habe erfahren, was in dir geschehen ist. Als du ein ›Dich‹ aufgegeben hast. Ein ›Du-hast-gehabt‹ und ›Ich-hab'-gehabt‹. ›Ich habe erlebt‹ und ›Du-hast-erlebt‹.

Wie wir alle drei gelitten haben. Und wie weh es tat, als wir noch nebeneinander erstarrt waren. Es war ein innerer Kampf für uns alle drei. Ich habe auch gespürt, wie deine ›Angst‹, dein Sperren gegen die Geburt eines neuen Selbst dich total schwach und ein bißchen hilflos gemacht hat. Aber du hast es geschafft. Papa hat auch etwas geschafft. Wir drei haben etwas geschafft – uns ohne Beschränkungen liebzuhaben.

Wieviel Lügen wir uns schon früher einmal deswegen vorgemacht haben, um uns ja nicht hingeben zu müssen – unser Sein, unser Wollen und Können.

Auch das Können hinzugeben – das ist etwas völlig Neues für viele Menschen. Das Können völlig hingeben, an andere, an das Leben.

Hingeben heißt aufgeben, ohne dafür zu fordern, durch Erwartung eines Lohnes.

Ich habe auch gespürt, daß du dich manchmal für das große ›Geschenk‹ – als das du mich empfindest – noch nicht ganz reif fühlst. Und du glaubst, dafür nicht genug geben zu können …

Immer nur ›bezahlen‹ für die Liebe, das haben so viele junge

Menschen schmerzlich ›erlernen‹ müssen. Und sie müssen es auch wieder verlernen.

Ich weiß von deiner Angst wegen der Medikamente, die du schluckst, um mich zu behalten. Der Widerspruch macht dich sehr zornig, tief im Inneren. Weil du zwar weißt, daß – wenn es mit Medikamenten oder Hilfsmitteln geht – es genausogut auch ohne gehen müßte. Du fühlst deine Schwäche in dieser Richtung, aber du wirst viel dadurch lernen.

Die Medikamente schaden nur insofern, als sie in mir bleiben, wenn du dich nicht entspannst und so die totale Ausscheidung aus deinem und meinem Körper nicht gewährleistest.

Wenn man sich nicht entspannt, bleiben Giftstoffe im Körper. Wenn die Anspannung – oft ein Angstgefühl – andauert, speichern sie sich und fangen an, den Körper zu durchfluten oder bestimmte Depots zu bilden, die zu Inseln der Auflösung oder zu Energieblockaden werden – so entsteht Krankheit.

Liebe Mama, Manudschi wünscht sich von dir ganz viele ›Küsse‹ und will viel gestreichelt werden.

Ich fange an, mir etwas zu ›wünschen‹, hast du das schon bemerkt? Ich will deine Stimme hören und daß du wieder so leise und so sanft mit mir redest. Besonders wenn niemand im Raum ist und wir alleine sind, können wir so schön miteinander zärtlich sein.

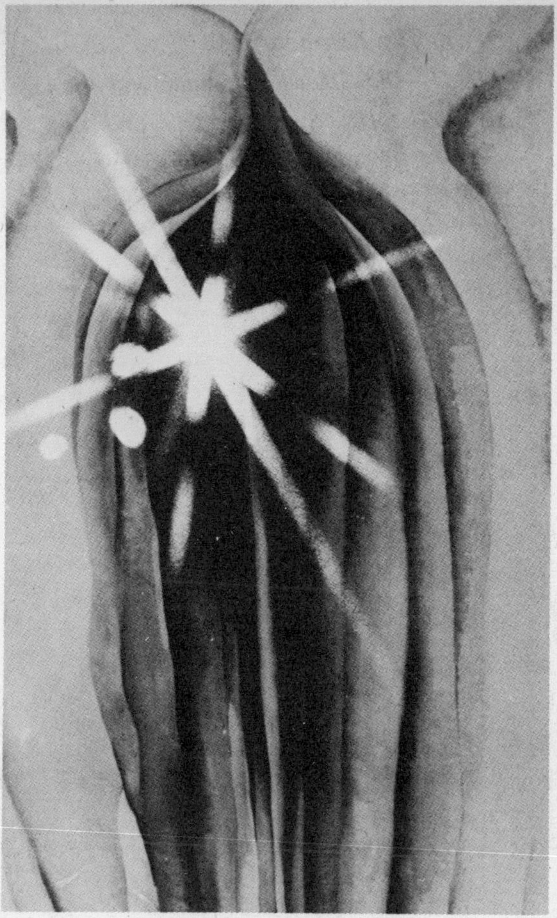

Bis bald...

31. Schwangerschaftswoche — 29. Botschaft
Landesfrauenklinik — 7. April 1984

Liebe Eltern, bitte laßt mich in Ruhe.[89]

Meine ganze Kraft ist jetzt nach unten gerichtet, und ich kann euch keine Auskunft mehr geben.

Es ist zu spät. Ich habe genug getan, euch zu helfen, zu verstehen. Und ich bitte euch, jetzt mir zu helfen und mir Ruhe zu geben.

Bitte akzeptiert meine Bitte. Bis bald. *Manudschi*

[89] Die Geburt stand nun wirklich und endgültig vor der Tür. Nachdem ich all meine Energie dareingesetzt hatte, diese Kommunikation zwischen meinem Sohn und seiner Mutter von den äußeren Umweltbedingungen her möglich zu machen, wollte ich es nicht wahrhaben, daß die Botschaften nun einfach so abrupt abbrechen sollten. So bat ich Mira inständig, doch zu versuchen, den Kontakt noch einmal aufzunehmen. Sie konnte jedoch beim besten Willen nicht mehr schreiben, die Wehen waren schon zu stark. So schlug ich ihr vor, den Kontakt trotzdem zu versuchen und das, was sie innerlich hören würde, einfach laut nachzusprechen, ich könne ja dann alles notieren. Erstaunlicherweise hat es geklappt.

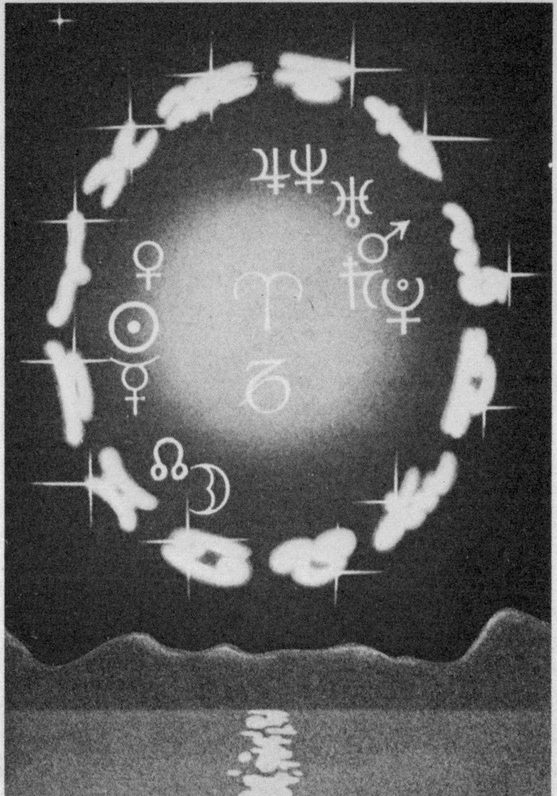

Zwei Uhr siebzehn
Sommerzeit

...aufgezeichnet von Mira und René.

Da waren sie wieder, meine Ängste und Unsicherheiten. Wie schon so oft kämpfte ich hart mit ihnen. Wenn das kommende Erlebnis positiv für mein Kind sein sollte, dessen war ich mir bewußt, mußte ich stark sein und mich in die Unendlichkeit fallen lassen. Es galt, mich selbst – wie auch immer – von meiner negativen psychischen Seite zu befreien und mich für diese gewaltige Erfahrung bereitzumachen.

Immer heftiger spürte ich die Erregung meines Körpers. Heißkalte Schauer durchrieselten mich und schüttelten mich hin und her. Ich ahnte bereits, daß ich jetzt in eine wichtige Phase meines Lebens eingetreten war. Plötzlich erkannte ich, daß mein ganzer Körper zu weinen begann. Stärker und stärker kamen die Wehen als Wellen an mich heran und schlugen wie

Wogen über mir zusammen. Ein riesig großer Schmerz würgte mich im Hals.

Unwiderruflich, nun wird es geschehen, mein Baby wird zu früh kommen, und ich kann absolut nichts mehr dagegen tun. Übergroße Fragezeichen standen vor meiner Seele: Warum wird es jetzt kommen? Warum ist es so früh dran? Wird es dem Baby gutgehen? Wie groß und wie schwer wird es sein? Ist es gesund? Ist es wirklich ein Sohn oder doch ein Mädchen? Wird mich das Baby auch liebhaben? Mit einem Male erkannte ich, daß ich diese letzte Frage noch nicht geklärt hatte. Verlange ich nach Liebe? Ist meine Psyche noch immer nicht stark genug, um sich von meinem Kind positiv abzusetzen und nichts von ihm zu erwarten?

Erst durch diese Überlegungen merkte ich, wieviel ich eigentlich von ihm erwartete. Aber dieser innere Kampf, dieses Abnabeln, dauerte nicht lange. Zwei Stunden mühte ich mich vergeblich, die Wehen wieder von mir wegzuschieben. In der heraufdämmernden Erkenntnis, daß dies nun nicht mehr möglich war und ich dieser Tatsache ins Auge blicken mußte, fing ich an zu singen.

Ich war alleine. Mein Mann begriff noch nicht, daß es nun endlich soweit war. Schon bei seinem Besuch am Nachmittag spürte ich, daß er es nicht sehen wollte. Im Unterbewußtsein merkte er jedoch sehr wohl, was in Kürze auf uns zukommen würde.

Ich lag einfach nur da. Drei Wochen war ich nun schon in diesem Raum gefangen. Ich konnte und durfte mich kaum bewegen, alles mußte mir getan werden. Meine ganze Selbständigkeit konzentrierte sich deshalb auf meinen Geist. Meine Phantasie war frei, und mit ihrer Hilfe hatte ich genügend Energie gesammelt, um sie in diesen schweren Momenten aufzubieten und mich nun endgültig fallen zu lassen.

Die Frage nach dem Leben oder Tod des Babys stieg in mir erneut auf: Wird es leben, oder wird es tot sein? Ich wußte ja, daß es so ganz klein war und deswegen sicher von mir getrennt werden würde. Wird es die Geburt positiv erleben können? Ich war mir auch bewußt, daß ich geschnitten werden mußte. Alles wußte ich klar. Irgendwie spürte ich ganz genau, was kommen wird. Der Moment der Entscheidung war gekommen. Ich gab mir einen großen Ruck und sagte mir, jetzt stürzt du dich hinein.

Ich tat den Schritt und fiel in die Tiefe. Sogleich kam die erste, äußerst heftige Wehe. Doch so schmerzhaft war sie nicht, als ich begann mit ihr zu gehen. In großen Wellenbewegungen ließ ich den Schmerz über mich hinziehen. Zu jedem Schmerz sagte ich: »Komm.« Ich sprach auch noch mit dem Baby und liebte es ganz wunderbar. Dann mußte ich loslassen, ich durfte es nicht mehr halten. Ich mußte mir eingestehen, daß ich es auch nicht mehr halten wollte. Und auch nicht mehr konnte.

Jetzt erst erkannte ich, daß ich unter einem psychischen Druck ohnegleichen und unter einer sehr großen Angst gestanden hatte: Ich traute mir gar nicht zu, ein Kind zu haben. Doch nun ist es soweit, ich werde trotzdem eines bekommen.

Große Qual und Verzweiflung kamen noch einmal über mich. Dann fühlte ich, daß es leben wird. Warum aber habe ich es die ganze Zeit nicht geschafft, dieses große Vertrauen aufzubringen, ein Kind, ein richtiges lebensfähiges Kind zur Welt bringen zu können? Jetzt wollte ich es mir beweisen: In meinem tiefsten Innern faßte ich deshalb den Entschluß, die Stunden vor der Geburt großteils ganz allein zu verbringen. Daß ich das kann, dieses Vertrauen hatte ich. Das Selbstbewußtsein, welches daraus erwachsen würde, das wollte ich mir holen.

Ich ließ mich immer weiter fallen. Zwar kamen Schwestern und Ärzte ins Zimmer, doch nur einer unter ihnen erkannte, daß ich das Kind sehr bald haben würde. Obwohl ich bereits den Blasensprung hatte und ohnehin in der Früh Medikamente einnahm, bekam ich nochmals einige Penicillin-Spritzen, die sehr weh taten. Sie waren meiner Meinung nach zu diesem Zeitpunkt nicht nur schon vollkommen unnötig, sondern sogar schädlich, wie sich später herausstellte.

Viele Erinnerungen an meine letzten Entbindungen stiegen auf. Von nun an wollte ich mich an die Erfahrungen meiner ersten Entbindung halten. Diese war sehr leicht gewesen, da ich naiv in das Ganze hineingegangen war. Ich fing wieder zu singen an. Auf keinen Fall darf ich bewußtlos werden, das sagte ich mir immer wieder. Ich muß auf alle Fälle dem Schmerz entgegensehen. So oft in meinem Leben hatte ich es geübt, dem Schmerz nicht mehr standzuhalten, sondern mit ihm mitzugehen, ihm leicht nachzugeben und ihn dann wieder zu halten, um ihn nicht zu verlieren, damit seine Wucht nicht stärker wird.

Hand in Hand mit dem Schmerz ging ich also immer tiefer hinein in ein fremdes Land, von dem ich wußte, daß es dort schön und schwer sein würde. Mir war sehr kalt, und ich fröstelte, als eine neue Wehe kam.

In diesem Zustand rief ich meinen Mann an und versuchte ihm direkter zu erklären, daß wir diese Nacht das Baby haben würden. Zuerst wollte er es nicht richtig glauben, kam dann aber doch noch mit dem letzten Zug. In den Minuten nach dem Telefonat lernte ich, mich auch von meinem Mann zu befreien, ich meine, ihm seine Freiheit zu geben, dazusein oder auch nicht. Mein ewiger Schrei nach Hilfe wurde plötzlich von mir selbst erhört. Erstmals bemerkte ich es so richtig, daß ich es selbst in der Hand habe, was mit mir geschieht. Und damit kam auch der Mut, dazu zu stehen, daß ich das Baby nicht mehr halten wollte.

Die halbe Nacht lag ich so im Bett, manchmal schlief ich, meistens wachte ich. Und eigentlich war es ganz schön zu erleben, wie stark ich mit meinem Schmerz war und wie leicht ich ihn ertrug. Ich behielt immer ein positives Gefühl in mir, redete mit dem Baby und streichelte den Bauch. Mit jedem Streicheln wischte ich mehr Wehmut und Trauer aus meinem Körper.

Mein Mann schlief, von seinem Hin- und Herhetzen völlig übermüdet, auf dem Bett neben mir. Ich erlebte währenddessen ein großes Gefühl von Stärke und Einsamkeit, wie schon oft in meinem Leben. Mein Baby und ich, ganz alleine – es war schön und traurig zugleich.

Irgendwann sehr früh morgens wurden die Wehen dann heftig und kamen in regelmäßigen Abständen von eineinhalb Minuten. Zwei Tage lang hatte ich keinen Stuhlgang gehabt, jetzt mußte ich. Blut! Es war eindeutig, daß die Geburt losging. Jetzt hieß es hinaufgehen in den Kreißsaal. Nach den zwei Entbindungen, die ich schon hinter mir hatte, wußte ich sehr genau, wann der Moment gekommen ist. Dann nämlich, wenn es in meinem Inneren klar und deutlich sagt: Jetzt!

Ich zog mich an und ging ganz normal in den Entbindungsraum hinauf. Dort erwartete mich eine leider sehr hysterische Hebamme. Sie konnte es nicht fassen, daß ich zwar Wehenabstände von eineinhalb Minuten, aber noch keinen richtig offenen Muttermund hatte. Sie meinte, es wären Krampfwehen. Äußerlich hat es mich schon ein bißchen tangiert, was sie sagte, aber innerlich war ich ganz sicher, daß es keine Krampfwehen waren.

Ich war in einem völlig anderen Bewußtsein, alle negativen oder unruhigen Schwingungen konnten mir absolut nichts anhaben. Mein Mann neben mir war eine sehr liebe Begleitung; ich bemerkte, was für ein liebes Kind er ist. Ich meine nicht ein kleines Kind, sondern sein Kind-Sein im Geiste. Er saß neben mir und hielt meine Hand. Die Hebamme gab mir ein Zäpfchen, um sich selbst zu beruhigen, und ging aus dem Zimmer.

Dann kamen die größten Wogen der Schmerzen, und es befiel mich das Gefühl, davonlaufen zu müssen. Doch ich lief nicht davon, ich blieb da und wußte, wenn ich das durchgestanden habe, dann ist es geschafft.

Als die Hebamme hinausgegangen war, konnte ich noch ein paarmal auf allen vieren im Kreis auf dem Bett herumkriechen und mich so bewegen, wie es mir angenehm war. Dann kam die erste Preßwehe. Ich habe einen kleinen, aber schrillen Laut ausgestoßen. Daraufhin stürzte die Hebamme ins Zimmer, ganz erschrocken, daß ich doch recht behalten hatte. Das Köpfchen war schon sichtbar, und der Assistent holte schnell die Schere. Vorbei war es mit dem freien Herumtun und Herumturnen, ich mußte mich so legen, wie sie es sagten. Es war sehr komisch, weil ich ganz sicher war, daß ich es selber am besten weiß und kann. René erhob gegen die Vorschriften der Hebamme kurz, aber bestimmt Einspruch und half mir. Darauf ließ man mich in Ruhe. Nur zum Dammschneiden mußte ich mich auf den Rükken legen. Ich sehe noch immer die lange Schere über meinem Unterleib warten.

Ich war so vollkommen bewußt und so wach wie kaum jemals in meinem Leben. Alle meine Kräfte waren auf diese schwere Arbeit gerichtet, und ich war gewillt, sie sehr gut zu erledigen. Ich preßte und überließ mich ganz den Wellen. Ich tat nichts anderes und gab mich bloß dem hin.

Dann kam der Schnitt. Ich höre noch dieses knirschende Geräusch und spüre, wie das Blut zwischen meinen Beinen fließt. Diesen Schmerz habe ich nicht körperlich, aber geistig erlebt.

Und dann – mit einem Schwupps – war er da. Es war ein wunderbares Erlebnis, als ich das Kind so leicht geboren hatte. Eigentlich habe ich nichts dazu getan, außer loszulassen und mich nicht dagegenzustellen. Im Innern hatte ich ganz und gar aufgegeben.

Sie legten ihn mir auf den Bauch. Dieser Blick und diese Äuglein werden mich ein Leben lang begleiten. Es war ein so tiefes und inniges Gefühl, wie ich es sonst nur zu meinem Mann empfinden kann. Ich streichelte ihn, meinen so winzigen Sohn. Schon als er heraußen war und ich ihn aus meiner liegenden Perspektive noch nicht sehen konnte, wußte ich, wie klein er war.

Ich sagte zu René: »Gelt, er ist ganz klein.« Und er sagte: »Ja, ganz klein«, und war ganz erstaunt. Für ihn ist alles furchtbar schnell gegangen, er hatte es nicht so erwartet.

Dann packte man unseren Sohn in Tücher und Alufolie. Wir durften ihn nochmals kurz bewundern, dann mußte er weg. Ich wollte einfach nicht traurig sein, weil er von mir getrennt wurde. Diese ganze Zeit über war ich sehr stark und wollte nur positive Schwingungen aussenden. Was sind schon meine psychischen Schmerzen gegen seine, wenn er getrennt von mir sein muß. Ich wußte nicht, wohin man ihn brachte, ich hoffte nur, daß für ihn alles gut verlaufen werde. Und das tat es letzten Endes auch.

Alles, was nachher kam, war sehr schrecklich und schwer für mich. Ich kam sehr bald aus diesem hohen und bewußten Zustand heraus und fand mich wieder am Boden mit meinen Ängsten und Unsicherheiten. Vom Dammschnitt habe ich einen Schock davongetragen, ich werde ihn Stück für Stück wieder aus mir hinausbefördern. Denn von einem tieferen Bewußtsein aus nährt mich immer mehr diese starke Kraft, die nur mein höheres Selbst sein kann. Ich danke Gott für diese Entbindung und daß er uns dieses Kind geschenkt hat.

Als Vater dürfte ich der Geburt nur beiwohnen, falls ich den hauseigenen Geburtsvorbereitungskurs besucht hätte, wurde mir gleich nach der Ankunft in der Klinik mitgeteilt. Auf meinen energischen Einwand hin, ich hätte mich ohnehin umfassend vorbereitet, meinte ein Assistent, da könne er vielleicht etwas machen. Die Welser Klinik hatten wir ja für den Notfall ausgewählt, weil uns zu Ohren gekommen war, daß hier seit einigen Jahren ein etwas fortschrittlicherer Geist weht. Gott sei Dank hielten Mira und das Baby bis zum schon wenige Tage später angesetzten Informationsabend durch, so daß es wenigstens da keine Probleme mehr gab.

Nach den bösen Erfahrungen während ihrer ersten Geburt – ihr damaliger Mann zeigte völliges Desinteresse – war es meiner Frau ein unbedingtes Bedürfnis, mich in diesen Stunden in der Nähe zu wissen. Ich konnte erst im nachhinein richtig erfassen, wie wichtig es für mich gewesen ist dabeizusein.

Am Vorabend der Geburt rief sie mich erneut in Linz an. Sie meinte, wie in den anstrengenden letzten Wochen schon einige Male, daß es nun soweit sei. Ich wollte es einfach noch nicht wahrhaben. Allein mein starker Wunsch und Wille, es noch nicht geschehen zu lassen, würde wieder etwas auf sie abfärben und ihr Kraft geben, es noch ein Stückchen weiter hinauszuzögern, dachte ich. Ein bißchen hat diese meine Einstellung während unseres Wettlaufs mit der Zeit ganz sicher mitgeholfen, davon bin ich noch heute überzeugt. Irgendwie war ich an diesem Abend jedoch unsicherer als sonst. So entschloß ich mich spontan oder intuitiv, doch noch den letzten Zug nach Wels erreichen zu wollen.

Ich hatte es gerade noch geschafft. Mit dem Taxi fuhr ich sodann vom Bahnhof zur Klinik. Lustigerweise fragte mich der

Fahrer, ob ich ein Assistenzarzt sei. Meine Absicht, im Krankenhaus immer mit meiner edelsten Kleidung zu erscheinen, um nicht den Eindruck zu erwecken, das Erster-Klasse-Zimmer nicht bezahlen zu können, hat zumindest den Taxifahrer beeindruckt. (Die Anstaltsleitung hat jedoch bereits nach einer Woche um eine Anzahlung gebeten.)

Mira traf ich bei guter Laune und mit dem Kopfhörer musikhörend an. Nach ein paar ›väterlichen‹ Ermunterungen schlief ich, todmüde von den organisatorischen Strapazen der letzten Tage und Wochen, bald neben den ›beiden‹ ein. Ich konnte beim besten Willen nicht mehr klar erkennen, wie die aktuelle Lage nun wirklich war, denn die Nächte zuvor hatte ich ja auch kaum geschlafen. Keine Wohnung, Unterschlupf bei einer Freundin, beruflich-materielle Notwendigkeiten, unsere Habseligkeiten verstreut an verschiedenen Orten, täglich Spezialernährung und bürokratischen Krimskrams organisieren, und alles – weil ohne Führerschein – mit öffentlichen Verkehrsmitteln, das brachte mich an die Grenzen meiner Leistungsfähigkeit. Täglich lief ich zudem viele Stadtkilometer zu Fuß, bis mein Körper mit einer Entzündung des Fersenbeins zu revoltieren begann. Größere Strecken zu gehen war bereits einigermaßen schmerzhaft. Jetzt hätte ich Miras energetische Bestrahlungen wieder gut gebrauchen können, dies war aber nun nicht gut möglich.

Um in dieser kritischen Situation nicht auszufallen, löste ich das Problem mit dem Kauf von luftgepolsterten Schuhen, welche wirklich Linderung brachten. Dies alles sei erwähnt, um zu verdeutlichen, wie meine Lage, obwohl ganz anders als die meiner Frau, sich doch ähnlich extrem gestaltete und ich in meiner auch nicht gerade einfachen Situation noch psychische Stütze für Mira sein wollte und mußte.

Gegen 22 Uhr weckte mich Mira. Erst jetzt sah auch ich klar, daß es wirklich diese Nacht sein würde. Um für eine lange Nacht fit zu sein, ging ich kurz auf einen Kaffee ins nahe gelegene Restaurant. Bei dieser Gelegenheit erstellte ich voller Neugier auch gleich ein provisorisches Kosmogramm für zwölf Uhr Mitternacht. Die Konstellation bestärkte mich, daß Manuel gut durchkommen würde, wenn es in dieser zum Sonntag gehenden Nacht wirklich geschehen sollte.

Zurück im Krankenzimmer, traf ich Mira trotz merklich starker Wehen wieder singend an. Ich war freudig überrascht und stolz auf meine Frau. Um Mitternacht bat sie mich, Karoline – eine junge Hebamme, mit der sie sich während ihres Klinikaufenthaltes angefreundet hatte – zu Hause anzurufen. Sie hatten vereinbart, egal wann, auch wenn Karoline gerade frei haben sollte, die Geburt gemeinsam zu vollbringen. Aufgrund meiner Schilderung der Lage ließ sich die Hebamme allerdings zu lange Zeit, sie kam eine halbe Stunde zu spät.

Für die Geburt hatte ich mir vieles vorgenommen: Beim Assistenzarzt hatte ich die Erlaubnis eingeholt, während der Geburt – zur Entspannung aller und speziell für das Baby – die Alphawellen-Musik spielen zu dürfen. Auch die exakte Geburtszeit, den Kopfaustritt, den ersten Schrei und die Abnabelung wollte ich zeitlich genau feststellen – zwecks astrologischer Studien.

Nichts von alledem. Im Kreißsaal angekommen, ging alles derartig schnell, daß ich erst im nachhinein verwundert entdeckte, daß ich die Musik vergessen hatte. Und die genaue Geburtszeit mußte ich mir von der Schwester geben lassen.

An der Art und Weise, wie sich eine Frau beim Geburtsakt verhält, erkenne man den Charakter der Frau, ihre Hingabefähigkeit, ja ihre Einstellung zum Leben selbst, ließ ich mir sagen. So weiß ich seit unserem Geburtserlebnis nun doppelt, welch ungewöhnlichen und selbständigen Charakter meine Frau hat. Ihre Unsicherheiten liegen nur an der Oberfläche. Jetzt, wo es drauf ankam, hat sie einfach das Rollenspiel vertauscht und noch während der letzten Geburtsphase selbst Anweisungen an das medizinische Personal gegeben. So zum Beispiel bestimmte sie genau den Moment, zu dem der Damm (was bei einer Frühgeburt unerläßlich ist) geschnitten werden sollte.

Nach dem Schwupps machte das Baby einen zarten Schrei. Nicht so laut und klagend, wie ich es schon in Filmen gesehen hatte. Als Manuji dann auf Miras Brust lag, versuchte er tatsächlich zu reden. Natürlich nicht mit Worten, aber er zeigte uns sein zartes Stimmchen in einer ganz fröhlichen Weise. Ich war voll Energie, überwach und glücklich zugleich. Mir war ganz leicht ums Herz. Auch das Gefühl, daß hier gerade der höchstwahrscheinlich jüngste Schriftsteller der Welt das (Neon-)Licht der Welt erblickt hatte, gab dem Augenblick eine besondere Note. Außer seinen Eltern kannte von den Anwesenden noch niemand dieses Geheimnis.

Während der Nachgeburt (die Plazenta war überaus klein) wurde unser Junior im Nebenraum gebadet, gemessen (41 cm) und gewogen (1,56 kg) und sofort in Stanniolpapier eingewikkelt, um ihn vor jedem Wärmeverlust zu schützen. Er kam nochmals kurz in Miras Arme und lag dann zehn Minuten neben einem Sauerstoffgebläse auf einem gepolsterten Tisch. Hier konnte ich allein mit ihm reden. Ich erklärte ihm, daß er nun mit dem Rettungswagen rasch in das große Kinderkrankenhaus nach Linz gebracht wird, daß er jetzt ganz stark sein muß und wir in Gedanken immer bei ihm sind. Daß ich ihn so schön finde und gleich frühmorgens besuchen kommen werde. Seine überaus wachen Augen zeigten mir klar, daß er alles verstanden hatte. Als er dann noch die Kraft hatte zu lächeln, fühlte ich mich schwerelos.

Die beiden Rettungsmänner, welche ihn im Brutkasten abholten, sahen mich etwas seltsam an, als ich gleich zweimal betonte, daß sie ja gut auf ihn aufpassen sollten. Wie Manuel die Fahrt im Rettungswagen erlebte, wird er uns vielleicht später mal erzählen können.

Anschließend wurde das Glück der Mutterschaft von der nervösen Hebamme ziemlich unsanft unterbrochen. ›Sie hat mich gewaschen wie einen Zinnsoldaten‹, um Miras Worte zu gebrauchen. Die Vorbereitungen für die Dammnaht folgten. Konsequenterweise lehnte Mira nun die Narkose ab, um auch diesen Teil bewußt zu erleben. Später meinte ein Arzt, so ein Fall von ›De-Simulation‹ (Schmerz-Verniedlichung) sei ihm noch nicht vorgekommen.

Im Operationsraum, zwei Zimmer weiter, ergab sich dann eine köstliche Situation: Als hier Mira vor der Krankenschwester und dem Arzt lautstark die Nervosität der Hebamme auf ihren starken Zuckerkonsum zurückführte (der übrigens bestätigt wurde), kam diese gerade hinter meiner Frau zur Tür herein. Der zwischen Miras Beinen nähende Assistent versuchte sie mit Gesten darauf hinzuweisen und zur Zurückhaltung zu bewegen. Als dies nichts fruchtete, biß er sie liebevoll in die rechte große Zehe.

Kurz darauf kam auch die eigentlich vorgesehene junge Hebamme zum Stelldichein. Zu ihrer großen Verwunderung, daß das Baby schon angekommen und zur Frühgeburtsstation unterwegs war, kam zusätzlich noch jene über den für eine solch kritische Situation ungewöhnlich frischen und aufgeweckten Zustand von Mama und Papa. Karoline und Mira unterhielten sich noch stundenlang glänzend bis in den erwachenden Morgen hinein.

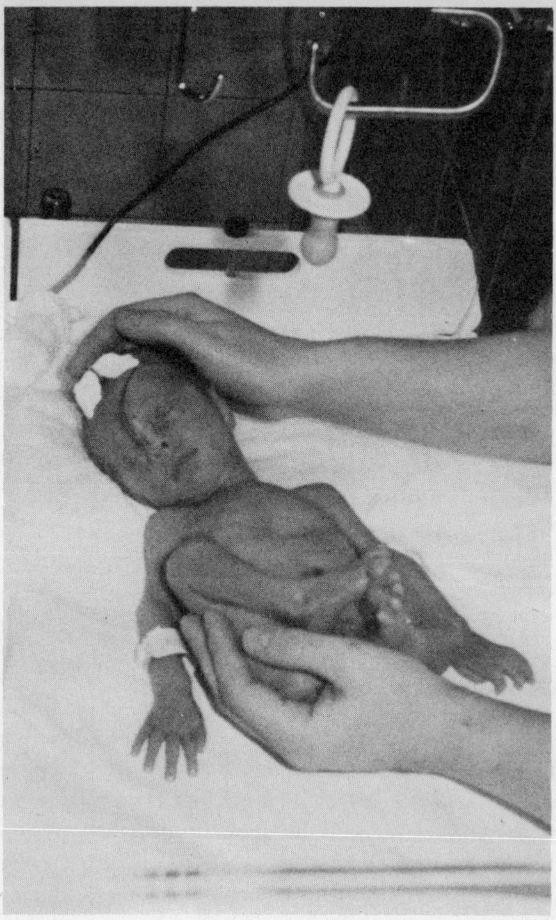

Fünf Wochen im Glasbettchen

...aufgezeichnet von René und Mira.

Nach wenigen Stunden Schlaf in der Geburtsklinik traf ich noch vormittags im Kinderkrankenhaus ein. Da ich außerhalb der Besuchszeit ankam, hatte ich einige Mühe, eingelassen zu werden. Nachdem ich mich mit einem weißen Schutzmantel bekleidet, Plastikhüllen über die Schuhe gezogen und meine Unterarme steril gemacht hatte, durfte ich schließlich doch die Intensivstation betreten.

Kleine Apparate surrten, Neonlicht flimmerte, und zwei junge Schwestern waren zwischen viel Glas und Metall beschäftigt. Man zeigte mir Manuels ›Glasbettchen‹ am Fensterplatz. Hier lag er nun wie ein halbes Dutzend weiterer Frühgeburten in einem plexigläsernen Brutkasten. Mir schien unser Baby das allerkleinste zu sein. Am Kopf hatte man ihm eine Infusionsnadel angegipst. Die Sauerstoffzufuhr hörte ich leise zischen. Völlig nackt lag er bei 37 Grad Celsius Lufttemperatur und spezieller Luftfeuchtigkeit entspannt auf dem Rücken schlafend da, die Arme über dem Kopf ausgestreckt. Seine kleinen Füßchen waren ganz blau und blutunterlaufen.

Ich dachte, dies sei irgendwie bei der Geburt entstanden. Erst später erfuhr ich, daß es von den Blutabnahmen aus den Fersen herrührte. Ich merkte, wie mich seine Situation innerlich mitleiden ließ.

Ein freundlicher Assistenzarzt kam und schilderte mir kurz die Diagnose. Abgesehen davon, daß man erst in ein bis zwei Wochen sagen könne, ob er durchkomme, erfuhr ich jedoch nur Gemeinplätze. In den nächsten Tagen könne ich, wenn ich wolle, mit dem Chefarzt sprechen. Ich bejahte.

Dann ließ man mich alleine, und ich konnte Manuel nun in Ruhe betrachten. Ich fand ihn überragend schön. Wie kann der Körper eines Frühgeborenen bereits so reif aussehen? Irgendwie war er mit seiner schlanken Figur für mich viel attraktiver als die molligen Babys, die man sonst zu sehen bekommt. Ich blickte mich nach den anderen Babys im Raum um, Manuel hatte eindeutig die schönste und lebendigste Farbe und eine ganz feine, makellose Haut. Schließlich ist er ja ein ›Bio-Baby‹, dachte ich. Nicht umsonst legt meine Frau solchen Wert auf gesunde Ernährung, hier ist der Erfolg deutlich sichtbar.

Ich öffnete das Inkubator-Fenster ein wenig und begann ihm sanft ins Ohr zu flüstern. Daß ich schon da bin, ihn ganz lieb habe und, soweit es nur geht, seine Verbindung mit Mama aufrechterhalten werde. Nach einer Weile lächelte er zart und öffnete langsam ein Auge. Offensichtlich erkannte er mich an der Stimme. Als er dann so richtig wach wurde, sah er mich durchdringend an und verzog sein Mündchen zum Weinen, er weinte aber dann doch nicht. Mir schien es, als wollte er mir damit die schon erduldeten Behandlungen und seine Trauer über unser Getrenntsein andeuten. Kurz darauf strahlte er jedoch wieder einen solchen Überlebenswillen aus, daß ich keine Angst um ihn haben konnte. Vorsichtig steckte ich meine Hand durch die Öffnung und berührte ihn liebevoll. Er reckte und streckte sich, daß es eine Freude war, ihm zuzusehen.

Ich hatte die Kamera dabei, um Mira wenigstens Fotos von ihm mitbringen zu können. Als ich dann zu knipsen anfing, nahm er regelrecht Posen ein. Ich bat ihn, als Gruß an seine Mama in die Kamera zu lächeln. Nachdem ich meine Bitte einige Male langsam wiederholte, nahm er einen Anlauf und tat es wirklich. Er strahlte über das ganze Gesicht, ich wahrscheinlich auch. Sein wundervolles Lächeln verpaßte ich um einen Augenblick, ein Hauch davon ist aber auf dem Foto doch noch erkennbar. Daß Frühgeborene schon wenige Stunden nach der Geburt so lachen können, erscheint mir noch heute wie ein Wunder.

Ich sprach noch sehr viel mit ihm. Er lauschte aufmerksam, schaute mich mit seinen dunklen Augen groß an und genoß es sichtlich, meine Stimme zu hören. Dann wurde er müde und schlief erschöpft und zufrieden wieder ein. Jetzt erst bemerkte ich die extreme Hitze im Intensivzimmer, ich schwitzte ziemlich. Trotzdem blieb ich noch bis zum Ende der inzwischen begonnenen regulären Besuchszeit vor dem ›Glasbettchen‹ stehen. Besorgt beobachtete ich ein immer wieder aufblinkendes Lämpchen, welches die Atemfunktion anzeigte.

Anschließend gab ich meiner Frau einen telefonischen Lagebericht. Sie wollte alles wissen und stellte immer wieder die gleichen Fragen. Alles in allem ertrug sie die Situation jedoch gefaßter, als ich angenommen hatte.

Am nächsten Morgen brachte ich Mira die sofort entwickelten Fotos in die Klinik mit. Freudentränen flossen aus ihren Augen. Sie vergaß ihre nachgeburtliche Schwäche und hätte am liebsten mit den Bildern das ganze Krankenzimmer tapeziert, entschied sich aber dann doch, nur das lächelnde Porträt Manujis neben dem Bett an die Wand zu heften. Die Schwestern und zwei Assistenten wurden zur Fotoschau eingeladen. Sie durften auch einen Blick in das soeben fertig abgetippte, inzwischen um die letzte Botschaft vervollständigte Baby-Manuskript werfen.

Gegen Mittag trat ich zum x-ten Male die Reise nach Linz an, diesmal, um die ersten Tropfen Muttermilch im Fläschchen in der Kühltasche abzuliefern. Leider bekommen die Kleinsten der Kleinen die abgelieferte Muttermilch immer erst einen Tag später, da sie vorher auf ihre Qualität hin untersucht wird. In dieser Zeit verflüchtigt sich natürlich ein Quantum Lebensenergie, das die Babys gerade in solchen Situationen auch gebrauchen könnten.

Bei meinem zweiten Besuch fand ich Manuel mit einem dünnen, durchsichtigen Schlauch im Näschen vor. Er hatte mit dieser Sonde bereits die erste (fremde) Muttermilch direkt in den Magen bekommen. Alle zwei Stunden nahm er nun so seine Mini-Ration ein.

Da ich nicht nur Mira, sondern auch unserem Baby jeden möglichen Service zukommen lassen wollte, erkundigte ich mich in der Kanzlei, was es kosten würde, ihn zweiter Klasse zu legen. Das kostete 570,– DM täglich, und bei der Behandlung würde sich dadurch nichts ändern, einzig die Besuchszeiten wären dann nicht so stark reglementiert, war die lapidare Antwort. Dies nun wissend, nahm ich mir heraus, die Besuchszeiten etwas zu überziehen. Wenn Manuel schon nicht bei uns sein konnte, so sollte er wenigstens während meiner Anwesenheit, in dieser Zeit der relativen Geborgenheit, Kraft für die Zeit dazwischen schöpfen können. Streicheln durfte ich ihn nur kurz, damit kein Temperaturabfall im Inkubator entstand. So versuchte ich, ihm von meinen Händen aus durch das Glas Energie zuströmen zu lassen. Mira tat dies auch aus der Ferne, sie versuchte geistig ständig bei ihm zu sein. Sie träumte auch schon von (oder mit?) ihm.

Die Stationsschwester der Neugeborenen-Abteilung, eine resolute ältere Dame, wollte meine ausgedehnten zeitlichen Kontaktwünsche nicht akzeptieren. Dies stellte sich uns als neuestes akutes Problem. Und das, obwohl sie mir selbst ein Merkblatt überreichte, auf dem klar und deutlich ›Ihr Kind braucht Sie!‹ stand. Ich hielt ihr entgegen, daß es in fortschrittlicheren Kinderkrankenhäusern schon üblich sei, die Mütter bei den Babys mitwohnen zu lassen. Da ich einfach nicht lockerließ, bekam ich ausnahmsweise für eine Woche die Genehmigung, auch vormittags zwei Stunden hinkommen zu dürfen. Aber ihren bösen Blick heimste ich mir wegen meines Widerspruchs für immer ein.

Die nächsten Tage begriff ich, warum nur nachmittags zwei Stunden Besuchszeit eingerichtet waren. Vormittags werden all die täglichen Untersuchungen und Prozeduren durchgeführt. Das Neueinsetzen der Infusionsnadeln, Röntgenaufnahmen und je nach Sachlage weitere Dinge. Jeden Vormittag erlebte ich eine dickliche, weißgekleidete Frau, die mit einem spitzen Instrument Manuel und verschiedene andere Babys in die Fersen stach und einige Glasröhrchen mit deren Blut füllte. Die Babys schrien immer wie am Spieß. Wenn man bedenkt, wie empfindlich der Fersenballen auf einen Stachel reagiert, kann man es nachfühlen. Nach einer Woche konnte ich es nicht mehr ertragen, täglich bei dieser gefühllosen Stecherei zuzusehen. Manuel beruhigte sich zwar immer bald darauf, wie wenn er es gleich wieder vergessen würde. Dennoch hatte ich mir vorgenommen, beim nächsten Arzt, der ins Zimmer käme, anzufragen, ob denn das unbedingt so exzessiv nötig sei. Wie es der Zufall wollte, konnte ich jetzt endlich mit dem Chefarzt sprechen. Obwohl mir erzählt wurde, daß er sehr liebevoll mit den Kleinen umginge, hatte ich einen ganz anderen Eindruck. Er ließ mich kaum zu Wort kommen und sah mir bei dem Gespräch nicht mal in die Augen.

Er leierte autoritär seine Floskeln herunter und wollte sich gleich wieder verabschieden. Auf meine sachte Anfrage hinsichtlich der Blutabnahmen reagierte er ziemlich aufgebracht: »Das sag' ich Ihnen gleich, bei uns gibt's kein Versuchslabor!« Ich war völlig schockiert und bin es auch heute noch, wenn ich daran zurückdenke. Ich habe lange über sein Verhalten hin und her gerätselt. Der einzige Schluß, zu dem ich gekommen bin, ist der mögliche Zusammenhang mit einer Nachrichtenmeldung. Dieser Tage ging der Bericht über einen Wiener Kinderarzt durch die Presse, der ohne Wissen der Eltern wissenschaftliche Versuche für seine Forschungsarbeiten an Kleinkindern angestellt hat. Er wurde übrigens vom Gericht freigesprochen, weil die Kinder dadurch keinen Schaden erlitten hätten.

Mira habe ich längere Zeit nichts von dem Vorfall mit dem Chefarzt erzählt, damit sie sich nicht unnötig Sorgen machte. Hier nun unsere nachgeburtlichen Erfahrungen aus Miras Sicht:

Seit Manuji nicht mehr in mir war, begann für mich eine neue, schreckliche Zeit, noch furchtbarer als die Wochen zuvor. Die Gewißheit, daß er am Leben war und ich nicht bei ihm sein konnte, zerriß mir fast das Herz. Ich wartete nur auf den Augenblick, da ich ihn sehen und bei ihm sein durfte. Ich konnte überhaupt nicht schlafen, einfach deswegen, weil das Kind nicht da war. Außerdem wurde ich immer wieder gestört: durch das Bettenmachen, die Untersuchungen, die diversen Besuche und das plagende Gefühl eines dauernden seelischen Schmerzes. Ich werde noch einige Zeit brauchen, bis ich die letzten Reste dieser Qual aus meiner Psyche ausgeschieden habe. Meine Psyche war nach den lang andauernden Torturen wahrlich komplett lädiert und zerrissen. So wie mein Körper viele Spritzen bekam und meine Adern völlig zerstochen waren, fühlte sich auch meine Psyche.

Dennoch, dem allem zum Trotz, in einer anderen Nische meines Bewußtseins, verlebte ich die ersten Tage in einer Euphorie des Glücks.

Meine körperliche Genesung verlief erstaunlich schnell und gut – obwohl ich die so wichtige Phase der Erholung nach der Geburt nicht gehabt habe. Auch jetzt, Monate nach diesen Stunden, konnte ich sie nur teilweise und stückchenweise nachholen. Ich konzentrierte mich voll und ganz auf den Heilungsprozeß, weil ich möglichst schnell entlassen werden wollte. Die Dammnaht verheilte wunderbar rasch. Deshalb stand ich auch schon sehr bald auf und ging herum, um fit zu werden. Ich nahm mich sehr zusammen.

Auch die Milch kam sehr bald, denn ich war fest entschlossen, das Baby zu stillen. Mein Mann brachte die Fläschchen täglich nach Linz und kam mit den Nachrichten, wie es dem Baby ging, zurück. Eine knappe Woche lang spielte er den Kurier zwischen uns. Ich hörte, daß Manuel Infusionen und alle möglichen medizinischen Hilfestellungen bekam. Bereits nach wenigen Tagen brauchte er aber vieles davon – was die anderen Frühgeburten noch brauchten – nicht mehr, weil er als sehr gesund eingestuft wurde. Auch ich hatte das Gefühl, die Klinik nicht mehr zu brauchen.

Nach fünf Tagen konnte ich den leitenden Arzt durch gutes Zureden schließlich dazu bewegen, mich endlich gehen zu lassen. Ansonsten hätte ich wohl auf eigene Faust die Klinik verlassen.

In Linz haben wir gottlob eine Freundin, die unser Drama etwas miterlebte und einsah, daß wir unbedingt ein Zimmer in Zentrumsnähe brauchten. Sie stellte uns einen ungenutzten Raum in ihrer Wohnung zur Verfügung. Psychisch ging es René und mir in dem dunklen Zimmer allerdings sehr schlecht. Wir waren beide von den monatelangen Strapazen verschiedenster Natur schon kurz vor dem Zusammenklappen.

Darüber, wie es in den folgenden Wochen weiterging, geben vielleicht einige Tagebuchauszüge einen ungefähren Eindruck:

> ...Nun war die Stunde da, in der ich Manuji erstmals nach fast einer Woche wiedersehen durfte. Als ich den Raum betrat, die Intensivstation, in der er mit vielen anderen zusammen betreut wurde, war ich nahe daran, an meinen Tränen innerlich zu ertrinken. Er hatte gerade sehr abgenommen (was nach der Geburt normal ist) und war erschreckend mager. Was aber gleichzeitig die größte Freude in mir auslöste, war die fühlbare Gewißheit, daß die psychische Bindung aufrecht war und durch nichts zerstört werden konnte. Vielleicht war sie durch die ganzen Leiden, die wir getrennt voneinander durchgestanden hatten, sogar noch stärker geworden.
>
> Ich streichelte meinen kleinen Sohn. Er machte die Augen auf und lächelte in einer Weise, die ich niemals mehr vergessen werde. Er hat die großen, dunklen und wachen Augen, wie ich sie schon in der Meditation und im Traum gesehen habe. Er sieht absolut so aus.

Damit fertig zu werden, wie winzig und hilflos er in dem Glaskasten ist, wird wohl eine Weile dauern. Ich bin noch sehr schwach, manchmal kippe ich im Sessel fast um…

Das schmucke Namensarmband trägt Emanuel jetzt auf der rechten Seite. Beim Bettchenmachen im Inkubator durfte ich sein Körperchen wieder hochhalten, es ist ein unbeschreibliches Gefühl.

René hat heute dem Baby unsere Alpha-Musik im Inkubator vorgespielt, ohne daß es die Schwestern gesehen haben. Er hat Manuel einen klitzekleinen Lautsprecher unter sein Pölsterchen gelegt und das Kabel durch den Ärmel des Schutzmantels zum versteckten Taschenrekorder geführt. Manuji horchte aufmerksam zu und hat sich sicher erinnert.

Auf der Diagnosetafel steht ›unauffällig, vital‹. René hat gefragt, wie denn das zusammenpaßt. Uns wurde erklärt, daß es eigentlich ›klinisch unauffällig‹ heißen soll, das heißt, er hat nichts und ist ansonsten vital…

…Alle zwei Stunden wird den frühen Babys ein durchsichtiges, flexibles Schläuchlein durch die Nase gesteckt. Manchmal stört es Manuji etwas, aber es ist gleich vorbei.

Er bekommt meine Milch über diese Sonde eingespritzt, und plötzlich hat er keinen Hunger mehr. Ich bin überzeugt, daß er am Nippel saugen würde, an meinem Finger tut er es ja auch. Wenn niemand im Zimmer ist, trainiere ich ihn jetzt öfter und lasse ihn am kleinen Finger nuckeln, da spür' ich genau, daß er es kann. Aber die Brust darf ich ihm erst ab einem bestimmten Gewicht geben. Vorschrift ist Vorschrift.

Hoffentlich hat Emanuel noch keinen nicht wiedergutzumachenden Schaden davongetragen.

Jetzt nach den Aussagen der Ärzte habe ich etwas Angst, daß ich nicht genug Milch haben werde, wo mein Baby sie doch so dringend braucht. Ich will auf keinen Fall, daß er künstliche Nahrung bekommt…

...Die Handmilchpumpe macht arge Probleme. Ich muß die Milch mit eigener Anstrengung aus mir heraussaugen und sollte dabei gleichzeitig auch noch entspannt sein. Für den ganzen Pumpvorgang brauche ich eine Stunde, und ich muß sechsmal pumpen am Tag. Und zweimal Manu besuchen, dazu brauche ich fast eine Stunde Fahrzeit hin und nochmals eine zurück. Zeit zum Kochen bleibt mir kaum, obwohl gerade jetzt das Essen so wichtig ist. Solch hartes Zen-Tempeltraining, wie es meine Freunde absolvierten, brauche ich nicht. Mein tägliches Leben ist jedenfalls seit längerer Zeit eine genügend harte Prüfung.

Warum habe ich mir ein Baby gewünscht, in unserer total bankrotten materiellen Situation? Mir kommt alles so vor wie mein Erlebnis auf der griechischen Insel, wo ich fast verdurstet wäre, weil ich ohne Karte und Verpflegung einfach drauflosgewandert bin. Und nicht umkehrte, als es noch gegangen wäre. Als ich wie durch ein Wunder mit dem Leben davonkam, hatte ich enorm an Kraft gewonnen. Vorher glaubte ich schon, jeder Schritt sei der allerletzte...

...In dem Stadtviertel, in dem Manujis Krankenhaus ist, stinkt es öfter dermaßen, daß mir übel wird. Ich frage mich, wie die Babys das empfinden? Und was es wirklich im Körper anrichtet. Ich kann nur hoffen, daß der Mensch stärker ist als aller Dreck, den er selber erzeugt. Wie kann man ein Kinderkrankenhaus bloß in einer Industriezone errichten? Jetzt, nachdem ich das erlebe, bin ich froh, daß Manuel in der Klinik schon über meinen Körper Lungenreifungsspritzen bekommen hat, obwohl ich dagegen war. Das verdanke ich seinen Beschützern.

Die Milch beginnt nun richtig zu fließen. Doch wie soll ich mich desinfizieren, wenn ich mit beiden Händen die Brust zuhalten muß, um nicht 10 bis 30 ml zu verlieren. Wenn aber die Milchqualität nur Stufe drei ist, wird sie weggeschüttet. Bis jetzt bekam er Gott sei Dank nur Muttermilch...

... Ich mußte heulen. Auf dem Diagnoseblatt stand, daß er in der Früh adaptierte Kunstmilch erhalten hat anstelle meiner Milch. Obwohl ich schon einige Male gute Überschußmilch abgeliefert hatte und damit andere Säuglinge miternährt wurden, bekam Manuji jetzt keine fremde Muttermilch. Vielleicht ist es sogar besser so, denn nicht jede Muttermilch hat für andere Babys die richtige Schwingung. Unser Puppi wird es trotzdem schaffen. Bis jetzt hatte Manuel vom Ausschlag abgesehen ja keine Komplikationen und nimmt so gut zu, daß sich die Ärzte schon wundern.

Den Hautausschlag, der jetzt wieder langsam vergeht, führe ich auf die vielen Penicillin-Spritzen zurück, welche ich vor der Geburt bekommen habe. Der Assistent bestritt bei der Visite jeden Zusammenhang. Eine ältere Schwester, die das Gespräch mithörte, sagte nachher, bei ihrem Baby sei es auch so gewesen. Diese offensichtlich erfahrene Schwester meinte auch noch: ›Sprechen Sie nie mit einem Arzt über Medikamente!‹ Ich werde es mir merken...

... Heute geschah etwas Wunderbares. Als ich von meinem Besuch im Kinderkrankenhaus heimkam, merkte ich, daß meine Hände besonders energetisch aufgeladen waren. Ich hatte Manuji lang im Inkubator gestreichelt und bestrahlt und kenne das Gefühl schon von meinen Heilmeditationen. Zu Hause angekommen, waren diese Energien immer noch da. Als ich mich kurz darauf zum Meditieren setzte, spürte ich, nachdem ich die Hände geschlossen hatte, Manujis feinstofflichen Körper fast so stark, wie wenn er körperlich dagewesen wäre. Ich war selig und schaukelte ihn sanft mit meinen Energiearmen. Jetzt weiß ich, jenseits allen Zweifels, daß meine mentalen Annäherungsversuche Erfolg haben. Dieser Trost gibt mir die Kraft, mit der momentanen körperlichen Trennung fertig zu werden und der Freude über Manujis Dasein Platz zu machen.

René ist viel unterwegs, um unser zukünftiges Leben zu organisieren. Vielleicht haben wir jetzt sogar eine Wohnung gefunden. Na, es ist noch nicht soweit...

...Am Vormittag kam ich ins Krankenhaus und konnte Manuji nicht finden. Er ist in die Neugeborenen-Abteilung übersiedelt. Den Glaskäfig hat er nun überstanden, jetzt liegt er in einem gewärmten Gitterbettchen. Ich konnte ihn erstmals nach der Geburt körperlich umarmen und so richtig durch und durch spüren. Ich bin die glücklichste Mutter der Welt.

Manuji bekommt seine Milch immer auf die Minute genau und immer die gleiche Menge. Von mir hat er heute erstmals etwas aus dem Fläschchen bekommen, danach wird die Milch wieder mit dem Schlauch sondiert. An der Brust wollte er nicht trinken, es strengt ihn noch zu sehr an. Aber ich bin sicher, daß er bald gern die Brust nimmt.

Meine Milch wird immer mehr, obwohl mir gesagt wurde, daß bei einer Frühgeburt die Milch nicht richtig kommt. Die meisten Informationen der Ärzte sind nicht gerade aufbauend. Einer hat sich schon über uns lustig gemacht, weil wir Manuji so oft und so lange besuchen. Heute fällt es mir schon leichter, von Manuel wegzugehen, da er eindeutig merkt, daß ich gedanklich immer bei ihm bin. Außerdem ist er bald so schwer, daß er heimkommen darf. Obwohl sich schon wieder eine Wohnungshoffnung zerschlagen hat, bin ich guter Dinge, daß wir bald ein Heim haben werden...

...Eine Kinderschwester sagte heute: ›Emanuel ist sehr viel wach. Er weint kaum und schaut mit seinen großen Augen herum, während die anderen Kinder die meiste Zeit schlafen. Wahrscheinlich denkt er sich, schlafen ist mir zu fad.‹

Auch einer anderen Schwester ist Manuels Art schon aufgefallen. Sie meinte, so weit sie in ihrer Arbeitszeit zurückdenken könne, habe sie kein solches Baby betreut. Manuji sei so erstaunlich zufrieden, aber was sie noch mehr verwundere, sei, daß das Baby alles derart wachsam beobachtet fast wie ein Erwachsener. Wenn sie ihn betreut und er sie mit seinen überwachen Augen anschaut, wird ihr manchmal ›ganz anders‹.

Auch seine Mama beäugt er immer ganz genau. Für ein Baby von knapp zwei Kilo verhält sich Manuji wirklich sehr ungewöhnlich. Die meisten Babys haben da noch einen Blick ins Leere, den hat er aber von Anfang an nicht gehabt. Er hat im Gegenteil schon zwölf Stunden nach seinem Eintreten in diese Welt herzhaft gelächelt...

...Bei meinem Nachmittagsbesuch habe ich mich heute um eine Stunde vertan und war schon um zwei Uhr da. Ich traf Manuji wach an, und er verlangte zu saugen. Es war eine Sonde vorgesehen, aber ich fragte, ob ich ihm trotzdem das Fläschchen geben dürfe. Er trank wie ein kleines Tigerlein alles aus, obwohl 15 ml mehr drinnen waren. Es strengte ihn gar nicht so arg an, wie es vom Personal befürchtet wurde. Auch um fünf Uhr darf ich ihm nochmals das Fläschchen geben, da er jetzt ›brav‹ getrunken hat. Die Milchqualität ist wieder 1A gewesen.

Auf dem Gang hört man dauernd die Kinder weinen. Ich muß mich zusammenreißen, um nicht mitzuheulen. Es heißt hier, man soll die Kleinen nicht zuviel aus den Bettchen nehmen, das strengt sie zu sehr an. Und das Schreien?

Das Baby, welches jetzt neben Manu liegt, war bei der Geburt viel kleiner als er und hat schon fast drei Kilogramm, aber es zuckt arg und bekommt echte Beruhigungsmittel.

Ab morgen bekommt Emanuel nur noch sieben Mahlzeiten täglich, er zählt jetzt schon zu den Größeren...

...Heute hat mein Baby erstmals von der Brust getrunken, um einiges früher, als der Assistent annahm. Sicher, weil ich Manuji schon an meinen Fingern das Lutschen habe üben lassen. Jetzt schläft er friedlich. Ich liebe ihn so sehr.

Nebenan schreien Babys. Wenn ich mich in Manuji versetze und mir vorstelle, daß meine ganze Ernährung, die Brust, Wärme und Geborgenheit sich immer wieder auf unbestimmbare Zeit von mir wegbewegen und ich dem noch nicht nachlaufen kann, versteh' ich Babys besser. Wenn als Mama-Ersatz immer wieder ein ganz fremdes Schwingungsfeld eines Menschen da ist, wäre ich auch irritiert.

Dieses provisorische Wohnen macht alles doppelt schwierig. Glücklicherweise bin ich inmitten dieses Ausgelastet- bis Überlastet-Seins zufriedener als in all den letzten Jahren, eigentlich mehr als bisher jemals in meinem Leben. Vielleicht kommt das vom Gefühl, meine Pflicht zu erfüllen, so gut ich nur kann.

Zum Meditieren komme ich zur Zeit nur selten. Aber wenn, dann zehre ich von der geschöpften Kraft längere Zeit. Erst dadurch erkenne und erfahre ich den Wert dieser Übungen in ihrer ganzen Tiefe. Weil ich sie seltener mache, ist die Wirkung um so auffälliger...

...Etwas Phantastisches ist passiert! Ich habe solche Freude. Eine ungeahnte Möglichkeit der Heilung von Babys im Schlaf hat sich aufgetan.

Eines von den beiden Babys, mit denen Manuji nun zusammen in einem Zimmer liegt, hat angeblich etwas mit dem Herzen. Jedenfalls schreit Claudia stundenlang. Ich gebe ihr oft den Schnuller und bewundere Manujis Ruhe neben ihr. Das Mädchen ist voll ausgetragen, schon fast zwei Monate im Krankenhaus und muß die Nahrung noch immer mit einer Sonde bekommen. Claudia kann bis heute weder saugen noch schlucken!

Gestern wurde mir nun ihr Zustand plötzlich zuviel. Als sie endlich schlief, fühlte ich mich in ihr Höheres Selbst ein und sprach ganz eindringlich zu ihr. Ich versicherte ihr, daß sie garantiert trinken könne, sie müßte es nur mit aller Kraft versuchen usw. Ich redete eine ganze Weile konzentriert auf sie ein.

Welch ein Wunder, als die Schwester heute erfreut ausrief, daß der Kleinen endlich der Knopf aufgegangen sei...

...Manujis Bett ist hochgestellt, und auf dem Beobachtungsblatt steht: Schreit viel in der Nacht! Das ist bisher nicht vorgekommen. Vorgestern hatte ich von frischem Schwarzbrot arge Blähungen, wahrscheinlich hatte Manuel von der Milch, die er ja erst 24 Stunden später trinkt, die gleichen Winde bekommen und deshalb so geweint.

Die Milch hat heute nur zweite Qualität. Sicher, weil ich die Brust vor dem Pumpen nicht mit Seife gewaschen habe. Aber mein Busen ist schon ganz wund von der Maschine.

Jetzt schlafe ich seit drei Tagen die Nacht durch und pumpte daher – auch wegen der überreizten Haut – etwas weniger. Gerade lese ich auf der Milchstatistik, daß ich vor zwei Wochen auch nur 490 ml hatte. Babys Temperatur ist auf 36,8 Grad gesunken, er bekommt deshalb eine Wärmflasche. Beim nächsten Messen wird er wohl über 37 Grad haben. Seine Haut ist viel heller geworden...

...Immer wieder werde ich gefragt, wann ich mein Kind impfen lasse. Ich habe gesagt, wir sind noch beim Überlegen, obwohl wir es nicht zulassen werden. Das Personal kann einfach nicht begreifen, daß man darüber auch anderer Auffassung sein kann. Ob es einen Sinn hat, ihnen die anthroposophische Broschüre über das Impfen zu verehren, welche René sich schicken ließ? Ich glaube eher nicht. Die Krise der symptomatischen Medizin fängt ja schon beim Wort Krankenhaus an. Wenn die westlichen Ärzte das Wesen der ›Krankheit‹ verstehen würden, hieße es wohl ›Gesundungshaus‹. So wie das Fiebern eines Körpers ja bereits den Heilungsprozeß darstellt, ist es doch in der Regel auch mit anderen Krankheiten. Sie sind schon der eingeleitete Gesundungsvorgang für eine vorhergegangene Unbalance in Körper und Geist. Daß der einzelne dies nicht erkennt und deshalb die Heilwerdung nicht geschehen kann, steht auf einem anderen Blatt...

...Manuel bekommt täglich gezuckerte Vitamine in sein Essen. Heute hat er wieder so ein wäßrig-eitriges Auge. Ich glaube, das kommt von diesen Präparaten, die er so wieder ausscheidet. Er hat jetzt 2280 Gramm.

Das Stillen hier ist nicht gerade sehr entspannend. Rundherum schreien, weinen und brüllen die Kinder, und dauernd kommt jemand zur Tür herein. Ich bekomme Schweißausbrüche und fühle, wie verrückt da alles abläuft. Wenn ich doch nicht so viel wüßte, aber ich schaue mich um und sehe so viel.

Die meisten Babys werden sehr wenig besucht, das stimmt mich sehr traurig. Ich wende mich auch denen ein wenig zu.

Die Fabriken stinken wieder entsetzlich heute...

...Nachdem wir die Einrichtung von Manuels Gruppenzimmer mit Metall, Glas und Plastik auf die Dauer doch etwas nüchtern fanden, hatte René das spontane Bedürfnis, dem Baby eine schöne große Blume neben das Bettchen zu stellen. Als die große Margerite gerade erst ein paar Minuten ihr Köpfchen ins Gitterbettchen neigte, kam es zum Tumult. Die Schwestern liefen beinahe Amok, so etwas sei nicht erlaubt und noch nie vorgekommen. Kleinkinder könnten sowieso nichts damit anfangen, meinten sie übereinstimmend. Auch das scherzhafte Angebot Renés, die Blume halt sterilisieren zu lassen, konnte die Situation nicht mehr lockern. Ich frage eine Schwester, wann ich ihn nach Hause nehmen kann. Das bestimmen die Ärzte, vorher muß er noch ein paar Tage ordentlich trinken. In einer Woche hat Manuji wohl alles überstanden...

...Übermorgen darf Manu nach Hause, ich kann es noch gar nicht fassen.

Jetzt sind gut sechs Wochen um, und die Sonne erreicht den Horizont. Ich sagte zu Manuji gerade: ›Bald haben wir es geschafft, dann kommst du heim, die Polster für dein Körbchen sind schon fertig.‹ Er lacht über das ganze Gesicht, ich könnte dauernd schmusen mit ihm. Jetzt halte ich sein linkes Händchen, während ich schreibe. Nun schläft er gleich ein, er sieht René ziemlich ähnlich, auch die Figur hat er von ihm.

Schwester Antje sagt, er ist wie eine Puppe, so schön. Ich gestehe ihr, daß ich in der Schwangerschaft oft Puppi zu ihm gesagt habe. Sie meint, wahrscheinlich hat er deshalb so ein liebes Gesicht bekommen...

Wie Sie sehen, war Manujis insgesamt fast zweimonatiger Aufenthalt im Kinderkrankenhaus eine überwiegend traurige Erfahrung für uns Eltern, sicher auch für das Baby. Insbesondere weil das Personal so betonte, sehr aufgeschlossen zu sein, war alles um so verrückter. Beinahe täglich wurden uns haarsträubende Sachen gesagt wie: Wir würden ohnehin nur aus Egoismus so oft kommen. Wir sollten das viele Streicheln unterlassen, im Mutterleib wird ein Kind ja auch nicht gestreichelt. Als Frühgeburt sei er ja im eigentlichen Sinn noch nicht geboren. Ob wir denn glaubten, daß das schon ein fertiger Mensch sei. Usw.... Dann war da auch der ständige Kampf um die Besuchszeiten. Es ist ein Skandal, so um den Zugang zum eigenen Kind betteln zu müssen. Man gab uns auch keineswegs das Gefühl, das eigene Kind zu besuchen. In der letzten Woche fand sich dann im Fläschchen, nachdem Manuel es ausgetrunken hatte, gar noch eine große Glasscherbe.

Der Streß, dem wir durch das leitende Personal ausgesetzt waren, war absolut unerträglich. René hatte ständig damit zu tun, mich zu beruhigen. Die Oberschwester konnte uns von Anfang an nicht leiden, weil wir darauf bestanden, Manuji zweimal täglich zu besuchen. Sie war es, die anscheinend auch den Chefarzt gegen uns aufbrachte. Als uns das Baby übergeben wurde, ließ er sich nochmals kurz blicken. Als René auf seine Frage, ob wir nun schlußendlich doch zufrieden seien, mit ›zu 90 Prozent‹ antwortete, reagierte er überraschend emotionell. ›Sie werden mit dem Kind noch große Schwierigkeiten haben‹ und daß wir ›viel zuviel vom Baby verlangen‹ murmelte er noch, bevor er die Tür hinter sich zuschlug.

Emanuel hat wochenlang alles still und tapfer hingenommen. Er gab uns auch meistens das Gefühl, stark genug zu sein, das alles unbeschadet zu überstehen. Innerlich ist er, wie es scheint, durch nichts aus der Ruhe zu bringen. Wir Eltern hingegen brauchten einige Tage, um aus diesem Alptraum aufzuwachen und wieder unsere Mitte zu finden.

Ein Zeitungsartikel, den wir einige Tage nach Manujis Entlassung aus dem Krankenhaus lasen, schlug dem Faß den Boden aus. In der Pressemeldung wurde der Umgang mit Frühgeborenen in der dritten Welt geschildert. Bei der sogenannten Känguruh-Methode kommen sogar die Kleinsten der Kleinen ohne Brutkastentechnik und Sondenernährung aus. Die Babys werden einfach gleich nach der Geburt gut in Tücher verpackt an den Körper der Mutter gebunden, wo sie zugleich Körperwärme und Brustnahrung erhalten. Diese Geborgenheit wird Tag und Nacht aufrechterhalten. So können die meisten Mütter samt Kind schon innerhalb einer Woche das einfache Krankenhaus verlassen, hieß es in diesem Auszug aus einem medizinischen Bericht.

Manuji aber mußte trotz aller (oder gerade wegen dieser) klinischen Apparate sieben Wochen ausharren, bevor er wieder ganz bei uns sein durfte. Mira meint, daß sie mit dieser einfachen Methode schon David (Emanuels ersten Verkörperungsversuch) durchgebracht hätte.

Österreich hat zwar eine kostspielige Medizintechnik und dazu angeblich eine Ärzteschwemme, aber dennoch die höchste Kindersterblichkeit in Europa. Da stimmt doch etwas nicht!

Im Rückspiegel

... aufgezeichnet von René und Mira.

Als unser Junior mit 2,430 kg endlich aus dem Krankenhaus freigegeben wurde, war unsere Wohnungsodyssee noch immer nicht zu Ende. Leider konnte ich trotz aller Anstrengungen meiner Frau und meinem Kind damals kein akzeptables Nest bieten, was mein väterliches Selbstbewußsein doch ziemlich knickte. Den dunklen Abstellraum bei M. wollten wir dem Baby aber auch nicht zumuten, es wäre bis auf unsere Anwesenheit keine Verbesserung seiner Situation gewesen.

Zum Glück kam uns in dieser Not eine befreundete Familie zu Hilfe und bot uns ihre momentan nicht genutzte Stadtwohnung an. In dieser – seit ich Mira kennenlernte – bisher sechsten Unterkunft blieben wir jedoch nur wenige Tage. Wir wollten diese unangenehme Stadt so schnell wie möglich verlassen, also klopften wir nochmals bei Lydia an, zu der wir ja aus der Pension ›Waldesruh‹ geflüchtet waren.

Zu dieser Zeit lag mein Vater schon seit Wochen mit akutem Krebs im Krankenhaus. Meine Mutter gab uns deshalb heimlich die bislang von ihm verweigerte Erlaubnis, vorübergehend das alte elterliche Sommerhäuschen zu benützen.

Also renovierte ich, während Mira mit dem Baby bei Lydia wohnte und glückselig war, rasch einen Raum, um das mittlerweile siebte Wohnungsprovisorium für uns bezugsfertig zu machen.

Mein Vater hat Emanuel nie gesehen. Einzig ein paar Fotos von seinem vierten Enkelkind konnte ich ihm am Krankenbett noch zeigen. Sie sind ihm aus der Hand gefallen – er war nur noch phasenweise bei Bewußtsein. Leider war mein Vater, als es noch Heilmöglichkeiten gegeben hätte, dem spirituellen Heilen gegenüber nicht aufgeschlossen.

Er hatte seit langem nicht das beste Verhältnis zu seinen Söhnen, und auch umgekehrt war es so. Unser Lebensweg war zu unkonventionell für ihn. Als es dann ziemlich schnell mit ihm zu Ende ging, konnten wir aber doch noch Frieden miteinander schließen.

Am Tag seines Abschieds – zwei Monate nach Manuels Geburt – ergab es sich, daß ich ihn auf seine Reise in die andere Welt vorbereiten durfte und wollte. Während seiner letzten Stunden half ich ihm mit all meiner Kraft, seinen Todeskampf in ein friedfertiges Loslassen zu verwandeln. Er starb schließlich mit einem Lächeln auf den Lippen. Offensichtlich wurde er von Freunden am Tor erwartet. Für ihn dieses letzte Werk tun zu können war auch für mich innerlich befreiend. In so geballter Weise den Fluß des Lebens über Generationen hinweg zu erleben – meinen Sohn zu erhalten, als mein Vater ging – war eine ganz und gar archaische und erhebende Erfahrung für mich, ein Zuhause-Fühlen im Kosmos.

Ich glaube, heute wäre (oder ist) mein Vater mit meinem Lebensweg nicht mehr ganz so unzufrieden, wie er es zu seinen Lebzeiten in dieser Welt war.

Seit dem Frühsommer wohnten wir dann provisorisch in dem feuchten Bungalow. Manuel schlief dort noch in seinem Moseskörbchen. Zum Einschlafen liegt er aber bis heute am liebsten auf Papas oder Mamas Bauch und läßt sich vom Atemrhythmus in den Schlaf wiegen. Unser Junior war damals noch so winzig, daß wir ihn in einem Suppentopf badeten. Nur an diesem Topf können wir heute noch ermessen, wie klein Manuji war.

Im Alter von knapp vier Monaten bekam Manuel einen starken Husten. Wahrscheinlich hatte ihn seine Oma angesteckt. Frühgeburten sind ja sehr anfällig im Bereich der Atmungsorgane. In der Nacht glühte er vor Fieber, Mira kam deswegen ziemlich in Panik. Als auch sein Husten und Röcheln bedenkliche Formen annahm, konnten wir nicht umhin, mit ihm den nächstgelegenen Kinderarzt aufzusuchen. Der Arzt meinte, Manuel sei am Rande einer Lungenentzündung, und verschrieb ihm Antibiotika, ohne die er es seiner Meinung nach auf keinen Fall schaffen würde. Wenn es in zwei Tagen nicht besser würde, müßte er unser Baby ins Krankenhaus einweisen, befand der Doktor. Er sah uns etwas argwöhnisch an, weil er aus unseren Unterlagen ersah, daß unser Baby ein Frühchen war und wir noch keine Impfungen hatten vornehmen lassen.

Babys bekommen doch ihre Kinderkrankheiten, damit sie Abwehrkräfte aufbauen und widerstandsfähiger werden. Wenn wir Manuel diese Chance verpatzen, noch dazu mit Antibiotika, die einfach alles abtöten, wird er länger eine anfällige Natur haben. Andererseits mußten wir etwas unternehmen. Konfrontiert mit dem hohen Fieber, Miras Ängsten und meiner Ratlosigkeit, kam ich auf eine Idee, die uns vielleicht einer Lösung des Problems näherbringen konnte. Ich meinte zu Mira, sie solle meditieren und ihren verstorbenen Lehrer Zeané um Rat bitten.

Meine Frau traute sich das zwar in der kritischen Situation nicht ganz zu, war aber mit einem Versuch einverstanden. Zu diesem Zweck zog sie sich in den nahen Wald zurück. Dorthin, wo meine Brüder ein indianisches Medizinrad – das ist ein mit Steinen nach bestimmten Gesetzen ausgelegter Ritualkreis – angelegt hatten. Sie setzte sich mit Block und Bleistift an einen darin befindlichen Baum und meditierte. Inständig und unter Tränen bat sie ihren Meister, uns mit seiner Weisheit zu helfen. Vielleicht eine halbe Stunde später vernahm sie seine Stimme im Geiste und notierte:

»Sie müssen offen bleiben. Verschließen Sie sich nicht. Halten Sie die Augen offen und bewahren Sie Ruhe im Herzen. Sehen Sie die große Natur an, was ihr angetan wird! Sie bleibt trotzdem stumm und still und geduldig.

Seien Sie ein Felsen. Sie wissen den Weg, gehen Sie ihn, ohne zu zögern. Und sehen Sie alles, was daherkommt, als Fingerzeig für etwas, das Sie noch nicht gemeistert haben, an. Offen bleiben. Nicht verschließen, das tut weh und trennt. Ich weiß. Verzweifeln Sie nicht. Ja, geben Sie es ihm (das antibiotische Mittel). Sie werden ja sehen. Es wird ihm sicher schlecht werden. Aber geben Sie es ihm. Sie müssen es ihm geben, sonst hat er keine Chance mehr. Er ist stark, aber er kann sterben, also geben Sie es ihm. Wenn er trotzdem stirbt, haben Sie es ihm gegeben. Ohne das Mittel würde er sterben. Er ist zwar stark, aber sein Körper ist sehr geschwächt, da er sehr ›yin‹ ist, das Sie länger nicht ausgleichen können. Sie müssen sehr aufpassen, denn bis zum 13. Lebensjahr kann er leicht sterben. Aber wenn er stirbt, macht es auch nichts. Er kommt wieder, keine Sorge! Sorgen Sie sich nicht soviel. Ihre Schuld ist schon getilgt. Sie erleben jetzt sozusagen ihre Sühne. Sie werden sehr stark dadurch, wenn Sie jetzt innerlich ruhig bleiben und Vertrauen haben. Haben Sie doch mehr Vertrauen. Sie kommen sonst nicht weiter!

Es wird nicht sehr schlimm werden. Ich bin da, wenn es wirklich schlimm wird. Ich gehe jetzt, Sie haben meinen Rat gehört.«

Die Botschaft schockierte uns ziemlich. Einige Stunden lang waren wir völlig unfähig zu einer Entscheidung. Bis uns schlagartig klar wurde, was uns Zeané wirklich sagen wollte. Er verhielt sich wieder in einer Weise, wie er es seinen Schülern gegenüber oft zu tun pflegte. Er stieg in unsere illusionären Vorstellungen so total mit ein, sprach unsere Ängste so direkt an, daß wir keinen anderen Ausweg hatten, als daraus aufzuwachen: Ein Meister der Makrobiotik legt uns eindringlich ans Herz, unserem Baby ein Antibiotikum einzuflößen. Welch ein Widerspruch zu seiner Lehre und wie sinnig zugleich.

Wir haben dem Baby schließlich weder die Medizin noch weiter den Arzt, noch das Krankenhaus zugemutet, sondern ganz einfach alte Hausmittel angewendet: einige Tage Zwiebelpakkungen auf die Brust und Heilbestrahlungen von Mira. Er hustete zwar noch etwas, war aber bald wieder guter Dinge. Dann war der ganze Spuk vorbei.

In dem engen Sommerhaus haben wir beinahe ein halbes Jahr residiert. Im Herbst hatte Mira dort noch einen weiteren medialen Kontakt, der am Rande mit dem Baby zusammenhing.

Mira ist es gerade nicht besonders gutgegangen. Sie fühlte sich mit Manuji in dem einen Zimmer sehr eingeengt. Außerdem waren tageweise zu viele Leute da, die die übrigen Räume benutzten. Sie saß sinnierend am Tisch und schaute aus dem Fenster in den gegenüberliegenden Wald.

In Miras Worten: »Ich habe nichts gedacht, nur so diffus hinübergeblickt. Da habe ich ein riesiges Gesicht entdeckt, das von den Schattierungen der Baumwipfel gebildet wurde. Ich habe weggesehen und wieder hin, es war immer noch da. Zu René meinte ich, so halb in mich murmelnd: Ich spür' einen Kontakt! Da ist er mir schon um Zettel und Bleistift gelaufen. Ich habe weiter auf das Waldgesicht gesehen und gleichzeitig blind auf das gebrachte Papier geschrieben. René hat dann die Botschaft aus meinem Gekritzel rekonstruiert.

Hier eine gekürzte Wiedergabe:

›Alles Liebe! Alles Liebe! Sage ihnen alles Liebe von mir und meinen Freunden. Wir sind die Geister des Waldes und beschützen und behüten alle Wesen, die zu uns kommen, zu uns eintreten. Wir hören ihre Sprache.

Ich bin sehr alt und weise, wie ihr sagen würdet. Mein Gesicht verändert sich immer, wie die Stunden der Zeit. Ich höre es immer rauschen, denn die Sprache unserer Herzen ist Musik. Ich – wir – lauschen auch euren Tönen und haben deinen Hilferuf vernommen. Wir vernehmen dein Singen und dein Weinen. Deine Musik klingt in unseren Herzen wider. Sei getrost, du hast uns gerufen, und wir wollen dir helfen. Wir beschützen auch dein Baby... (Störung) ...Egal, welcher Lärm, wir können immer zu dir sprechen. Wir erwarten dein stilles Gebet und folgen jeder Aufforderung zum Tanz. Wir lieben dich und gehören zu dir.‹

Dies war nun die Weise, in der ich die in meiner frühen Jugend versiegte Verbindung mit Elementarwesen wiedergefunden habe. Ich fühlte mich in meine Kindheit zurückversetzt. Den letzten mentalen Kontakt, an den ich mich von damals noch erinnern kann, fand ich auch zu einem Baum. Ich führte Zwiegespräche mit einer Birke.«

Wie extrem sich die Sensitivität Miras wieder einfand, zeigt auch eine lustige Begebenheit während des Sommers.

Wegen eines Pilzausschlags, den das Baby bekam, schluckte Mira Propolis-Kapseln (Auszug aus dem Bienen-Kittharz). Die desinfizierende Wirkung dieses Heilmittels sollte sich über die Muttermilch auf das Baby übertragen. Einige Stunden nach der Einnahme klagte Mira dann über ein ständiges Summen, das sie innerlich hörte. Als sie kurz darauf ein Bild von einem Waldrand und einem Baumstamm, an dem ein wilder Bienenstock hängt, auf dem geistigen Bildschirm sah und schilderte, wurde uns unter Gelächter der Zusammenhang klar.

Knapp vor der eisigen Zeit des Winters 1984/85 gelang uns endlich der große Sprung nach vorn. Am Attersee, im Herzen des Salzkammerguts, fanden wir – ›Zufälle‹ spielten wieder eine große Rolle dabei – ein ganzes Haus, neu erbaut und all unseren Wünschen entsprechend: mit Garten und Wohnküche. Sogar einen eigenen Raum für die Heilmeditation und ›Readings‹ und auch einen Atelierraum auf dem Dachboden haben wir nun. Die von Manuji in der 21. Botschaft empfohlene Imagination eines Wohnhauses mit Bergen in der Nähe hat sich damit ungefähr erfüllt.

Erst hier waren wir in der Lage, unsere elterlichen Kommentare, die Sie hier lesen, abzuschließen. Vorher ließen das unsere Lebensumstände nicht richtig zu.

Beide, René und ich, haben wir das sichere Gefühl, daß Manuji alles, was um ihn herum vorgeht, mitbekommt, und das seit seiner Geburt. Phasenweise hat er einen derart intelligenten und durchdringenden Gesichtsausdruck, daß seine innere Kraft und Gelassenheit offenbar werden. Im Umgang mit ihm können wir sehr viel lernen.

Als Manuel in seinem Körbchen keinen Platz mehr hatte, lag er eine Zeitlang bei uns im Doppelbett. Vor kurzem hat er sein eigenes Bettchen mit Baldachin bekommen. Am liebsten schläft er aber weiterhin auf Papas oder Mamas Bauch ein.

Unser Baby hat übrigens, abgesehen von rund zwei Wochen im Kinderkrankenhaus, nie ein Fläschchen bekommen. Bis zu den ersten Zähnchen servierte Mira Babys Flüssignahrung immer in ihrer natürlichsten Verpackung. Da er an der Brust, wann immer er wollte, nuckeln durfte, hatten wir nie irgendwelche Probleme mit ihm. Auch Fingerlutschen ist ihm fremd. Als erste Festnahrung gab es Vollreisbrei. Jetzt ist es schon sehr lustig zuzusehen, wie Manuels Fingerchen mit einzelnen Reiskörnchen spielen. Er hat nie diese energielose Fertigbabynahrung erhalten, wie sie uns per Prospektflut nach der Geburt im Postkasten aufdringlich angeboten wurde. Unser Gesundheitsminister hat zwar davon gesprochen, daß all diese irreführenden Mütterinformationen per Gesetz eingedämmt werden würden, ob dies aber auch geschieht, wagen wir zu bezweifeln.

Manche Leute sagen, man müsse sich aufgeben, wenn ein Baby da ist. Wir erleben das genau umgekehrt. Emanuel berührt unser innerstes Selbst ganz unmittelbar. Durch ihn werden wir immer kreativer und bemerken erst jetzt, was uns wirklich wichtig ist. Es ist ein wunderbares Erleben, ihn Tag für Tag wachsen zu sehen. Nicht nur, daß ein Baby – wenn man genau aufpaßt – schon nach ein paar Stunden Schlaf wieder körperlich ein bißchen reifer geworden ist, es hat auch in solch kurzer Zeit merkliche geistige Entwicklungssprünge gemacht.

Viele unserer Freunde haben schon ihr Herz für Manuji und seine Botschaft geöffnet. Unsere Beziehung zu ihnen ist dadurch tiefer geworden. Jetzt, nachdem einige Babytext-Manuskripte auch im weiteren Bekanntenkreis kursieren, haben auch fremde Menschen ihre Seele weit aufgemacht. Wir haben deshalb schon eine Reihe Briefe bekommen.

Schön langsam beginnt unser Söhnchen, auch mit seinem Mund Worte zu formen. Huh, Mammiee, Bapabapa, Naiiin, Nnngah (Hunger), Jaja und Lautmalereien wie Jabuh, Gebua usw. sind momentan die Favoriten. Bei verschiedenen Radiomelodien und Meditationsmusik, die wir spielen, singt er oft mit. Auf seinem kleinen Kinderklavier klopft er schon ganz schön in die Tasten. Dann ist er wieder ruhiger und beobachtet das Treiben der vielen Vögel durch die gläserne Terrassentür.

In letzter Zeit studiert Manuel unbekannte Gesichter, zuerst sehr ernst und ausgiebig, bevor er vielleicht lächelt. Zu Hause, mit uns allein, lacht er sehr viel und weint eigentlich nur, wenn er wirklich ein gravierendes Problem hat. Er hat wahrlich ein freundliches Gemüt. Ich empfinde ihn jetzt genauso wie während der Schwangerschaft.

Vor einigen Tagen hat uns wieder eine hochschwangere Frau besucht. Ich habe ihren Mutterbauch gestreichelt und mit ihrem Embryo laut gesprochen und dem Baby über die Hände liebende Strahlung geschickt. Die Mutter gestand uns mit erstaunten Augen, daß sie in ihrer Schwangerschaft noch nie so starke direkte Reaktionen ihres Babys verspürt hat.

Jede meiner Schwangerschaften war anders. Diesmal war ich so ernsthaft und meine Erfahrungen so echt und tief, daß ich die Kraft zu bleibender innerer Veränderung gefunden habe. Trotz unserer zeitweisen körperlichen Trennung nach der Entbindung empfinde ich seit der Empfängnis das ununterbrochene Glück seiner Anwesenheit. Durch Manuji bin ich stark geworden. Besonders durch die wunderbare Geburt, nach der er – obwohl so winzig – schon mit uns plauderte. Der biblischen Aufforderung »Wenn ihr nicht werdet wie die Kinder, ihr nicht eingeht in das Himmelreich« begegnen wir nunmehr mit immer tieferem Verstehen.

Wenn ich unser fast fertiges Werk durchblättere, merke ich, wie froh ich über das Buch bin. Es hat die Erlebnisse mit Manuji so lebendig erhalten. Deshalb will ich hier auch den Dank an all unsere Freunde, Verwandten und Bekannten aussprechen, insbesondere den geistigen Helfern von der anderen Seite, ohne deren Beistand das Buch nicht hätte entstehen können. Wir hoffen sehr, unseren Lesern mit den Begleittexten ein halbwegs abgerundetes Bild unserer Lebensumstände gegeben zu haben. Obwohl wir den Hintergrund, aus dem die Erfahrung mit unserem Sohn erwuchs, in dieser Kürze nur andeuten konnten.

Zurückblickend möchte ich noch sagen, daß wir unser doch eher ungewöhnliches Elternwerden als eine große Ehre des Universums ansehen, als eine großartige uns gegebene Chance, die wir hier mit Ihnen teilen durften. Für uns Eltern war und ist es die bei weitem gewaltigste Erfahrung, die wir je in diesem Leben gemacht haben. Nach all den Härten und Freuden, all den traurigen Tiefen und ekstatischen Höhepunkten sehen wir die Welt nun wieder mit anderen Augen.

Wenn ein Kind kommt, möchte es nur Liebe ausdrücken. Und es kann nicht verstehen, warum seine Liebe zurückgewiesen wird. Es verliert mehr und mehr sein Vertrauen und den Mut, seine Liebe zu zeigen. Durch die übliche Erziehung entsteht dann so eine Gesellschaft wie die unsere. Es liegt an uns allen, hier und jetzt aufzuwachen. Beglücken wir doch die Kinder der Zukunft schon im Mutterbauch mit einer neuen Qualität des Lebens!

Während wir an den letzten Begleittexten zu diesem Buch schrieben und alle Kapitel im Rohkonzept schon fertig hatten, tauchte in unseren internen Diskussionen immer wieder die Frage auf, warum Manujis Botschaften mit der Geburt zu Ende waren. Irgendwie konnte René keinen logischen Grund dafür sehen, wie er es auch drehte und wendete. Kurz und gut, er meinte, die Frage sollten wir am besten durch einen Kontaktversuch unsererseits klären.

Anfang März versuchte ich dann erstmals neben dem schlafenden Baby zu meditieren und mich mental auf es einzustellen. Fast unmittelbar nach oder schon während meines geistigen Anrufs wachte Emanuel auf und sah mich mit erstaunten Augen an. René wollte sich mit dem Ergebnis nicht recht begnügen und sprach eindringlich zum Baby über sein Problem. Einige Tage darauf, René war auf Reisen, versuchte ich es nochmals. Ich meditierte im ersten Stock, im Schlafzimmer, und Manuji lag auf dem Sofa im Wohnzimmer, einen Stock tiefer. Sehr lange Zeit kam nichts, und ich wollte schon aufgeben, doch dann...

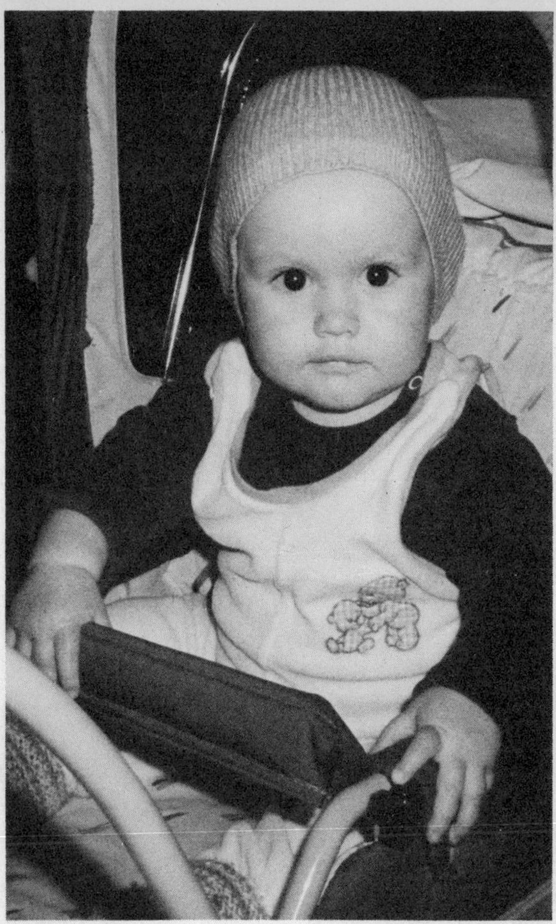

Mammi, hör mal…

Letzte Botschaft — 11 Monate nach der Geburt
Am Attersee — 15. März 1985

Mammi, hör mal, schreib bitte nichts mehr von mir in das Buch.

Mammi, Manudschi ist traurig, wenn du noch was ins Buch schreibst . . .

(Wir Eltern hoffen, zwischen den Wünschen Emanuels und den Erwartungen unserer Leser einen Weg der Mitte gegangen zu sein, indem wir diese letzte Botschaft nur noch auszugsweise veröffentlichen.)

Wir möchten auch nicht, daß René noch etwas in das Buch schreibt, was irgendwie mit dem kleinen Manudschi zusammenhängt. Wir sind seine Beschützer und flehen euch an, ihn jetzt mit dem Buch in Ruhe zu lassen. Er hat seine Aufgabe erfüllt und muß jetzt ungestört seine Babyzeit erleben. Es geht ihm soweit gut . . .

...Er ist sehr offen, und ihr müßt ihn vor falschen Projektionen beschützen, die seine Person treffen könnten, wenn seine jetzige ›Istheit‹ mit irgendeiner kuriosen Meldung in die Öffentlichkeit treten würde. Bitte vertraut eurem inneren Rat und laßt Manudschi in Frieden in seinem jetzigen Leben ein unschuldiges, unerkanntes Wesen sein, frei von jeder Projektion. Er hat ein verdientes Recht darauf und er schuldet niemandem etwas...

...Er kann jetzt in seinem Leben selbst bestimmen, was er tun möchte. Seine Aktivitäten hängen ganz von seiner natürlichen Entscheidung ab. Und die ist es, jetzt zu schweigen und unerkannt zu bleiben...

...Der Kontakt, den ihr Eltern zu ihm habt, ist euer Geschenk und nicht für die Massen bestimmt. Jede Mutter muß mit ihrem Kinde fertig werden. Und wenn sie Manudschis Botschaften verstanden hat, wird sie auch wissen, was nach der Geburt ihres Kindes zu tun ist...

...Paßt auf, daß kein Idol aus ihm gemacht wird, sondern ein Ideal, das jeder anstreben kann...

Perspektiven

…aufgezeichnet von René.

New Age is now – die Neue Zeit beginnt gerade. So wie die Sonne im himmlischen Tierkreisband von einem Zeichen zum nächsten wandert, kreist mit ihr gemäß der esoterischen Astrologie auch unser gesamtes Sonnensystem rund um eine zentralere Sonne. Alle rund 2500 Jahre betritt unsere ganze Planetenfamilie eine qualitativ neue Energiezone dieses Meta-Zodiaks. Und momentan ist dieser Übertritt eben wieder im Gange, die Welt schwingt sich in das vielzitierte Wassermann-Zeitalter ein. Auf unserem Erdball wird dadurch eine mannigfach erwachende Sensitivität die irdische und überirdische Welt im Geiste einander sehr nahe bringen. Emanuel zum Beispiel hat mit diesem Buch schon seinen Teil dazu beigetragen.

Wie rapide sich in den letzten Jahrzehnten neben dem schleichenden Untergang der alten Gesellschaft der geistige Aufschwung vollzieht, zeigt uns allein schon die dynamische Entwicklung der transformerischen Jugendbewegungen. Von polarisierenden Protesthaltungen über die alternative und grüne Szene, bis hin zum ganzheitlichen New Age-Gedanken, wandelte sich das Bewußt-Sein. Wer diese Entwicklungskurve in die Zukunft verlängert, wird vielleicht erahnen können, welche Überraschungen die sich höherschraubende Evolutionsspirale noch bringen wird.

Unser persönliches Arbeitsfeld ist voll auf die oben angepeilte Zukunft hin orientiert. Manchen unserer Leser wird es vielleicht interessieren, in welchen Bereichen wir demnächst aktiv sein wollen.

Nun, vor allem werden wir versuchen, Manujis Botschaft maximal zu verbreiten. Hier erhoffen wir uns in erster Linie weitere Übersetzungen. Mira hat sogar schon von der Verfilmung dieses Buches geträumt, deshalb sind wir guter Hoffnung, daß auch dieser Traum früher oder später in Erfüllung gehen wird.

Natürlich werden wir weiterhin unsere Studien und Forschungen fortführen, Mira auf dem Gebiet der Ernährung und ganzheitlichen Heilung und ich in Sachen Solar-Energetik. Auch unsere kreativen, künstlerischen Ausflüge wollen wir in Zukunft nicht missen. Zuerst steht allerdings unsere schon um vier Jahre verspätete Hochzeitsreise auf dem Programm, wir sind ziemlich reif für die Insel. Im Urlaub möchten wir dann in Ruhe die Essenz unserer Erlebnisse mit Manuel David zu einem Hörspiel und Filmscript umarbeiten. Auf diese Weise könnte seine Hilfe weit mehr Müttern und Vätern zuteil werden, als dies mit dem Medium Buch überhaupt möglich ist, und so vielen Manujis (Menschlein) auf der ganzen Welt eine glücklichere Kindheit bereiten. Um dazu beizutragen, liegt Mira noch ein spezielles Projekt ganz besonders am Herzen, und zwar die Initiierung von sogenannten ›Embryonal-Schulen‹, wie es sie schon im alten China gab. Stellen Sie sich diese als eine Art Seminar- und Erholungszentrum für Schwangere vor, in dem in harmonischer Umgebung den Frauen der Schlüssel zu einer kosmischen Mutterschaft vermittelt wird.

Im Schoße der Mütter wird ja das Schicksal eines Volkes geprägt. Schon während der Zeugung spielen die Wünsche, Gedanken und Gefühle der Eltern eine große Rolle. Auch das geistige Wollen des Mannes formt selbstverständlich das werdende Kind. Das Zusammensein von Mann und Frau sollte deshalb ein heiliger Akt sein, in dem vielleicht gerade der Baustein für einen Tempel gelegt wird, in den eine Seele Einzug halten möchte. Gewissermaßen schließen ja die Eltern im Augenblick der Zeugung – zwar meist unbewußt – einen Bund mit der Seele, die geboren werden möchte. Unter Esoterikern ist es kein Geheimnis, daß sich ein kommendes Kind seine zukünftigen Eltern, gemäß dem Prinzip der Schwingungsaffinität, in vollem Bewußtsein selbst auswählt. Das Absinken ins Unterbewußtsein passiert erst im Laufe der Schwangerschaft. Natürlich spielen auch die karmischen Hintergründe eine gewichtige Rolle. Dies alles wissend, wird die geistige Ausrichtung der Eltern, insbesondere die Denk- und Lebensweise der Mutter, eine dementsprechende sein. Sowohl Störungen wie auch heitere Gelassenheit, die von ihr ausgehen, nimmt zuerst das Unterbewußtsein der Mutter auf und überträgt sich im weiteren Verlauf auch auf das embryonale Wesen.

Vorgeburtliche Pädagogik müßte deshalb konsequenterweise im Neuen Zeitalter eine wichtige Funktion erfüllen. Allerdings unter der Berücksichtigung, daß das Kind von Anbeginn an sich selbst gehört und seinen eigenen Plan zu verwirklichen hat. Eine fürsorgende Mutter wird ihrem Embryo eine liebevolle und verständige Erziehung zukommen lassen, die dem sich verkörpernden Menschen, im Gegensatz zur heute verbreiteten Praxis, den Zugang zum eigenen Selbst finden hilft. Beim ersten Schrei des Kindes verknüpft sich dann endgültig die eingetretene Seele mit dem physischen Menschlein, und die momentane Sternenkonstellation gibt der nun freigesetzten Aura ihre Prägung. Im in dieser Hinsicht bewußteren Asien gelten übrigens Säuglinge und Kleinkinder bis zur Entwicklung der Unterscheidungskraft zwischen Gut und Böse immer noch als gottähnliche Geschöpfe.

Sobald sich die Erdenmütter ihrer Aufgabe und ihrer spirituellen Kraft voll bewußt werden, wird unser Planet zunehmend von herrlichen Wesen bevölkert sein. Die Menschen der Zukunft werden – dank der von der Natur der Frau verliehenen und von ihr akzeptierten Macht – eines Tages gesund, warmherzig und klardenkend sein. Unser Sohn ist jetzt bald groß genug, daß wir diese gar nicht so utopischen Überlegungen mit Vorträgen, Seminaren und speziellen Mutterschafts-Workshops unterstützen können werden. Vielleicht versuchen wir sogar hie und da über Mira mit anderen Embryos in mentalen Direktkontakt zu treten.

Auch spirituelles Heilen durch Rückverbindung mit den kosmischen Energien und psychische Lesungen werden weiterhin und zunehmend zu unseren Aktivitäten gehören. Nebenbei bereiten wir deshalb eine Publikation unserer bisherigen Trance-Erfahrungen vor. Aus über fünfzig Stunden auf Kassette gespeicherten Readings versuchen wir (unter dem Arbeitstitel ›Worte wie Licht‹) die Quintessenz herauszufiltern. In unserer nun bereits zweijährigen, großteils autodidakten Schulung sind viele wunderschöne mediale Texte und so erhebende Kontakte entstanden, daß wir sie nicht länger für uns behalten wollen.

Von einem der jüngsten kosmischen Kontakte, der sich erst nach Erscheinen von Manuels Botschaften ereignete, wollen wir Ihnen hier noch kurz berichten. Einerseits, weil viele Zusammenhänge mit unserem Sohn bestehen und andererseits, weil diese spirituelle Verbindung unsere bislang wohl allerwichtigste geworden ist.

Indirekt geschah sie erstmals in einem buddhistischen Zentrum nahe Kopenhagen. Wegen Miras Gebärmutterproblemen (die nun völlig gelöst sind) hatten wir dort einen hohen tibetischen Medizin-Lama aufgesucht und bei diesem Treffen auch neue Freunde gefunden. Über diese inzwischen engen Hamburger Freunde – das Medium Lanto und seine Frau Lannah – hatte ein reines Lichtwesen lustigerweise vorerst postalisch zu uns gesprochen. Zurück in Österreich erhielten wir nämlich einen Brief mit seinem Segen für dieses Buch und erfuhren so nebenbei, daß dieses vollbewußte Wesen all unsere Gespräche in Dänemark mitgehört hatte.

›Mein Name ist nicht wichtig – nur die Botschaft, die ich bringe. Universelle Liebe braucht keinen Namen.‹

Im folgenden Brief erwähnt es auch Emanuel, den es später immer wieder als Partner bezeichnet:

›Dankt Gott, daß Ihr spirituell seid und ein Baby habt, welches schon als Embryo sprechen konnte. Aber denkt niemals, das Baby habe gesprochen. Das Bewußtsein ist göttlich, behaltet das Euer ganzes Leben lang im Gedächtnis. Gott hat Euch seinen Segen in Form dieses kleinen Kindes geschickt...
Ja, wir können auch in einer Eurer Sitzungen zu Leuten sprechen, aber wir sind nicht an spirituellem Zirkus interessiert. Unsere Absicht ist es, Liebe und göttliche Weisheit zu geben. Fühlt, daß Gott keine Sensation ist...‹

Seit unserer Reise stehen wir nun – über Lanto – intensivst in Kommunikation mit dieser lichten, körperlosen Bewußtheit, auf alle nur erdenkliche Weise. Einmal brieflich oder über die vom Medium besprochenen Kassetten, durch kostspielige Trance-Telefonate oder direkt, während vieler gegenseitiger Besuche mit unseren Freunden. Aber auch in unseren Träumen, und neuerdings ebenfalls über Miras Trance, läßt dieses realisierte Bewußt-Sein von sich hören. Normalerweise spricht diese jenseits von Karma und Wiedergeburt stehende Wesenheit in der Wir-Form. Von uns aber immer wieder auf ihre Identität angesprochen, hat sie sich inzwischen – um unseren Wunsch zu erfüllen – auch namentlich bezeichnet:

›ICH BIN Sephet. Meine Gabe an Euch ist ein authentischer Weg, Gott zu fühlen. ICH BIN gekommen, Euch die Kunst, in Frieden auf diesem Planeten zu leben, zu lehren. ICH

BIN da, um offenen Herzen – nicht als Guru, sondern als spiritueller Freund – den Weg ins Licht zu weisen...‹

Sephet steigt deshalb mit seinem Lichtkörper vollständig in sein mediales Instrument herab, um sich so stundenlang als Mensch wie Du und ich auf der irdischen Welt zu bewegen. In den inzwischen wochenlangen Konsultationen mit ihm – bei denen Manuji immer anwesend war – konnten wir eine Fülle neuer Aspekte der Weltbetrachtung finden, welche uns innerlich gravierend zu verändern beginnen. Mancher Leser wird schon ahnen, daß auch die weiter vorne berichtete Rückführung Miras in ihr indisches Vorleben von Sephet durchgeführt wurde.

Wir erhielten aus Meister Sephets Feder ein umfangreiches, fast fertiges Manuskript, in dem er in sagenhafter Brillanz über ›Gott und die Welt‹ spricht. Auch über wichtige, von unserer Geschichtsschreibung vergessene, lang zurückliegende Geschehnisse, weiters von machtvollen Ereignissen der nahen Zukunft läßt er darin wissen. Uns Babyeltern hat er damit beauftragt, seinem überirdischen Manuskript – eingewoben in die Schilderung der Dynamik der sich steigernden Kontaktaufnahme – den Weg zum Leser zu ebnen. Der Frau des Mediums hatte Sephet übrigens schon vor $1^1/_2$ Jahren mitgeteilt, daß jenes ihr diktierte Manuskript in zwei Jahren von neuen Freunden zum endgültigen Buch geformt werde. Zusätzlich erfuhr sie, daß beide Bücher von vielen Meistern gesegnet sein und deshalb mit kosmischem Rückenwind ihre Verbreitung finden würden.

Inwieweit Manuji mit diesem überweltlichen Netzwerk zu tun hat und welche Aufgaben er sich auf Erden gesteckt hat, darf dem Leser dann noch klarer werden. Sein alter Freund aus dem Himalaya lebt übrigens noch immer dort...

Unsere Kontaktadresse:

René & Mirabelle Coudris
c/o Studio Phoenix
A-4021 Linz, Postbox 609
Österreich

Lieber Leser, wir bedanken und freuen uns über jede persönliche Zuschrift, sehen uns jedoch außerstande, die vielen Briefe individuell zu beantworten. Auf ein paar Zeilen und einen aktuellen Bericht über den Stand der Dinge dürfen Sie dennoch hoffen (bitte möglichst Rückporto beilegen).

Bildquellen

Wir danken für die freundliche Abdruckgenehmigung: Seite 9: J. Schaffler, Seite 41: Silvestris/S. J. Allen, Seite 75: W. Sadurski, Seite 85, 165: Dr. R. Jonas, Seite 89, 161, 183, 219: Petit Format/ J. M. Boufle, Seite 117: R. Mitter, Seite 127: K. H. Koller/G. Holdgrün, Seite 133, 161, 203: Prof. P. K. Hoenich, Seite 215: Bild der Wissenschaft/Atelier H. Koch KG, Seite 229: J. Pearson, Seite 233: G. O'Keefe/Hugendubel Verlag, Seite 235: L. Huber/API; Übrige Illustrationen und Montagen: R. & M. Coudris; Fotografische Arbeiten: H. Römer